政治学読本

〔新版〕

廣澤孝之 著

法律文化社

新版はじめに

『政治学読本』が刊行以来一〇年以上を経過したため、改訂新版を出すことにした。初版刊行以来幸いにも多くの読者に迎えられ、政治という人間の営みに関する基本的な視座を開拓する試みとして一定の評価を受けたことは望外のことであり、今回の改訂でもデモクラシーの基本問題について新たに節を設けた第五章を除いては、初版の構成を基本的には維持し、若干の修正のみにとどめることにした。しかし、二一世紀に入り現代政治を取り巻く諸環境に大きな構造的変化が起こっていることを考慮し、その変化を私たちがどう受け止めるかという点を中心に、終章を新たに書き加え、現代世界の諸課題と政治学との関わりについて考察することにした。新たに追加した終章は、本論の内容全体に関係するものではあるが、変貌する現代政治過程の動態的分析を直接にめざしたものではなく、二〇世紀におけるデモクラシーの発展を踏まえ、二一世紀にデモクラシーの諸原理を維持発展させるための諸条件に関する記述が中心となっている。その意味では、初版以来の政治の基本的問題に関する原理的考察というこの本の目標をさらに徹底させることを意図している。なお、初版に含まれていた福祉国家と国際政治を扱った最後の二つの章は今回割愛することにした。全体の分量を減らす必要があることに加え、福祉国家論については別の概説書を著す予定があること、国際政治学に関しては優れたテキストが多く刊行されていることが理由である。

初版刊行以来のこの一〇年余を振り返ってみると、ディストピア小説の流行が象徴しているように、人類の行く末には暗雲が立ち込めているのではないかと暗澹たる気持ちになることが多い。科学技術の発展による生活水準の向上に陰りが見え始め、環境破壊に象徴される経済成長の負の遺産が明らかになっていることに加え、人間が生きる意味を確認する場面が見失われがちなことがその大きな要因であろう。国際政治の場面では一九八〇年代末の冷戦構造の崩壊によって、世界は大きな戦争の危機から解放されたかに見えたが、二一世紀に入っても覇権争いや資源の争奪など戦争の危機や武力衝突には終息が見えず、近年はさらに暴力と不寛容が世界大に拡大している。経済的にもグローバリゼーションの進行により先進国と途上国の経済格差が縮小し、世界が貧困から抜け出すことが期待された時期もあったが、現実に進行しているのは著しい格差の拡大であり、あらゆる価値が商品化されるなかで圧倒的多数の人々は安定した暮らしを営む基盤を失い、日々の生活を維持することに呻吟している。

グローバル資本主義の問題は経済的な側面にとどまるものではない。リスクを取ることを避け、新しい価値を生み出すのではなく過去の遺産を食いつぶしながら、流れゆく平板な「情報」を消費する商業主義がさまざまな領域で拡大している。さらに情報技術の飛躍的な発展のなかで虚偽の情報が瞬時に世界を駆け巡り、何が真実であるかが不明確になり、政治的な議論の基盤も失われようとしている。現実を直視することを避け、自分が見たいもの・信じたいものにしか目を向けず、ヴァーチャル空間のなかで万能感を享受することに満足する。私たちは大きな世界の存在を想起することすらできない、どうしようもなく「けちくさい」存在になって、あらかじめ用意された規格品のような人生しか送れないのだろうか。私たちが自明のものとしている「現実」のどこに問題があり、それらを動かしていくために何ができるかを懸命に探究することは、政治学をはじめとする社会科学の大きな目標である。この本のなかで提起している議論が、こうした状況に対して少しでも希望を見出す契機となることを願っている。

初版のあとがきにも記したように、この本では、読本形式として通常教科書などでは取り上げない話題や、洋の東西古典からの引用も含めて記述に膨らみをもたせ、多様な角度から政治の営みや政治学を含む社会科学に興味をもつきっかけとなることをめざしている。こうした試みがどこまで成果を上げるものかはわからないが、活字離れといわれる若い学生にもぜひ手に取ってもらい、興味のある個所から読み進めてもらうことを期待している。全般的にやや生硬な文章かもしれないが、性急に必要な「情報」だけを求めるのではなく、そこからさまざまなものを読み取ってほしいと思う。この本の執筆にあたっては、先学諸氏の著書から翻訳を含め多くを学びまた引用させていただいている。この本の性格上それらを注の形で示すことは避け、原則として書名のみを示している。この点を先輩諸兄姉が御海容くだされば幸いである。

二〇二二年七月

廣澤　孝之

はじめに

この本は、これから政治学を学ぼうとしている人、あるいはこれまで政治に関するいくつかの場面で経験してきた議論を整理したいと考えている人を対象に、わかりやすい読本形式で、私たちが「市民」としての立場から政治の世界をいかに読み取るかについて、考えを深めることをめざすものである。

「政治」の世界は、私たちの生活からは縁遠いように見えるが、じつは私たちが「政治」について日常的に考える場面はかなり多い。その第一は、マスメディアによって形成されるいわゆる「政界」に関する情報（ただしその多くが視聴者の選好・好奇心に応えるものに加工されたうえで報道されていることには注意が必要）である。議会や首相官邸を中心とする政界の記事は、ニュース番組で毎日のように報道されているし、日曜日には各ＴＶ局が「政治もの」と呼ばれるワイドショーを放送しており、今日ではこうした情報に接するなかでいわゆる「世論」が形成されている。第二は、私たちの直接的な政治的行動の場としての各種選挙である。近年投票率の低さがしばしば問題になることはあるが、そのこと自体はとくに大きな問題とはいえないかもしれない。政治的無関心層の広範な存在は、政治の混迷を招くものではなく、むしろ民主政の安定に寄与するという政治学者の見解もあるくらいだからである。

ところが、私たちと政治との関わりをもう少し異なった視点から見てみると、私たちと政治の世界との関わりが、ニュース番組のたんなる視聴者としての立場に留まることを許さないものになっていることも見えてくる。たとえば、米軍のイラクへの侵攻の是非などをめぐる国際政治の世界は、決して私たちにとって遠い存在ではありえない。第二次世界大戦後、多くの日本人は平和憲法のもとで日本は戦争をしない国家であり続けてきたという自負をもっているかもしれない。しかし、ヴェトナム戦争に出撃した米軍機の多くが沖縄の嘉手納基地から飛び立ったことに象徴されるように、これまで日本は朝鮮戦争以来ずっと戦争との関わりのなかに存在してきた。そして米軍の爆撃を受け多くの同胞が惨殺されたイラクの人々にとっては、日本は米軍にさまざまな基地を提供しているだけでなく、いち早く米軍によるイラク攻撃を全面的に支援することを決定した存在以外の何ものでもない。このように現代世界に生きる私たちは、自らの意図とは関係なく必然的に政治の世界とのつながりをもたざるをえない。

　現代日本の現状では、政治に関する基礎的知識を学ぶ機会は表面的な政界情報の氾濫に対比してきわめて乏しい。多くの人にとって、政治の世界に関する知識は、日本国憲法の諸規定を暗記することが内容の中心である中学校社会科で学習した範囲を容易には超えないのが実情であろう。また、たとえば税金や医療保険、公的年金など身近な制度に関しても学校教育で学ぶ機会はほとんどなく、その制度原理が広く国民に理解されているとはいいがたい。にもかかわらず、私たちは各種選挙における投票行動だけでなく、日常的に政治の世界についてさまざまな判断を求められる。

　したがって、この本において第一に意図したことは、私たちが政治について考え、市民として否応なしに迫られるさまざまな意思決定の場面において、賢明な判断を行いうるために不可欠となる基礎的知識、すなわち選挙、議会をはじめとする政治制度、政党、官僚制、利益集団といった政治過程の担い手や、さらには公共政策のあり方などについて理解を深めることである。こうした基礎的知識に対する理解の欠如が政治をめぐる議論を混乱させていることは、しばしば見られることである。健全な判断力をもち公共の事柄に積極的に関与する良識ある市民の育成は、政治学教育の一つの大きな目標である。なお各章の記述は一応独立させているので、やや抽象的な議論を展開している部分は後回しにして、興味をもった章から少しずつ読み進んでいく方法もあるかと思う。

　この本で第二に意図していることは、大学で政治学に関する講義の教科書ないしは参考書として利用されることである。近年では大学生の政治に関する基礎的知識の不足に対応して、現代日本政治を中心に身近な題材から政治学を学ぶことも多いが、（従来、政治学原論などの名称で講義されてきた）政治という営みに関わる基礎理論を学ぶことはやはり重要である。また、すぐれた政治家の条件は歴史に精通することだといわれるように、政治分析に歴史的洞察は不可欠である。したがって、この本では伝統的な「政治学」の枠組みに従いながら、狭い意味での政治理論の範囲に留まらず、現代政治を考察するため最低限必要な幅広い知識と、政治および政治学に関して繰り返し議論されてきた論点のエッセンスを把握できる内容となるよう配慮した。

さらにこの本に関する第三の意図としては、政治家、行政に関与する公務員、各種団体の職員、ＮＰＯのメンバー、ジャーナリストなど広い意味で職業的に政治的決定や政策形成に関与する人々に役立つものとなることである。政治学は公務員試験の必修科目ではあるが、職業生活と政治学的知識・理解との接合は明確なものとはいえない。政治家になるためには政治学を必ず学ぶというものではないし、ある政治問題に対して「公共政策」という形で解決策を示すことは、数学が公式に従って「解答」を示すのとは大きく異なる。しかし、政治諸科学（政治学が「科学」としていかなる性格をもつかについては後述する）がこれまで蓄積したさまざまな知見は、混迷した現代世界において狭いイデオロギーや固定観念にとらわれず、幅広い視点から問題に対する合理的解決策を思考するうえできわめて重要な素養となるであろう。

この本が、大学で政治学に関する講義を受講する学生の便宜に適うだけでなく、すでにさまざまな社会経験をもつ市民の方々に広く活用され、現代世界において政治という人間の営みがもっている可能性への関心を引き出し、とかく敬遠されがちな「政治」の世界が少しでも身近なものに感じられ、現代世界が抱える諸問題の解決にわずかでも資するものになれば望外のことである。

政治学読本〔新版〕▼目　次

第1章 政治の世界への招待

■政治学への道案内

1

　第二次世界大戦中、各国は戦争映画を数多く制作したが、日本でも政府情報局の指導のもと、国民を戦争に動員するための宣伝として多くの戦争映画が作られた。のちにウルトラマン・シリーズなどを制作して活躍する円谷英二が特撮技術を駆使して製作した『ハワイ・マレー沖海戦』は、開戦直後の日本軍の大勝利を強く印象づけたもので、この年のベスト・ワン作品に選ばれている。しかし、こうした戦争映画のなかには表面的に国威発揚と戦意高揚を謳いながらも、じつは戦争のもつ非人間性や権力のもつ残虐性を図らずも描き出すものが見られた。木下恵介監督作品『陸軍』は、柔弱な九州男子が大日本帝国軍人として出征するまでの成長過程を描いた作品だが、この作品のクライマックスは、田中絹代演じる母親が出征する息子の姿を一目見ようと、出征兵士の行軍を追い続ける場面である。無我夢中で半狂乱のような様子で息子を必死に追いかける場面に、軍人勅諭の朗読を音声としてかぶせたこのクライマックスの構成は、国策への協力という当時の映画人に強いられた映画制作の条件にもかかわらず、この映画のなかで監督が訴えたかったことが何であったかを如実に物語っている。

　戦争という国家権力の発動による事態に否応なく巻き込まれながらも、そのなかで、必死に自分のあるべき姿を見出そうとするのも人間である。この『陸軍』制作をめぐる葛藤にも見られるように、「政治」の世界は国家権力の行為だけでなく、圧倒的な権力に翻弄されながらも必死にそれに抵抗する個人の営みでもある。太平洋戦争終結前後の重苦しい日々の出来事をフランス文学者の渡辺一夫は（官憲の目にふれた場合を考えて）大部分フランス語で日記に記している（『渡辺一夫敗戦日記』）。そこに描かれているのは、大学にも皇国史観が横行して言論を圧殺し、少しでも反戦を唱えようものなら同僚によって特高に密告されかねない状況のなかで、精神の自由への希求を失わず、人間を平和を祖国を愛した一文学者の苦悩する姿である。こうした戦時下の例だけでなく「政治的なるもの」は、私たちの日常生活のさまざまな場面でふとしたことからその姿を現してくる。私たちが「政治」の世界について考察する際には、「政治的なるもの」が決して一つに収斂するものではなく、それ自体さまざまな広がりをもつものであることに留意したい。

一　「政治」のイメージ

▼職業としての政治

政治は何のために存在するのか、これは世の東西を問わず繰り返し議論されてきた問題である。「人はパンのみにて生くるにあらず」という聖書の言葉はあるが、政治が人々の生活を支え、安全と秩序を作り出すきわめて世俗的で日常的な営みであることも事実である。政治がこうした日常的な営みであることから、政治のイメージは、芸術や宗教などに比べて何か俗っぽいもので華やかさや純粋さを欠くもの、つまり「純度」が低いことが一般的である。さらに「あの人は政治的に動く」「それが政治というものだ」などという表現からもわかるように、政治のイメージは時として、利権・権勢などと結びつきやすく、政治家というと腹黒い人という印象すら与えるかもしれない。

中国の古代、帝堯《ていぎょう》の治世のもとでの太平無事を謳歌したものとされる有名な「鼓腹撃壌《こふくげきじょう》」（『十八史略』）は、為政者の行為以前に成立する自然な秩序のもとでの安定した暮らしを讃えたもので、そこには儒教的な仁政の概念とは異なり、民衆と政治との距離をむしろ善きものと考え、「脱政治」をこそ理想とする政治のイメージをうかがうことができる。また「聖人の治は其の心を虚しくして、其の腹を実たさしめ、其の志を弱くしてその骨を強くす。常に民をして無知無欲ならしめ、夫の知ある者をして敢えて為さざらしむるなり。無為を為せば則ち治まらざること無し。」（「老子」上篇）という記述は、理想的な善政を為政者に期待するよりも、政治という人為的で賢しらな営みから脱却した世界のなかにこそ、理想的な人間のあり方が求められるという、東洋における伝統的な政治観のある側面がよく示されている。

こうした東洋における伝統的な政治観や、政治に対するマイナスのイメージにかかわらず、政治が私たちの日常生活を成り立たせるうえで必要不可欠な営みであることはいうまでもない。政治と政治家に求められるものについて、ドイツの社会学者マックス・ウェーバーは、既存の秩序や権威が大きく揺らいでいた第一次世界大戦直後に『職業としての政治』と題する講演を行い、若者を対象に熱く語りかけている。この講演においてウェーバーは、現代における職業政治家に求められるものとして次の二つを強調する。一つは、政治によって生きるのではなく、政治のために生きようとする、政治に対する情熱と使命感およびそれを支える判断力であり、もう一つは、自らの行為に対する責任倫理の存在である。この責任倫理とは、自分のなした行為について人間の不完全性を考慮に入れたうえでその結果について責任を負うことであって、その行為が純粋な心情から行われたという点に価値をおく心情倫理に優越するものとされる。実際に私たちが生きている社会の愚かしさを承知したうえで、政治に携わろうとする者にあえて政治のもつ可能性に希望を託すことを求めたこのウェーバーの峻厳な呼びかけは、政治という営みの重要性と困難性を改めて浮き上がらせるものである。

▼政治における「人間」像

政治は人間の自由な活動に関連した営みであり、この事実は、人間そのものについての考察を政治学に求めることと密接に結びつく。人間とは何かの考察は文学や心理学の領域であると考えられがちであるが、マキャヴェリやホッブスなど多くの古典的な政治理論が人間論から筆を起こしていることはよく知られている。そこでまず「政治」は人間に対してどのようなイメージをもっているのかを少し見ていくことにしたい。

政治理論における人間論の位置づけとして第一に取り上げるのは、現代アメリカ政治学に大きな影響を与えている合理的選択（rational choice）理論の考え方である。この合理的選択理論の考え方は、個々の行為者が自己の「効用」（経済学的用語で自分の欲求を満足させる度合いをさす）を最大化しようとする行為のことを合理的選択と呼び、社会現象をこうした選択行為の集積として理解する考え方のことである。この考え方をわかりやすくいえば、市場における交換をあらゆる人間行動の説明原理とすることで、経済学におけるホモ・エコノミクス（合理的選択行動を行う人間）の立場を経済だけでなくあらゆる社会現象に広く援用しようとするものと考えることができる。

この合理的選択理論の立場に立つ古典的な政治分析として、アメリカの政治学者ダウンズの『民主主義の経済理論』がある。この著作においてダウンズは、「われわれの主要な命題は民主政における政党は利潤追求経済における企業家と同様であるということである」と述べて、政党間の位置関係や政策の相違を、有権者および政党の合理的選択を前提としたモデルで示すとともに、こうした合理的選択を投票行動分析へ適用しようとした。ダウンズはここにおいて投票行動のジレンマとでもいうべき仮説を提示し、有権者の投票行動を合理的選択の考え方から分析すれば、投票にかかるコスト（時間的・心理的なものを含む）は、多くの場合自分の投票によって期待できる効用よりも大きいので、有権者はほとんどの場合棄権するはずなのに、実際にはそうした現象が稀なのは、投票率が大幅に下がりデモクラシーそのものが危機に瀕することに対する有権者の漠然とした恐れに原因を見出すことができると主張した。

ダウンズが投票行動分析で示した人間の合理的選択のもつ問題点をさらに追究したものが、アメリカの経済学者オルソンの『集合行為論』である。オルソンは、個々人が最も合理的と考えられる行動をとると、じつは社会は成り立たなくなるという集合的行為の根本的な問題点（さまざまな負担は回避しようとするのに、他者の労苦によって作られた制度や財からは便益を得ようとする、いわゆる「フリー・ライダー」の問題）を「オルソン＝モデル」として提示し、単純な合理的選択の考え方からはその成立を説明しにくい政治運動や組織が生まれてくる基盤に、コストは社会全体にかかり誰もが利用できる「公共財」という概念の存在があることを提示した。こうした合理的選択理論は、経済学におけるミクロ経済学にも対比されるように、方法論的個人主義の立場に立ち、豊富なデータ分析によって精緻な理論仮説を多く生み出したが、そもそも各行為主体に与件として与えられている条件そのものが恣意的であるとか、ごく一部の政治社会（たとえばアメリカ）にしか妥当しない制度の存在を前提としたモデルに過ぎないなどの批判が絶えない。また、さまざまな政治・社会運動組織が生まれてくる基盤には、単純な合理的選択を超えた何かの存在を想定する必要があること、さらに誰もが利用できそのコストは全体で負担する「公共財」を形成・維持する契機を考慮しなければ、社会の存続そのものが困難になるという点を忘れてはならない。

政治学における第二の人間論の考え方に、葛藤闘争モデルと呼ぶべき考え方がある。このモデルは、人間関係を基本的にゼロサム（賭博のように誰かが得をすれば、その分必ず誰かが損をする）的なものとみて、権力や支配をめぐる個人や集団間の対立・抗争から政治現象を捉えていこうとするものである。すでに述べた合理的選択理論が各行為者の形式的平等と自発的な行動の可能性を想定したものであるのに対し、この葛藤闘争モデルでは、各行為者はさまざまな支配や抑圧を作り出す社会構造のなかにあって常に強制や抵抗といった契機をもつことが強調される。ここで描かれる人間の基本的な姿は、合理的計算の範疇に留まることなく、厭《あ》くことなき権力や支配の追求をめざす、あるいは抑圧に対して弛まずに抵抗する政治人である。このような権力や支配、それをめぐる抗争の観点から政治現象を捉えていこうとする考え方は、政治学における伝統的な認識でもあったし、そうした厭くことなき権力追求者としての人間像は、古典的な政治理論のなかに多く見られるだけでなく、二〇世紀においても、のちに詳述するアメリカの政治学者ラズウェルの「政治的人格」の概念にも継承されている。

しかし、こうした人間像は、あくまでも人間の中に潜むある部分を強調したものに過ぎず、この面ばかりを誇張することは大きな危険性をもつ。イギリスの政治思想家ホッブスがその主著『リヴァイアサン』で描いた人間像がまさにこうしたゼロサム的な人間像であった。ホッブスは、人間性の本質を限りなき快楽の追求と苦痛の回避においた。しかも、人間には他の動物と異なり言葉を使って抽象的な思考をする能力があり、少しでも自分の安全を確保しようとして、現在だけでなく将来の不足に備えることも志向する。しかもこうした行動は自己保存を目的とするがゆえに、合理的で「自然権」としての正当性をもつものとされる。こうした基本的性癖をもつ人間が、政治社会成立以前の法規範や道徳の存在しない「自然状態」でどのような行動をとるかを想定すると、他人の自然権を侵害することも厭わず、自己保存のために自然権を行使することから、常に他者によって自分の存在や安全が脅かされかねない「万人の万人に対する闘争」、すなわち戦争状態を惹起させざるをえないことになる。しかし、ホッブスがここで定式化したのは、人間性の極限的状況を徹底的に論理化したものに過ぎないことはいうまでもない。

政治理論における第三の人間像としては、社会学的人間像とでも呼ぶべきものがある。この人間像は人間を社会システムの構成員として、システムにおける関係性の網の目に組み込まれた存在として捉えるものである。この社会システムは、構成員に対してシステムを維持させるために一定の役割・行動を期待して（この期待には違反者に対する制裁を含む強制的なものから緩やかな期待まで多様なものがあるが）、人間はこの期待された役割や行動のパターンを自分のものとして引き受けて内面化（これを「社会化」と呼ぶ）することが求められる。そこにおいて人間は、期待される役割を果たすことにおいて、社会秩序の維持に寄与することになる。この第三の人間像においては、先に述べた葛藤闘争モデルとは異なり、社会における支配や抑圧の契機は例外的なものであり、個人と社会の関係は原則的には調和的なものとして捉えられる。後述する政治システム論は、こうした人間像が前提として想定されていると考えられる。しかし、こうした人間像に対しては、人間のもつ個性や自由の契機を軽視する、またマイノリティーのもつ文化を無意識のうちに抑圧する傾向を持つなどの批判が寄せられてきた。とくに政治現象において決定的な重要性をもつ権力が、制度化されシステムそのものに内面化されることによって、人間と権力との緊張関係が見失われ、結果的に支配の正統性（この点についても詳しくは後述する）を問い直すことを断念させ、安易な現状肯定につながりかねないとする根強い批判がある。

これまで見てきた政治理論に大きな影響を与えている三つの人間像は、いずれも人間性のある面に焦点をあてたものであるが、「人間とは何か」という問いかけは、こうした人間像のどれかに還元して政治・社会理論を構築することの不可能性と問題点を明らかにしている。とくに厭くことなき自己保存の追求が、結果的に自己の生存をも脅かしかねない脅威と不安定を引き起こしかねないというホッブスの議論からは、絶対的な自由の追求が私たちを孤独で惨めな存在におとしめてしまう危険性をもつことが引き出されるであろう。人間は確かに合理的に自己の行為を選択し、権力を常に追求する存在であるかもしれないが、そうした自己の行為が自分自身および他者に対していかなる影響を及ぼすかを慎重に考慮する能力をもった存在でもあることを忘れてはならない。かつてロシアの作家ドストエフスキーが『悪霊』のなかで、「人は自由を追い求めて、ついに警察国家を組織するにいたる」と書いたように、私たちがしばしば安易に考えている人間の主体性というものが、じつは社会的に拘束されたものであることを改めて想起する必要があろう。さまざまな政治的実践はそうした拘束を疑問視していく行為のなかから生み出されていること、また人間性のなかに潜むどす黒いものに目を背けないとともに、その多様な可能性への熱いまなざしのなかに政治学的考察の豊かさがあることも忘れてはならない。

二　政治学とは何か

▼政治学とは何か

英語においてポリティクス（politics）は、政治学という学問と政治という人間の営みの双方をさす言葉である。つまり政治学は、政治というきわめて実践的な行為からある部分だけを切り離し、条件を整えて実験室の中である現象の発生を示すというような学問ではない。したがって、政治学とは何かという問いかけは、政治という人間の営みに対する多様な捉え方に応じて、さまざまな回答の仕方をもつものにならざるをえない。政治現象をいくつかの要素に還元してすべて説明しようとすることは、人間の自由と本質的に衝突する可能性を秘めている。それはDNAなど遺伝情報に関する研究の飛躍的進歩によっても、生命現象を物理化学的な法則性や因果律だけで説明することができないことと同様である。

現代政治学は、のちに詳しく述べるように、現代アメリカ政治学の強い影響を受けているが、現代政治学にはアメリカ政治学の中心的潮流とは異なるさまざまな系譜が存在する。第一に、政治という人間の営みを読み解いていくうえで、哲学的・思想史的考察を重視する伝統的政治学の傾向である。こうした傾向の特徴は、政治学における歴史的分析の重視とも関連している。たとえばアメリカの「政治学」（political science）には歴史的考察は含まれておらず、政治史は歴史学の領域にしか存在しないが、同じアングロ・サクソンの文化をもつイギリスの「政治学」（political studies）では、政治史や外交史が政治学の主要な科目になっている。

第二に、社会学や人類学的な知見を援用した政治分析を試みる傾向がある。「政治学は、組織された社会の研究であり、したがって社会学と分離することはできない」とする考え方で、フランスでは科目としての政治学（science politique）は政治社会学（sociologie politique）とほぼ同義で、政治学者は近代的統治機構をもつ社会だけでなく部族国家など伝統的社会・集団も政治学的分析の対象としている。

第三に、批判科学としての政治学をめざす立場があり、伝統的な政治学のなかに含まれている諸価値や前提条件を根底から見直すことを主張している。たとえば、政治における「人間」とは誰であったのかを問い直すフェミニズムの視点や、「開発」や「進歩」を自明のものとする文明社会を根底から問い直すエコロジーの観点からの現代政治分析が、近年は非常に盛んになってきている。

▼現代政治学の歩み

現代政治学には、これまで述べてきたように多くの領域が存在しているが、政治学の全領域にわたって大きな影響を与えてきたのが、二〇世紀にはいって発展したアメリカ政治学である。現代アメリカ政治学の特徴は、一九世紀のヨーロッパ政治学がドイツ国法学の強い影響を受け、法的規範の集合体としての国家の構造などに対する制度論的考察を中心とするものであった（日本のほとんどの大学において政治学が法学部におかれているのはこの伝統を受けている）のに対して、グループ・ポリティクスと呼ばれるように、実際に政治行動の主体となっている政党や利益集団など「集団」の役割に注目した点にある。こうした集団を政治学の主要な対象とする動きのなかから、第一次世界大戦前にベントレーは『統治過程論』という著作を刊行し、「社会それ自体はそれを構成する諸集団の複合体以外の何ものでもない」と述べて、集団間の相互作用こそが政治学の中心的関心であると主張し、従来の制度論的政治学を「死んだ政治学」と批判した。こうした議論のなかからやがて「政治過程」（political process）という概念が成立していくことになる。

二〇世紀のアメリカ政治学が、制度よりも政治過程そのものに主要な関心を向けた背景には、二〇世紀初頭以降の普通選挙の拡大に伴う「大衆民主政」(mass democracy) の成立という時代状況があった。つまり、これまで財産や教養をもつ市民に限定されていた政治生活の主体が大衆に拡大することによって、必ずしも賢明な判断力をもたない大衆の動向が政治の趨勢を決定しかねない状況が発生したという認識である。この時期の政治学者ウォーラスが『政治における人間性』で述べているように、非合理的人間が政治に参加することに対する強い警戒心である。のちに取り上げるリップマンの『世論』などは、そうした傾向から生み出された代表的な著作である。この問題に対して、二〇世紀初頭のアメリカにおいては、政治学に心理学的知見を導入することが試みられた。人間の行動を予見し、それを体系的に方向づけることで、極端に流動的な政治状況が発生しないようにすること、具体的には第一次世界大戦後の社会不安のなかで、さまざまな「社会問題」をできるだけ合理的に解決することで、イタリアやドイツのファシズムあるいはロシアの共産主義に対するアメリカン・デモクラシーの優位性を示すことがめざされた。『精神病理学と政治学』を著したラズウェルや、『政治権力』を著したメリアムなど「シカゴ学派」と呼ばれたこの時期の代表的な政治学者のグループの活動がこうした傾向の典型例である。

こうした一定の方向性をもっていた二〇世紀前半のアメリカ政治学に対して大きな異議を唱えたのが、イーストンに代表される二〇世紀後半に登場した政治学者である。彼らはシカゴ学派に代表される政治学が、あらかじめアメリカン・デモクラシーの優位性を前提とするなど倫理的価値判断を理論のなかに混入させていることを厳しく批判し、計量化の方向を強めることで理論としての精緻化を図った経済学のように、政治学も純粋科学の立場をめざすべきだと主張した。つまり、政治学の対象を経験的観察によって論証可能なものに限定し、政治理論 (political theory) を価値判断の問題を扱う政治哲学から分離すべきという考え方であった。

このイーストンに代表される政治学の新しい考え方は、態度や意識ではなく観察可能な「行動」を主要な分析の対象にする行動論の考え方に基づくもので、行動論革命とも呼ばれ、第二次世界大戦後人文・社会科学の広い領域にわたって強い影響を与えた。この行動論的政治学は、政治学の自然科学への方法的接近として、大量のデータ分析を駆使した多くの実証的分析を生み出し、アカデミズムの世界における政治学の地位向上に大きく寄与するとともに、世界各国の政治学にきわめて大きな影響を与えた。しかし、一九七〇年代以降こうした純粋科学としての政治学をめざす立場は、さまざまな観点から批判を受けることになる。たとえば、デモクラシーはなぜ現代の枢要な政治原理となっているのかといった価値的命題を無視して政治分析を行うことの限界が指摘された。確かに「正義とは何か」といった問いかけには多様な答えが存在し、容易に万人が納得する結論を導き出すことはできないが、政治学にはそもそも人間の内面的動機づけと結びついた問いかけが不可欠ではないかという指摘にも見られるように、価値的命題を排除した政治学は政治分析の対象を矮小化してしまう危険性をもつ。

さらに一九八〇年代以降は、政治過程における集団の動態分析だけでなく、制度の重要性を再認識すべきであるとする「新制度論」の主張も出ている。この新制度論の考え方は、個人や集団など個別アクターの行動の積み重ねによって、全体を説明しようとする方法論的個人主義から、制度の自律性を強調し、そのなかで個別アクターの行動を説明しようとする制度主義への視座の転換を含むものであった。「制度」とは議会や選挙といった可視的な既存の枠組みだけをさすものではなく、慣行や規範などの要素を含むものでもありうる。いまここで「制度」に簡潔な定義を与えようとすれば、「個人や集団の行動に空間的にも時間的にも関連づけられた一定の枠組みを与えるもの」と考えることができる。たとえば社会保障「制度」は、相互にまったく無関係なさまざまな人間をつないで作用することで、もともと無関係な個人の諸行動に意味を与える、つまり今年私の支払う税金が隣の老人を助け、二〇年後の自分を助けるかもしれないということである。しかし、「制度」をどのような視点から捉えるかは社会科学全般にわたる大きな論点であり、新制度論にもさまざまな理論的立場が混在している。

▼政治学が追究してきたもの

これまで見てきたように、現代政治学には多くの理論的系譜が存在しており、経済学や社会学など他の社会科学に比べてもっとも長い歴史をもつにもかかわらず、政治学の方法論を確定させようとする試みは必ずしも成功していない。科学としての政治学が未成熟であるとされる理由の一つは、『科学革命の構造』を著して「科学の純粋性」神話を批判したアメリカの科学史家トマス・クーンの見方に示されているように、何が「科学」であるかは科学外的要因（たとえば科学者共同体の支配的見解）に従って決定され、定着していく傾向が否めないこととも関係している。政治学が、既存の支配従属関係の自明性を問い直し、何が「正しい」ことか（正統性の有無）を吟味することを、その学問的課題の一つとしていることは、現在の「科学」をめぐる知の枠組みにおいて政治学が常に周辺的なものであることを余儀なくさせる理由の一つであろう。

また、政治学的考察は政治文化の違いや政治体制による制約を受ける部分も大きく、たとえば経済学のようにアメリカの大学テキストを翻訳してそのまま日本の大学で使うことは難しい。しかし、このことは科学的な学問としての政治学の成立を否定するものではない。政治学では経済学におけるアダム・スミスや社会学におけるE・デュルケームのように、その学問（discipline）の成立・発展を決定づけるような体系的業績を確定することは容易ではない。フランスの政治学者ピエール・ファーブルが論じているように（『フランスにおける政治学の誕生』）、政治学は自然科学のようにその分析対象によって学問としての位置づけを確定させることは難しく（たとえば「選挙」は、政治学だけでなく公法学や社会心理学、統計学なども分析対象とする）、その方法や実践によって科学性が担保されているともいえるのである。この方法や実践に関して、これまで長い政治学の知的伝統のなかで一貫して追究してきたのは、とくに以下の三点であると考えることができる。

第一は、政治における「合理的なもの」の追究である。政治現象をどのような観点から捉えるかにかかわらず、政治学が一つの学問として成立するためには、政治現象における合理性・法則性を追究する必要がある。ただし、ここでいう法則性は、物理学などにおける法則性とはその性格を少し異にしていることに留意する必要がある。つまり、政治の世界は人間の自由な活動を背景とするものであるがゆえに、そこに見られる法則性は $y=f(x)$ の世界とは異なる位相をもつ。また政治における合理性の強調は、統治における無謬性の強調につながる可能性ももっている。理性に基づく合理的な統治が常に模索されてきたのは事実であるが、現実には権力による「真理」の強制（「はだかの王様」の寓話のように、何が真実かを権力主体が決定してきたこと）が行われてきたことに注意する必要がある。

第二は、政治における理論と実践の問題への洞察である。政治学における主要な概念、たとえばデモクラシーや自由などは、それ自体がきわめて論争的なものである。つまり、同じ言葉がそれを用いる人によって異なった意味内容で理解されており、無理に概念の統一を図ることは強権的な支配をまねく危険性がある。また、政治文化の違いによって同じ言葉・概念が異なった意味合いで用いられていることにも注意しなければならない。概念は理論の重要な構成要素であり、私たちはそれを使って世界についての認識・思考を構成しているのであって、特定の政治状況に対してある概念を用いて議論することは、そのまま政治的実践と結びついていることを忘れてはならない。

第三は、政治における現実性の重視である。政治学も学問としての精緻化を図ることが必要なことはいうまでもないが、そこには一定の限界があることを認識しておく必要がある。すなわち、政治の世界は人間の現実生活に関係するものであり、実験室のようにさまざまな条件を人為的に作り出すことはできない。政治学が実践的な学問で、自然学のような完璧な内容をもつものではありえないことを強調し『政治学』を著したアリストテレスは、政治学を「棟梁《とうりょう》の術」と呼んで、与えられた条件のなかでとりうる最善の策を選び取っていく叡智にこそ政治学の要諦があることを示した。こうしたアリストテレスの指摘にも見られるように、混沌状況にある現実をよく把握し、歴史的経験に学びながら、いかに善きものを作り出していくかが政治および政治学の課題である。

三 「政治」の諸概念

一九世紀までの伝統的な制度論的政治学は、「政治」の対象を国家活動に限定するものであったが、二〇世紀にはいり、グループ・ポリティクスの隆盛にも見られるように、政治分析の対象が集団の活動へと次第に推移していくことになった。そうした「政治」概念の拡大のなかで、社会を「国民国家の中に含まれる自発的な組織体あるいは団体の総計」と定義して、国家を職業集団、教会などの自発的結社とともにこの社会を構成する一要素と捉える「多元的国家論」が、イギリスの政治学者ラスキやバーカーなどによって提唱され、全体主義的な国家概念に対する批判として大きな影響力をもった。国家以外の諸集団の活動に政治概念を用いるか否かについては、戦前の日本においても「政治概念論争」が展開されたが、こうした抽象的な議論が盛んになった背景には、当時の日本の政治学界が、天皇制国家の桎梏のもとで現実の日本政治を分析の対象とすることに限界があったことが大きく関係していた。現代において権力装置としての国家以外のものを政治分析の対象とすることは可能かという問いかけは、近年の「政府」(government)に対する「ガヴァナンス」(governance)概念の登場や、国際機関や国際的舞台で活躍するNGO(非政府組織)の役割増大などによって大きく様変わりしている。

▼「政治」の原義

「政治」の概念について、まず語源的な意味から「政治」を考察してみることにしたい。ヨーロッパ諸言語における「政治」を意味する言葉(英語の politics など)は、ギリシャ語のポリス(polis)をその語源にもつ。このポリスは古代ギリシャにおける都市国家をさすが、ポリスは今日私たちが考える一定の領土をもった国家というよりも、市民権をもった自由人からなる共同体であった。アリストテレスが「神と野獣はポリスを作らない」と述べているように、ポリスは、何よりもさまざまな行為を選択する「自由」をもつ不完全で気まぐれな「人間」の相互作用によって形成される共同体であったことに着目しなければならない。もう一つ西洋における「政治」に関する基礎的用語に共和政（Republic）という概念がある。この Republic はラテン語を語源とするもので、res（事柄を意味する）と publica（公共に関するという意味）を合わせたもので、公共的な事柄をいかに運営していくかに関する意思決定をその本質とする。こうしたポリスや共和政といった政治の世界を形作る基礎的用語の語源的考察からは、ヨーロッパにおける「政治」の原義には、それが「自由な人間の営み」であることと「公共の事柄に関する」意思形成に関すること、という二つの要素が含まれることがうかがえる。

語源的な意味から「政治」を考えるもう一つの例として、フランス語の「政治」（politique）を取り上げることにしたい。フランス語の名詞には文法的属性として男性名詞と女性名詞の区別があるが、この politique はその両方の属性をもち、男性形 le politique として用いられる場合には、主として「公共の秩序」（権威と服従の関係を含む構造）という意味合いをもつのに対し、女性形の la politique の場合には、具体的な場面におけるさまざまな政治的行為、つまり権力の獲得やその行使に関わるダイナミズム、いうなれば巧みなわざ（art）として政治を捉えるものである。さらに複数形の les politiques は男性形としては集団としての政治家たちを、女性形としては公共政策をおおむね意味する。ここに示した「政治」という言葉の多義性は、政治を対象とする政治学の性格を曖昧なものとする一つの理由ともなりうるであろう。またフランスでは「ヤヌスとしての政治」ということがよくいわれるが、これは二つの顔をもって事の初めと終わりを取り仕切るギリシャの神ヤヌスのように、統合と闘争という政治における二つの相反する側面に着目して政治の本質を捉えようとすることであって、そのどちらか一方のみをもって政治を規定することの困難性を示している。

▼さまざまな「政治」観

「政治とは何か」という問いかけに対する政治学者の見解を少し見ておこう。第一は、政治を権力現象として捉える見方である。先にふれた『職業としての政治』においてウェーバーは、政治を国家という政治団体の指導およびその指導の及ぼす影響と定義した。要するに政治は、国家相互であれ国家の枠内であれ、権力の分け前にあずかり、権力の配分関係に影響を及ぼそうとする努力であるといえる。こうした権力中心の政治観は、政治学においてもっとも伝統的な見方の一つであり、アメリカの政治学者R・A・ダールも『現代政治分析』(現代政治学に関するもっとも定評ある教科書である)において、政治を「コントロール、影響力、権力、権威をかなりの程度含む人間関係の持続的パターン」と規定し、政治は国家を中心とするいわゆる「政治的」な団体以外の領域にも認められると考えている。しかし、こうした権力中心の政治観は、公共的な活動など従来政治の特性と考えられていたものを切り捨てて「政治」の範疇を狭くしてしまう一方で、権力があらゆる社会関係に内在するものとして捉えられると、政治学が権力、支配、権威の関係をテーマとする社会学の一分野になってしまうという批判が根強くある。

第二は、現在もっとも人口に膾炙《かいしゃ》したものと考えられるイーストンによる政治の定義である。カナダ人で、長くアメリカの大学で教鞭をとった現代政治学の代表的理論家であるイーストンは、政治システム(この政治システムという考え方については後述する)を「社会に対して行われる諸価値の権威的配分」によって特徴づけられると定義する。このイーストンの「価値の権威的配分」という政治観は、政治システム成立の契機を次のように捉えたものである。地位・名誉・権力など諸価値は、他の財貨と異なり稀少性をもつことに特徴があり、そうした稀少性をもつものの獲得をめぐって社会的対立が発生する。この社会的対立のなかで人々が諸価値(本人にとって望ましいものも望ましくないものもある)の配分を受け入れるときに社会は安定した秩序をもつことができる。人々がその配分を受け入れる理由はさまざまであって、不服従に対する暴力への恐怖であったり、自己利益の反映であったり、伝統的忠誠心であったりするが、イーストンは決定に自分たちが拘束されると考え、これらを受け入れる契機を「権威」と定義する。イーストンのこの有名な政治の定義は、その抽象度の高さゆえに、特定の文化や歴史にとらわれずに広く政治という営みを考察することができる利点をもつが、現実の社会における人間関係を捨象した理論モデルであるところから、権威性の根拠が多岐にわたることになり、いわゆる正統性をもつ支配とそうでないものを区別する契機を見出すことが難しい。したがって、きわめて圧政的で暴力的な支配を行っている体制であっても、人々がそれを受容している限りにおいてはきわめて有効な政治システムとして評価されかねないとする批判がある。

第三は、政治を友敵関係として定義するカール・シュミットの独特の政治観である。シュミットは二〇世紀前半にドイツで活躍した法哲学者・政治学者である。ヒトラー政権が誕生するとその正統性を強調し、反ユダヤ主義にも加担したとして、第二次世界大戦後は断罪され社会的影響力を失った思想家である。『政治的なものの概念』においてシュミットは、政治の第一の意義は、同一の共同体を構成する集団の範囲をあたかも地図の上に国境線を引くように確定することにあるとする。この国境線の内側にいる「友」と、境界の向こう側にいる「敵」の区別は決定的に重要である。なぜなら、内側にいる人間を殺せば犯罪者とされるのに対して、外側の人間を多く殺せば英雄として勲章を授けられるからである。この「友」と「敵」の間では討論や妥協による和解は不可能であることが強調される。したがってシュミットは、自由主義的な議会政治の前提にある討論を通じての合意形成という命題をそもそもナンセンスなものとして排除する。政治を友敵関係として定義するシュミットの考え方によれば、イーストンが説くような権威的配分を行いうる政治システムが存在しているとしたら、政治の主要な課題はすでに達成されたことになるからである。しかし、シュミットが強調する共同体を構成する範囲の確定こそが政治という議論も、そもそもそうした決定を為しうるための基盤として、ある種の文化の共通性を前提とせざるをえないという矛盾を内包しているといわざるをえない。

▼政治的なるもの

　これまでの議論で明らかなように、「政治とは何か」という問いかけに対しては、それぞれ政治のある側面を鮮やかに切断する多様な回答がありうることが示された。さらに現代では、権力や統治機構のあり方に収斂しがちな政治学の伝統的手法によっては容易に解明できないアフリカやアジアの部族社会の「政治」についても考察が行われている。たとえばアメリカの文化人類学者C・ギアツの研究は、一九世紀バリ王国（現在のインドネシア）の政治構造を、国家儀礼や建築様式などの分析を駆使して、演劇的な祭儀を基盤とする権力の演劇化をその本質とする「劇場国家」にあると指摘した（『ヌガラ』）。また、近年国際政治のうえでも大きな位置を占めるようになったイスラーム諸国家における「政治的なるもの」を理解するためには、政治を権力現象として捉えるだけでなく、政治と宗教を不可分のものとするイスラーム法（元来神の啓示という非合理なものを徹底的に合理的に解釈し、それを法的組織にまで体系化したもの）への理解が欠かせない。こうした非西洋社会の研究だけでなく伝統的な政治学の枠内においても、政治を権力現象に還元しようとする試みに対しては、人間の自由な営みとしての側面が捨象されがちであるという根強い批判がある。ここではこうした批判を代表する議論としてハンナ＝アーレントの政治観を取り上げてみることにしたい。

　アーレントはドイツに生まれ、ナチスの台頭後はユダヤ系であったためにアメリカに移住した女性の政治哲学者である。主著『人間の条件』などで現代における政治哲学の可能性を追求しようとしたアーレントの政治観の特徴は、権力概念と同一視されがちな「政治」を自由と接合しようとする試みである。現代社会に生きる私たちにとって自由の概念は、個人的なもの、プライベートなものと強い結びつきをもつと想定されることが多い。しかし、アーレントはプライベートという概念を再検討し、本来プライベート（private）な生活とは、人間における本来的なものを「喪失」（privative）した状態であると指摘する。では私たちはどのようにして、人間における本来的なものを取り戻すことができるのか。この問いに答えるためには、公的なものに関わる政治と自由との関係をもう一度問い直すことが必要になってくる。

アーレントは政治と自由との関係を根底から見直すために、まず人間の活動形態を吟味することから始めている。彼女は人間の活動形態は無差別ではないとして、人間の活動形態を三つに区分する。第一は、「労働」（labour）である。これは他の動物と同様に生きるための生理的要求に応える活動であり、農耕など自然に働きかけ、必需品を生み出し、消費するための基本的にプライベートなものであって、死まで繰り返される生命の必然性の世界にある行為である。第二は、「仕事」（work）である。これは人間が自分のイメージに従って、道具を用いて人工的なものを作り出す活動であり、具体的には芸術活動、文学、工作などをさす。この活動では前述の労働とは異なり、人間は肉体と必然性の世界からある程度解放され、他者に対する働きかけの面でもプライベートに閉じ込められた状態にはない。第三は、「行為」（action）である。これは複数の人間が彼らの言葉を用いて作り上げる関係のなかで成り立つ自発的で集合的な活動である。ここで何よりも強調されるのは、他の人間との関係が本質的に重要である点で、何かのためというのではなく行為そのものが目的とされる活動の形態である。

人間の活動形態をこのように三つに区分したうえで、アーレントは「真性の政治」（authentic politics）は、何よりも「行為」に関する人間の活動形態であるとする。なぜなら「労働」は人間を生命の維持という檻の中に閉じ込めてしまい、人間から主体性を失わせるものであり、「仕事」は一人の人間のイメージに沿って人工的な世界を作り出そうとするものであるがゆえに、このイメージを政治にあてはめると極端なエリート支配、社会工学的な統制の貫徹する世界を作り出しかねない。これに対して「行為」のみが主体性と他者との関わりを通じての可変性という人間の自由と両立しうる活動であるとされる。ここでアーレントが強調しているのは、力や暴力による紛争の解決ではなく、あくまでも言葉による説得の契機を重視することであり、政治的なるものと自由との不可分の結びつきである。先に述べた東洋的な政治観とは異なり、ここでは政治との乖離が人間に自由をもたらすのではなく、人間におけるプライベートではない公的生活の重要性が強調されている。アーレントの議論を貫いているのは、「政治」においてこそ、人間は自由と生きていることの意味を確認できるとする確信である。

こうした「複数の自由な人間の間に展開される公的な活動」として政治を概念化するアーレントは、『革命について』のなかで、真の政治はきわめて例外的にしか行われえないものとして、その例を革命の初期に自然発生的に成立する革命評議会などに求めている。その意味で彼女が高く評価するのは、アメリカ独立革命やパリ＝コミューンなど自発的、突発的な活動であって、実際上きわめてその例は少ない。それに対してアーレントは、私たちが革命の代表と考えているフランス革命などの近代市民革命は、「労働」に関わるきわめて暴力的で経済的、社会的な目標を達成するための手段として登場したもので、真の革命には値しないと厳しく批判している。現代においてアーレントが考える真性の政治に値するのは、たとえばかつてのアメリカにおける公民権運動など正義の実現を求めて行われた市民の自発的活動をあげることができるだろう。

アーレントの指摘は、現代における政治の営みを根源的に考察する際に大きな意味をもつが、そのスタンスについては批判も多い。彼女が概念化した「活動」としての政治は、古代ギリシャにおけるポリスのような世界をモデルにしたもので、ポリスには自由人とほぼ同数の奴隷が存在し、この奴隷制によってポリスの生産活動が支えられ、市民が公共活動に専念することができたなど現代世界では決して等閑視できない多くの問題があることはいうまでもない。しかし、アーレントの提示した「政治を通してこそ人間は自由でありうる」という指摘は、現代における「政治的なるもの」のあり方に対して多くの問いかけをなすであろう。

第2章 権力と支配

■政治権力をめぐって

前章でも取り上げたドストエフスキーが、その晩年に書いた傑作『カラマーゾフの兄弟』には、敬虔な信仰心をもつ弟アリョーシャに対して、ニヒリストの兄イワンが語る物語詩「大審問官」の一節がある。

「異端尋問が盛んな一六世紀のスペインのセビリアに、ある日キリストが現れる。かれは泣き叫ぶ母親の願いを聞いて、死んだ七歳の少女を蘇らせる。この様子を遠くから観察していた九〇歳にならんとする老大審問官は、直ちにイエスを捕縛させ牢獄に閉じ込めさせた。深夜ひそかに獄を訪れた大審問官はイエスにこう問いかける。おまえは人類に自由を与えたが、そのために人類がどれだけ苦しんだのかを知っているのか。おまえは荒野で『その石ころをパンに変えてみよ、そうすれば人類はおとなしくおまえの後からついてくるぞ』と悪魔に試みられたとき、『人はパンのみにて生くるにあらず』と答えて、人間から自由を奪うことを望まずに悪魔の申し出を断った。だがまさにこの地上のパンのために、地上の霊はおまえに反旗をひるがえし、おまえのいう自由のためにかえって困惑している。そこでわれわれが彼等から自由を取り上げて、彼らを救済する事業に着手し、新しい塔を建設したのだ。人間どもはわれわれなしには生きていけない。そしてわれわれのもとに自分の自由を差し出してこう叫ぶのだ。『われわれを奴隷にしてくださってもいいから、私たちを食べさせてください』と。人間にとって良心の自由ほど魅力的なものはない。しかしこれほど苦しいものもまたない。ところがおまえは、人間の良心に安らぎをもたらす確固とした基盤を与えるどころか、人間の手には到底おえないものばかりを選んで分け与えた。だからおまえのやったことは、まるきり人間を愛していないかのような行為になってしまったのだ。」

この有名な大審問官の一節に描かれた、パンのためには奴隷になることすら厭わない人間の卑しさと、その人間を救済しようとする権力がはらむ強制力の問題は、政治権力と人間との複雑でしかも深刻な関係性をはからずもあぶりだしている。自らペトラシェフスキー事件と呼ばれる革命運動に連座して、シベリア流刑を経験し、政治権力のもつ残虐性（このとき官憲は見せしめのため、いったん死刑判決を出し銃殺の直前に皇帝の特赦として実際の判決を出す演出さえ行った）を体験したドストエフスキーが描き出した「人間の非合理性」をめぐる世界は、私たちに多くのことを問いかけている。

一　権力とは何か

▼権力の概念

権力の概念は、政治から権力現象を取り除くことが不可能なほど政治理論において中心的位置を占めるものであるが、じつは権力そのものを概念化することは決して容易な課題ではない。コミュニケーションと権力の関係に着目しようとしたアメリカの政治学者ラズウェルは『権力と人間』のなかで、人間の他の人間に対するコントロールを影響力とし、その影響力のなかで「重大な価値剥奪ないしその威嚇を伴う影響力」を権力と定義した。のちほど詳しく述べるように、ラズウェルは権力という価値を他の価値以上に追求する人間の精神構造にとくに着目したが、人間の他の人間に対するコントロールの源泉となるものには、威嚇だけでなく、尊敬・愛情・富など多くのものがある。とくに影響力の基盤となるものにその影響力を行使する本人の意図を要件とするか否かは、のちほど検討するリーダーシップとの相違も含めてきわめて微妙な問題である。いかなる権力といえども絶対的なものではなく（たとえば旱魃《かんばつ》のときに雨を降らせるようなことはできず）、独裁者であっても無制限の権力をもつことはありえない。一方では、人間は飢餓など極限状態におかれると、まったく無力になり一切れのパンの前にもひれ伏す存在ともなりうる。権力や影響力と人間との関係は、かくも複雑で緊張感を伴うものである。

現在この影響力という概念は、国内政治より国際政治の場面で言及されることが多いが、影響力を行使する手段には、外交手段による説得から軍事力の行使まで多様なものが含まれており、相手に便益を与えるものもあれば、逆に相手に制裁を与えるものもある。さらに、影響力には明示的なものと黙示的なものがあり、とくに潜在的影響力を定式化することはきわめて難しい。たとえば、日本の経済政策の策定に対する米政府の影響力（いわゆる「外圧」）の程度を具体的な政策策定過程において明確にすることは容易ではない。なぜなら、それがある一定の方針に伴う明確なメッセージとして伝達される場合はともかく、いくつかの方面から半ば相矛盾した要求ないしは希望として伝えられたときに、それをどのように解釈し、積極的ないし消極的反応をなすかは日本政府の選択に一応は委ねられており、単純な因果関係で影響力の有無を示すことは困難だからである。

すでに第一章で見たように、政治を「コントロール、影響力、権力、権威をかなりの程度含む人間関係の持続的パターンである」と定義したダールは、これらコントロール（支配力）、影響力、権力、権威などの諸概念を厳密に定義して政治分析に用いることの困難性について述べている。つまり、ある政治学者の定義する「影響力」が別の学者では「権力」として用いられることもしばしば見られるからである。また、影響力の「大きさ」を記述することもじつは容易ではない。状況や時期によって変化する政治的なアクターのもつ影響力を、メスシリンダーの目盛のように測定する尺度は事実上存在しないからである。これらをふまえて、ダールは影響力を「ひとりまたは複数のアクターの欲求、願望、選好あるいは意図が、一人または複数の他のアクターの行為または行為への意欲に変化を生じさせるようなアクター間の関係」と定義したうえで、政治分析においては、アクター間の影響力の違いを複雑な因果関係のネットワークのなかで捉えることに焦点がおかれるべきであるとしている。そして説得（persuasion）や権力（power）、強制（coercion）など影響力の諸形態を区別することで、影響力のうち望ましいものとそうでないものを判断し、望ましくない影響力の使用を減少させる政治システムのあり方を考察することが重要であると指摘する。

権力の概念化をめぐる古典的な議論に、実体的な権力観と機能的な権力観の対立がある。実体的権力観は、権力を行使する者の行使される者に対する実体的な優位性に着目して権力を定式化しようとするものである。権力(power)という言葉は、日本では日常的にあまり使われないが、英語では子どもたちの会話にも出てくるきわめて日常的な語彙であって、特定の社会関係を背景にするものではなく、人間間の能力や腕力の相違を表現するものでもある。つまり、腕力・知力・財力などさまざまな権力手段によって、権力者が最終的には暴力など物理的強制力を行使して他者を服従させうる力を権力として捉えるのである。この実体的権力は個人に属するものと捉えられるのが一般的であるが、国家や社会集団の属性としても定式化されうる。

これに対して機能的権力観は、権力を力学的なアナロジーで捉えたもので、あたかも磁力の存在が通常は可視的でないにもかかわらず、紙の上に鉄粉を置くと鮮やかに磁力線が浮かび上がってくるように、具体的状況における人間の相互作用関係のなかから権力が発生してくるとするものである。たとえば大学における教員の学生に対する権力は、教師と学生という関係性のなかに発生する。そしてその権力の大きさは、当該科目を履修する学生がどのような状況におかれているか、つまり何年生で、その科目が必修であるか、その科目を担当しているのは一人か複数かといった状況によってまったく変わってくる。この実体的権力観と機能的権力観の対立は、権力に対して私たちが素朴に抱いているイメージをいくつかの側面から定式化したものと指摘することができよう。

権力の概念化に関して現在もっとも一般的なものは、権力を自由との対比で把握しようとするものである。つまり、権力を抗争や不服従といった対立的状況を前提としそこでの服従や従属が実現することをその本質とする考え方である。ウェーバーは、権力(ドイツ語の Macht)を「ある社会関係の内部で抵抗を排してまで自己の意思を貫徹するあらゆる可能性」として概念化したうえで、この可能性が現実のものとして顕在化することを「権力の行使」として把握している。ウェーバーは先に見たように、政治を国家という政治団体の指導およびその指導の及ぼす影響と定義したが、そこにおいて国家は、「一定の領域内において正統性をもった物理的強制力の使用を独占する組織体である」と定義され、国家における軍隊や警察などの物理的強制力に代表される権力作用の契機を重要視する。このように権力を力（パワー）とほとんど同一視して、人間の自由とは対立的なものと捉える傾向は、政治学において伝統的なものである。

▼非対称性と共同性

これまで見てきたような、社会における対立・闘争の存在を前提とし、強制力と密接に結びついた権力の概念を現代における国家論に適用したものに、ギリシャに生まれてフランスで活躍した政治学者プーランザスの資本主義国家論がある。プーランザスはフランスの哲学者アルチュセールのマルクス主義理論の影響を受けて、構造的権力の問題に着目した。プーランザスの権力概念は、ある目的を実現するため特定の社会階級が保持する構造的な支配力として捉えるところに特徴があるが、資本主義国家における権力を階級関係の構造的な現れとみて、政治権力者をそうした構造によって要請される政策を忠実に実行する存在とみなすか、それとも資本主義国家は階級関係という構造的関係から相対的に自立した存在とみなすかをめぐって幅広い議論を生み出した。

こうしたプーランザスの議論に典型的に見られる、権力の非対称性に着目したゼロサム的な権力概念に対して、権力論におけるもう一つの重要な考え方は、権力は社会の構成員全員に能力を与え、目標達成のために社会的資源を動員する能力であるとする共同体的な権力概念である。この共同体的権力概念の代表例は、アメリカの社会学者T・パーソンズの議論に見ることができる。パーソンズは政治システムを集団の目的達成を機能とする社会システムの一つと捉え、権力はそのために欠くことができない集団の能力であるとみなす。この場合の権力は、目的達成のため人々を統合していく能力であり、その際ゼロサム的な権力観で強調された抗争や服従の契機はあくまで例外的なものであって、何よりも重視されるのは信頼とコミュニケーションで、権力は物理的強制力と同一視しうるものではまったくない。パーソンズのこうした共同体的権力観は、貨幣と権力の類比によっても説明しうる。つまり貨幣は、その価値が人々の間で信任され社会的に流通することによって十全に機能するものであり、強制によって人々にその使用を押しつけても、政府や中央銀行に対する信頼が欠如し、社会的コミュニケーションが不全になればその機能を期待することはできない。権力もそのような性格をもつものとされる。

権力の共同体的理解は、アーレントの権力論にも見出すことができる。彼女は集団の構成員の合意に基づいて行動する人間の能力に基盤をおく集団の能力そのものを権力と定義する。すでに見た人間の活動の区分にあてはめれば、権力は「行為」の世界によって作り出されるものであり、権力は自由と対立する概念であるどころか、人間は権力によってこそ自由を確保するための公的活動に関与しうることになる。アーレントの議論からは、権力は、人間の自由を抑圧する物理的強制力とは同一視されないだけでなく、むしろ相反する性質を付与されることになる。

権力観をめぐるこれまでの議論で繰り返し現れてきた権力と自由との関係に対して、従来の議論に対する根本的な異議申し立てを行うことになったのがフランスの哲学者ミシェル・フーコーの権力論である。関係的概念として権力（フランス語の pouvoir）を捉えるフーコーは、『監獄の誕生』において近代における権力像の転換を次のように説明する。かつて国王に象徴される「権力」は、たとえばフランス国王が、年中フランス各地の所領を旅して、また国家の栄光を象徴する煌《きら》びやかな服装に身を包んで、多くの人々にその存在を常に意識させることに努めていたように「見られる」存在であったのに対し、近代以降権力はむしろ「見えない」存在として人々の日常生活のなかにいつの間にか進入してくるようになったとする。こうした近代における権力ベクトル（方向性）の転換を象徴するものとしてフーコーが例示するのが、一九世紀に監獄改革の一環としてイギリスの功利主義者ベンサムの考案によって登場したパノプティコンと呼ばれる新しい監獄の設計スタイルであった。このパノプティコンは、中央の監視塔のまわりを囲むように細い扇形のショートケーキのように多くの独房が配置された形式で、そこでは独房の中にいるそれぞれの囚人は、常に中央の監視塔にある権力への服従を自ら意識化し、自分で自分を監視するメカニズムが働く。フーコーは、このパノプティコンはたんなる建築設計の問題ではなく、新しい統治のスタイルに他ならないと指摘する。つまり、物理的強制力などが存在しなくても自分で自分を統制するような、近代特有の規律権力の成立を象徴するものである。

フーコーが指摘するこの新しい規律権力は、人々に特定の主体のあり方、行動様式を強制するもので、典型的には『性の歴史』のなかで詳しく検討されたように、「性のありかた」において正邪の範疇を定め、この範疇にあてはまらないもの、たとえば同性愛に対して刑事罰を科すように、異端として選別、排除するメカニズムをもつ。しかもそうしたメカニズムが、学校・軍隊など近代特有の組織における経験によって、心身の記憶として内面化されることに着目した（戦前の日本で軍隊生活を経験した人々が、天皇陛下という言葉を聞くと思わず直立不動の姿勢をとってしまうことは、その例といえる）。ここにおいて権力は、プーランザスが指摘した支配階級の支配力など特定の主体の意図に還元できず、社会全体によって共有される。しかも権力が人間の日常生活の隅々にまで浸透しているがゆえに、権力の自己展開のなかに人間の主体性は埋没し、権力の埒外に存立しうる個人は存在しえない。したがって、権力支配の構造を断ち切るために反権力の立場をとることは容易でなくなる。フーコーがこのように指摘する近代特有の権力像に対しては、人間の主体性の成立契機を軽視しすぎているとする批判もあるが、日本で昭和天皇の死亡直前に見られた自粛ブームに典型的に示されたような、現代社会における自己規制型行動様式の拡がりを顧みたとき、やはり大きな問題提起といわざるをえないだろう。

二　権力論の展開

▼権力行使論

権力論においては、権力とは何かという権力の本質論やその認識論だけでなく、ウェーバーが権力の定義のところで述べたように、その権力が現実にどのように行使されるかという権力行使の場面の考察が重要である。権力が具体的に行使され社会の表面にたち現れてくる状況、またそれをどう捉えるかについての議論をいくつか取り上げてみたい。

権力行使をめぐる第一の議論は、「コミュニティー権力論争」と呼ばれたように比較的小さな政治社会における権力行使の実証的研究を通じて行われたものであった。アメリカ南部の都市アトランタ市における調査によって、アメリカの政治学者ハンターらのグループは『コミュニティー権力構造』を著し、アメリカのコミュニティー（この概念は、町内会組織など非公式できわめて狭い範囲をさすことが多い日本とは異なって、行政組織としての地域自治体を意味する）において政策決定の実権を握る同一集団が存在し、彼らの権力行使によってコミュニティーが運営されている実態を明らかにした。このハンターらの研究は、当時のアメリカにおけるエリート論において軍部・大企業などが形成する複合体の存在と、そうしたエリート集団のもつ実体としての権力を強調した社会学者ライト・ミルズの著作『パワー・エリート』に大きな影響を受けたものであった。

これに対して、アメリカにおいて一部の少数エリートに権力が独占されているとするミルズらの見解を批判し、アメリカの地域社会においては権力が多くの集団に分散し、多元的な権力行使が行われていることを主張したのがダールであった。ダールは自分の出身校であるエール大学の所在地ニューヘブン市における精細な調査結果を『統治するのは誰か』のなかで示して、アメリカの中規模都市における政策決定や政治的リーダーの決定に地域住民の意見がさまざまな形で反映されていることを明らかにした。ダールの議論の特徴は、包括的なパワー・エリートの存在を否定し「政治的階層」の概念を提起したところにある。それは都市政治において政治的資源（resource）が異なる多くの政治的階層（特定の階級的利害による同一の集団ではない）が存在し、かれらは政治に対して消極的で影響力をもちえない無政治的階層に比べて、政治に関する強い関心をもち直接的で強い影響力を政策策定において行使しているとされた。

ここで取り上げたコミュニティー権力論争で示された権力行使の捉え方は、ある政策の決定について、誰の影響力がもっとも決定的であったのか、誰の影響力によってその提案が否決されたのかなどを実証的に検証することによって、権力行使の実体を明らかにすることができるとする立場であった。こうした考え方は権力行使に対する私たちの一般的なイメージに沿うものといえるが、問題は権力行使がこうした政策決定過程だけで捉えられるものなのかという点である。この問題に対して、短い論文ながら大胆な問いかけを行ったのがアメリカの政治学者バクラッツとバラッツの研究である。

バクラッツとバラッツは、権力の二面性に着目した議論を展開する。すわなち権力は、第一の顔としてすでに見たような具体的政策決定過程の場で明確な形を取って現れるが、もう一つの顔として政策決定の場に登場してこないように争点を隠蔽する力となって現れる。この第二の顔は、ある集団がもっている既存の権益が脅かされないようにに、そうした既得権益そのものを争点化させないように議論を展開させる権力と表現することができる。たとえば、第二次世界大戦後アメリカの多くの大都市部で、電車・バスなど公共交通機関が利用者の減少を理由に次々に廃止されて、代わりとなる都市高速道路の建設が大きな争点となった。しかし、そこで主要な議論の対象となったのは、どこにどのような形で道路を建設するかであって、公共交通機関の存続の是非はそもそも争点とならず、廃止に反対する市民の声は、新しい需要の拡大に期待する自動車産業やその支援を受ける政治家などの大きな声に覆い隠されてほとんど取り上げられなかった。つまり権力行使とは、争点となった問題において影響力を行使するだけでなく、権力者にとって安全な争点だけを表面化させ、より根本的な問題が争点とならないようにするものでもある。

この決定における非決定（non-decision）の契機を重視しようとした研究では、「決定させない権力」の存在を明らかにするために「潜在的争点」に注目する必要があることが指摘された。苦情・不満としては意識されるが、政治的争点としては表面化しないこの潜在的争点をいかにして見出していくかは大きな問題であるが、バクラッツとバラッツは、そこに対立や不満がある限り仮に表面的な政治的争点とはならなくとも、潜在的争点は存在するはずだと考えていた。

これに対してイギリスの社会学者S・ルークスは、権力を「Bの利益に相反する形でAがBを動かしたとき、AはBに権力を行使した」と定義したうえで、「非決定の決定」の考え方をさらに発展させた議論を展開している（『現代権力論批判』）。ルークスはダールなどの権力観を「一次元的権力観」、そして「非決定の決定」の契機を重視する権力観を「二次元的権力観」であるとし、これに対して自己の権力観を「三次元的権力観」として以下のように提示する。二次元的権力観において「非決定の決定」権力の存在を示す潜在的争点は、当該の決定に対する不満や苦情として意識されることからその存在が明らかになるとされているが、現代におけるもっとも巧妙な権力の行使は、不満や苦情が政策決定の場面に登場することを防止することにあるよりも、そもそもそうした不満が発生しないような状況を作り出すことにある。ルークスがとくに強調するのは、権力が人間の内面をも支配する場合には、本質的な争点がそもそも抑圧されていて、不満として意識に上ってくることすらほとんどないほど、日常化された形態で権力が行使されている点である。したがって、権力行使が人間の内面にまで及んでいる実態を明らかにするためには、いわゆる合意や同意が本当のものであるのか、それが権力者の意図を受けたマスメディアの力によって操作されたものである可能性はないのかを慎重に吟味することが必要であると説いている。

この「三次元的権力観」で示されたルークスの問題提起は、人間の自律性をめぐる大きな議論を惹起させる。人間が自由な意思に基づいて判断した事柄が本当は自由な決定ではないかもしれないという、自由と人間の認識をめぐる大きな問題につながってくるからである。ルークスは現代における圧倒的な権力行使によって抑圧され、なかなか見出しえなくなった争点を私たちが見出す方法として「有意味な反実仮想」という概念を提示する。この有意味な反実仮想とは、現状の諸条件に拘束されずに自由に発想したとき、別の可能性が成り立つか否かを想定してみることで、実現がまったく困難な空想上の白昼夢とは異なる。この有意味な反実仮想を具体化し、その成否を実証的に検証するには多くの困難が伴うが、マスメディアやSNS上に登場する「情報」を「現実」そのものと錯覚し、意図的に誤った事実を真実として流布させることすらも容易な現代の情報社会において、私たちの選好すらも操作され偽装されたものであるかもしれないと考え、人間の内面までを支配する権力行使のあり方を問題視するルークスの指摘は、きわめて重要な問題提起であると捉えることができる。

▼権力と政治権力

これまで権力や権力行使そのものについて論じてきたが、ここでは政治権力がどのような点で他の権力とその性質を異にするかについて考察してみたい。王権などの政治権力成立の契機に関しては、政治思想史上さまざまな系譜が存在する。かつての日本においては天皇の統治権の正統性を、『古事記』『日本書紀』の記述に見られる、天孫《てんそん》降臨《こうりん》の神話と天皇の祖先神に対する臣下の祖先神からの領土の譲渡に求めていた。これらの記述は強大な中国文明との接触によって統一国家の形成とその正統化の物語を創造せねばならなかった当時の日本（倭）が、多くの地方的な素材を総合して懸命に神話体系を創り上げ、血統に基づく王権の正統化を推し進めようとしたことを物語っている。ヨーロッパ近代における絶対主義国家の成立とともに盛んに喧伝された王権神授説は、旧約聖書「創世記」におけるアダムに対する神からの統治権の授与を受け継いだものとして国王権力を理解し、臣民に対する家父長制的支配の正統性を説くものであった。これに対して社会契約説は、王権神授説を否定し、社会契約という人民の「合意」に政治社会と政治権力成立の根拠を位置づけようとする理論的枠組みであった。

またこうした議論とは別に、政治権力の成立を社会学的要因に求めたものもある。たとえば一四世紀のイスラーム世界で活躍した歴史家イブン・ハルドゥーンは、部族社会に見られる仲間同士の強い連帯感（アサビーヤ）を政治権力の基盤と捉えている。すなわち、砂漠と都市という人間社会における二つの生活形態の間に発生する格差が、都市的生活様式に対する砂漠の民の強い渇望を生み出し、かれらが自分たちのアサビーヤを基盤に強力な力を生み出して、都市に侵入し支配権を確立する。しかし、このアサビーヤは都市的生活のなかでは長続きすることができず、やがてまた新しい部族が都市的享楽に溺れた集団から支配権を奪うとされる。この『歴史序説』に描かれたイブン・ハルドゥーンの政治権力の交代をめぐる循環的歴史観は、諸王朝や軍閥政権が興亡を繰り返した当時のイスラーム世界を映し出したものである。そして歴史がもはや神の摂理によってのみ司られるものではないことを社会が自覚することが「学問」成立の契機であると捉えるその政治社会学は、時代を超え、またイスラーム世界の範囲を超えて、現在でも幅広い分野に影響を与えている。

政治権力の本質を考えるうえで、国家権力によって行使される軍隊・警察の暴力と盗賊団・やくざなどの暴力との差異をどう捉えるかは根本的な問題である。前者は法規範や政治制度にその正統性を裏づけられており、後者は非合法なもので排斥されるべきものであるとされるが、問題はそれほど簡単ではない。たとえば、軍隊が政府に対して反逆し暴力によって政権を奪取するクーデター（フランス語の coup d'Etat）は、もちろん法規に違反するきわめて重大な犯罪であり、失敗すれば主謀者たちはみな処刑されるが、成功したときには正統性をもち、一切の暴力、残虐行為は免責される。また、軍隊は敵と交戦するためのものと考えられているが、一九四五年の沖縄戦でも見られたように、住民が多数居住する戦場では敵味方の区別は容易ではなく、住民は双方から攻撃を受ける（沖縄戦では県民の約四分の一が死亡した）。また、軍隊が組織的に略奪に手を染めることや、警察や公安組織が政権の反対勢力をあらゆる手段を使って弾圧することはめずらしいことではない。このように見ていくと、軍隊・警察の暴力とやくざ集団の暴力との間には実体のうえでは何も差はなく、両者を真に区別するものはそれが形式的な合法性ではなく正統性を有するかどうかの問題であることがわかる。

あらゆる権力の行使は、人間の自由と本質的に対立する要素をもつが、とくに政治権力は、暴力の行使を伴い究極的には生命すら奪う可能性をもつがゆえに、社会・経済的権力と同列には論じられない。この点は私たちが政治権力の問題を考えるときに決して軽視してはならないだろう。たとえば、ソ連邦の崩壊に象徴されるいわゆる社会主義国家の問題点は、生産関係（労資関係）の転換によってあらゆる支配・従属関係はなくなるはずであると想定した点にあった。確かに資本主義的な資本家による労働者の搾取は消滅したかもしれないが、そのことはあらゆる支配関係や政治権力の存在を否定するものではなく、現実には官僚的支配の跳梁《ちょうりょう》と政治権力の暴走を引き出す可能性をもったといえる。

政治権力の行使は、人間にとってさまざまな抑圧を引き出す契機ともなりうるが、すでに見たアーレントの議論にもあるように、政治権力こそが個人の自由と公共性を確保する基盤となりうることも事実である。この権力と自由との関連をどのように解明していくかは政治学にとって根本的な難問であるが、問題はいかにして私たちが権力というものを飼い馴らし、その暴走を防ぐための制度を構築していくかということであろう。

▼現代における政治権力の諸問題

これまでの議論のなかで、権力行使を人間の自由に反するものとして安易に排斥することなく、しかも権力の暴走を防止する仕組みを構築していくことが課題であることが示された。ここではこうした課題を考えるために二つの論点を整理してみることにしたい。

第一は、現代における権力と文化との関係についてである。現代の消費社会化の波は私たちの文化や日常的経験の構造を大きく変えようとしているのではないか、文化は権力構造のなかから生み出されてくるものなのか、それともそうした権力構造を作り出していくものなのか。この権力と文化の関係をめぐって、現代世界でその理論に言及されることがもっとも多いのが、イタリアの思想家・革命家アントニオ・グラムシの論考である。グラムシはイタリア南部のサルディニアに生まれた共産党の指導者で、一九二六年にファシズム政権によって逮捕、投獄され死の直前まで獄中にあった。したがってかれの思想は、そのほとんどが一〇年あまりの獄中生活のなかで綴られた『獄中ノート』か手紙の形で残されているにすぎず、必ずしも体系的に整理されていないが、その思想的影響力は広範な領域に及んでいる。

グラムシの理論は、まず一九二〇年代から一九三〇年代にかけてイタリアにおいて革命運動が後退し、ファシズムが勃興した理由は何かを探ることから始められる。当時のファシズム運動は、国民の不安や不満をかきたて喪われたアイデンティティに照準して、ナショナリズムや指導者の崇拝へと人々の意識を大きく変えていきつつあった。ところが、当時の左派勢力はこうした事態の深刻性を理解できず、従来の階級闘争的認識から抜け出ることができなかった。グラムシはこうした欠点を克服するためには、まず政治の領域が大きく拡大していること、そしてそこで権力が構築される場が非常に多様化していることを理解する必要があると説く。

ここでグラムシが提示する概念が「ヘゲモニー」である。もともとこのヘゲモニーとは、ロシアの社会主義運動のなかでプロレタリアート（労働者階級）の指導権の意味で用いられていたものであるが、グラムシはこの意味を大きく転換し、ある階級が他の階級に対して自分たちの文化的価値を承認させる機能として定義する。そして現代社会では、政治組織だけでなく「市民社会」がヘゲモニー装置としての役割を果たし、言語化され意識化されたレベルだけでなく、心身の記憶を含む日常的な実践レベルとしてこのヘゲモニーが存在していることに着目する。現代日本社会において多くの消費者がブランド信仰をもち、商業資本が作り出す価値序列に踊らされている様子などは、まさにこのヘゲモニーの概念で説明することができるだろう。ヘゲモニーの獲得とは、強制力・暴力だけでなく、支配された人々の能動的な同意を獲得し、それを通じて支配の主導権を獲得することであり、ファシズムの成功は、伝統的な支配階級のヘゲモニーを侵すことなく、さまざまな社会集団に実際には相矛盾する期待と希望を抱かせることに成功していることにあると指摘する。グラムシの思想の独自性は、「文化」を社会の生産関係としての下部構造に規定される上部構造として捉えるのではなく、それ自体が政治的抗争の舞台である多面的な論争の空間として把握したことにあった。

これまで述べてきたヘゲモニー概念を中心とするグラムシの論考で問題とされた文化と権力支配との関連は、私たちを現代世界における政治権力のあり方をめぐる第二の大きな論点へと導いていく。それがグローバリゼーションと呼ばれる世界資本主義の空間的拡大と政治権力との関係性の問題である。一般にグローバリゼーションという言葉は、経済的グローバリゼーションを意味し、たとえばアフリカ大陸サバンナ地帯の村落社会にもアメリカ資本主義文化を象徴するペプシコーラが浸透するように、地球の隅々にまでいたるグローバル資本主義の空間的拡大と、安価な資源、労働力を求めて多国籍企業が仁義なき競争を展開し、人間の臓器すら「商品化」して国際的に売買されるような市場原理主義の貫徹として理解されている。

しかし、ここで問題にしたいのは、グローバリゼーションの政治的側面、すなわち政治的グローバリゼーションについてである。この政治的グローバリゼーションとは、権力が時間と空間の二つの領域でその意味を大きく変化させていることによって特徴づけられる。すなわち、情報技術とくにインターネットの普及による世界的規模での情報共有や指示伝達の迅速化を受けた権力行使の高速化と、世界大のヘゲモニー確保をめざす権力行使の広域化・非領域化である。この現代におけるグローバリゼーションと権力との関連は、とくに機能的な空間に権力が拡大していることが特徴的であって、かつて一九世紀から二〇世紀初頭にかけて列強と呼ばれた帝国主義国家が植民地支配を求めて激しく角逐したことに対比すると、軍事的な侵攻や領域的統治をめざさない「支配」を確保しようとしている点にその特徴が見られる。

もちろん、現在においても、アメリカ軍がイラクに侵攻しフセイン政権を打倒したように、軍事力を行使して事実上の統治権を手中に収め、地域に対する絶対的な支配権を確保しようとする動きがなくなったわけではない。しかし、こうした腕づくの権力行使による支配獲得は、かつてのヴェトナム戦争のように膨大な損失を招いたうえで失敗に終わることも多く、仮に軍事的には成功したとしても膨大なコストを要し、イラクでも長年にわたりアメリカ軍の駐留を継続せざるをえない深刻な事態を招いているように、きわめて非効率なものとなってしまうことが多い。

つまり、現代世界で進行しつつあるのは、圧倒的な軍事力によって担保されたアメリカのような超大国によって担われる国際政治上のヘゲモニーの強化ではなく、特定の国家をその担い手とするのではないトランス・ナショナルなヘゲモニーの出現である。のちほど述べるように、現代世界においてはNationalな政府にはもはや大きな権力は存在せず、権力はさまざまな政府、機関、組織によって多層的に分割され、拡散している。これに対してトランス・ナショナルなヘゲモニーは、その担い手が必ずしも明確ではなく、誰かの意図によってその方向性が決定しているとも言い難い側面をもつ。その意味ではこのトランス・ナショナルなヘゲモニーの概念は、現代における権力構造を特定の主体の意志に還元することができないものとした、フーコー的権力論と重なる視点をもつものといえる。

そしてこのトランス・ナショナルなヘゲモニーが最終的にめざすものは、領域の支配や資源の独占ではなく、現代文明の基本的性格を形作っているシステムからのノイズ（異分子）の自動的な駆除であろう。二〇〇一年九月一一日のアメリカにおけるテロ事件に際して、ブッシュ大統領がこれは文明社会に対する挑戦であると叫んだように、この現代文明を支えている諸価値・システムからの異分子の排除の典型例は、アメリカ政府が「テロリズム」と称しているものとの対決である。現代世界で盛んに喧伝されるこのテロリズムとの対決は、従来の国際政治における軍事力を中心とする「権力政治」（power politics）とは異なる、新しいタイプの権力政治を生み出すものとなっていると考えることができる。アメリカが主張するテロリズムとの戦いは、地政学的なアメリカのヘゲモニーを維持したまま現代世界の枠組みを維持しようとする試みに他ならない。テロリズムへの恐怖に怯えたアメリカなど大国の行動が、世界各地で多くの殺戮と荒廃を引き起こし、人間の自由や文化の多様性をも脅かしかねない画一的な権力支配の世界を生み出しかねないことが懸念されるなかで、やはり私たちにとって権力の抑制がいかに困難な問題であるかが改めて意識される。

こうした現代世界における政治権力の問題を考えていく際には、戦争や奴隷制に反対し税の支払いを拒否することで「市民的不服従」を貫こうとした一九世紀アメリカの詩人H・D・ソロー（自然と共存する生活の試みである『森の生活』という美しい作品がある）や、インドの独立運動を進めていくなかで民衆からマハトマ（聖者）として慕われたガンジーが提示した、納税拒否や専売商品ボイコットなど非暴力的手段による権力への抵抗の考え方は、改めて傾聴に値するのではないだろうか。「自己に困難を与える人々を寛恕すべきか、あるいはこれらを打倒すべきか」という問いかけに対して、ガンジーは、外部に求めた敵と闘争する間は自己の内部にある敵を忘れ、暴力に訴えるのでいよいよサティヤ（真理）から遠ざかる、自己に困難を与える人々を寛恕すれば目的に近づき、ときにはこれらの人々を指導するようになるとして、暴力的抵抗を厳しく戒めようとした。自らの人間的欠点を見つめながらその克服をめざして、不殺生をその中心的思想とするアヒンサー（博愛）の原理を掲げ、ときには死を賭した断食をもって民衆を非暴力運動に導いたガンジーの問いかけは、暴力と報復の連鎖を絶ち、政治権力の抑制を図っていくうえで、現在でも決して軽視できないものといえよう。

三　支配と正統性

▼支配の諸類型

権力行使の問題のところでも述べたように、国家権力に裏づけられた軍隊や警察の物理的強制力と暴力団のそれとの違いは、結局のところ形式的な合法性ではなく正統性の問題に帰着する。つまり、圧政的な政権によって謂われなき弾圧や拷問にさらされたとき、私たちが訴えることができるのは、裁判など制度的な救済ではなく（公正な裁判などは最初から期待できず、場合によっては裁判などなしに闇から闇に葬られる危険性もある）、「正義」といういわばとらえどころのない価値でしかなく、将来の救済を信じて粘り強く耐え抜いていく他はない。そしてイギリスの哲学者・政治思想家ロックが有名な『統治二論』において、われわれは「天に訴える」と述べて抵抗権・革命権を主張したように、圧政が耐え難いものになったときには、制度的な裏づけをもつ政権をいわば非合法に打倒することすら必要になる。その意味で支配と正統性の問題は、どのような政治制度を設計すればよいかの問題に解消できない政治権力をめぐる根本的な課題をさし示している。

支配における正統性の問題について、まず有名なウェーバーの正統的な支配の三つの類型から見ていくことにする。ウェーバーは『支配の社会学』において、支配を「一定の命令に対して服従を見出すチャンス」と定義したうえで、支配関係は、命令権力の権威（authority）が正統性を承認されたときに安定した基盤をもちうると考えて、人々が権威を内面化する正統性信仰の根拠に三つの類型を示すことが可能と考えた。第一の類型は「伝統的支配」であり、これは支配者と被支配者ともに現在の支配関係を自然で半ば永続的なものと考え、それによって拘束されている類型である。具体的には伝統・慣習・血統などによって支配者の地位が決定され正統性を基礎づけられる身分制的秩序などをさす。政治制度としての君主制はまさにこの伝統的支配に基盤をもつものであったが、急激な社会の変化や被支配者の意識変容によって現在ではその存続が難しくなっている。

第二の類型が「カリスマ的支配」と呼ばれるものである。カリスマという言葉は元来神から与えられた「賜物」をさすギリシャ語であるが、ここでは伝統や慣習ではなく支配者・指導者のもつ非日常的な卓越性が、被支配者に正統性の根拠を与え、指導者に対する大衆の全面的な信頼がその基盤となる。このカリスマ的支配では、被支配者の側に存在する日常的な生活に対する忌避の感情を背景に、リーダーとともに新しい未来の創造へ向かって邁進することが謳われるため、伝統的価値や現状肯定的態度を否定する大きなエネルギーを引き出し、宗教改革や革命など社会の大きな転換を引き起こすこともありうる。ただし、このカリスマ的支配が一個人への帰依を起源としつつも、やがて支配が日常化していくにつれて、血縁に基づく世襲カリスマに転化していくことも見られる。

第三の類型が「合法的支配」である。合法的支配とは、法の内容に関する実質的な判断ではなく、正規の手続きによって制定された法の正統性に対する形式的な信仰に支えられた支配であると規定される。ここではすでに見た二つの支配の類型とは異なり、服従の対象は人格をもった人間ではなく、非人格的な組織およびそこから発せられた法そのものである。この合法的支配の典型的な例は官僚制的な組織に見られるが、ウェーバーは、合理化の徹底した近代社会では、いわゆる行政組織だけでなくあらゆる組織・集団において官僚制の原理が支配する傾向が強くなっており、法制度への形式的信頼を根拠とするこの合法的支配はしだいにその範疇を広い分野に及ぼしつつあると見ていた。

ウェーバーが支配の諸形式を素描するために用いた三類型は、現実に存在する多様な支配関係の姿から特定の観点を抽出し、ある種の統一性をもったモデルとして提示したもので「理念型」（ドイツ語のIdealtypus）と呼ばれる。この理念型は複雑な諸現象の姿をはっきりさせるために作られた操作的概念で、実験室のように人工的に特定の条件を作り出し分析する手段をもちえない社会科学において、現実の個別的特性を合理的に設定されたモデルとの偏差によって説明するための方法的な虚構であって、現実にはこのモデルどおりのものが存在するわけではない。

ウェーバーが理念型である三類型を設定して、支配における正統性の契機を描き出そうとした背景には、人類の歴史段階に対応した支配の諸形式を分析しようとする歴史社会学的関心があっただけでなく、官僚制的な非人格的性格をもつ支配のなかに埋没してしまいかねない現代社会への悲観的な見方があったと見ることができる。ウェーバーは第一次世界大戦後のドイツの状況のなかに、皇帝政治の崩壊に伴う既存の価値観の崩壊やニヒリズムと同時に、実質的な内容を問うことのない合法的支配への安易な傾倒を見出していた。そのなかでウェーバーは、合法的支配の形骸化と議会政治の脆弱性を乗り越えていくために、新生ドイツの新しい政治のあり方として、ある種のカリスマ性をもった大統領型デモクラシーに期待していくのである。のちのワイマール共和政の機能不全とナチスの台頭・独裁の史実を知る私たちからは、かれのこうした見解にはさまざまな評価をなしうるが、有効かつ正義にかなった支配とはいかなるものかは依然大きな課題である。

▼正統性をめぐって

ウェーバーが二〇世紀初頭に示した支配の正統性をめぐる議論は、一九三〇年代にはいって大きな挑戦を受けることになる。それが新しい指導者原理を掲げたファシズムの台頭であった。ナチスドイツのファシズム体制を擁護して、政治を友敵関係で把握しようとしたシュミットは、この正統性をめぐる問題についても大胆な問題提起を行っている。シュミットはすでに見たように、大衆デモクラシーのもとでの議会主義を批判し、討論による合意形成は幻想に過ぎないと否定する。そのうえでかれはデモクラシーを治者と被治者の一体性と把握しつつ、指導者の判断や決定の絶対性を主張する。指導者の決断能力を重要視するこの議論では、合法的に政権を獲得した権力者は自動的に正統性を獲得することができる。つまり、そこでは合法性と正統性との間の垣根はありえず、違法な決定、正義に反する命令という範疇は存在しなくなる。

ヒトラーは、首相として政権についた直後、いわゆる授権法という憲法に拘束されない絶対的権限を政府に認める法律を強引に議会で成立させてワイマール憲法を事実上破棄したが、これもシュミットによっては肯定される。なぜなら、人民には「憲法制定権力」があり、憲法を頂点とする法体系という形式的合法性より人民の「意志」が優越するため、ヒトラー政権が大衆の支持を受けて合法的に成立した以上、その行為には当然正統性が付与されると主張した。

この正統性を合法性に解消してしまうシュミットの議論は、合法性と正統性をめぐる政治学上の難問を一刀両断にしてしまう衝撃的なものであり、当然多くの批判にさらされることになった。革命やクーデターなどの例に示されるように、いったんは形式的合法性というくびきを乗り越えなければ新しい政治体制が生まれないのは当然であるが、そうした例外状況を正統性の問題一般に適用することには多くの問題が伴う。シュミットが賛同したファシズムに関していえば、たとえばナチス体制のもとでユダヤ人虐殺などの行為に実際に関与した強制収容所の職員は、個人として責任を問われるかどうかも議論となる。当時としては合法で職階制のもとで命令を忠実に実行した行為が犯罪とされるのかという問題であり、いわゆる戦争責任にも絡む大きな問題である。戦後のヨーロッパでは、こうした職員も何らかの罪を問われることが多かった。それは実態としてこれらの職員がたんなる下僕として酷使されたということではなく、個人的にもさまざまな残虐行為を収容者に行っていたことが多くの証言によって明らかにされたことにもよる。

「正統性」(legitimacy)が支配・権威に対する「合意」(倫理的に正しく適切だとする信念)のある状態をさし、被支配者側からの一定の服従意欲が存在し、支配秩序および政治システムを維持する力となることをその要件とする限り、正統性の問題を合法性に還元してしまうことには無理がある。むしろ正統性の問題は、権力に対する服従義務をはかる尺度として、つまり政治権力を批判する基準として大きな意味をもつ。そしてこの正統性をめぐる議論は、ウェーバーが示したようなすでに存在した支配の諸類型を分析することでその意義を明らかにするだけではなく、正統的支配と正統性をもたない支配の境目をぎりぎりのところでどのように示すことができるかという難問を私たちに突きつけるものである。最初のところで『カラマーゾフの兄弟』の一節を引用して示したように、人間の尊厳を傷つけるような支配さえもが是認される場合もあり、正統性をめぐる議論は、何らかの原理に収束しきれず、常に現実の状況によって左右される難しさをもつといえる。

政治思想史上の古典的な多くの議論は、この正統性と抵抗権をめぐる問題を大きなテーマとして展開されてきた。一七世紀のイングランドにおけるホッブスやロックの社会契約説は、この支配の正統性の範囲と服従の限度を中心的論点とするものであった。また、自然状態論や社会契約説を否定し、文明社会論を展開した一八世紀スコットランドの哲学者ヒュームの議論は、支配の正統性の基礎を人間の日常的な判断能力、共通の利益に対する人々の社会通念(convention)としての「道徳感覚」に求めるものであった(『道徳感情論』や『諸国民の富』を著した古典派経済学者A・スミスもこの系譜に属する)。

こうした古典的な議論に対して、二〇世紀後半において正統性の問題を正面から取り上げ、大きな議論を巻き起こしたのがドイツの哲学者ユルゲン・ハーバーマスであった。ハーバーマスは批判的社会理論を提唱して、現代の社会科学が実証主義の枠に閉じ込もり解明できる問題のみを扱おうとする傾向をもつことを批判するとともに、コミュニケーション行為の理論を打ち出して、資本主義社会における正統性の危機の問題を論じた。『後期資本主義における正統性の問題』のなかでハーバーマスは、二〇世紀における社会システム論が、システムの安定を第一義的に考え、そのなかにおける人間の自己同一性（アイデンティティ）の危機の問題を軽視していることを批判する。つまり、システム統合で重要視されるのは人間をそのシステムの要請に合う形で「社会化」することであり、科学技術の進展を介した自然の支配によって、人間に安楽な生活を確保するシステム統合が進んでいく。しかし、人間はシステム統合によって回収しきれない側面をもち、それがコミュニケーションを介した行為によって形成される社会関係のなかで自己の意味を了解する社会統合の側面である。現代の資本主義経済システムは、経済成長によって人々の生活の安定を図ると同時に、マスメディアを通して人々を脱政治化し、政治への参画によって自己の位置を確認する契機を失わせるという形で社会統合の危機を招いている。現代社会における正統性の危機は、こうした社会統合の危機とそれに伴う政治的不満の増大であると、ハーバーマスは指摘する。

ハーバーマスの問題提起は、たとえば高度経済成長期の日本における自民党支配のように、経済成長の成果を幅広い階層・地域にばら撒くことによって支配の正統性を得ようとしたことが、その後政治から真剣な討論や合意形成の契機を失わせ、公共空間の空洞化、国民の政治からの離反を引き起こしたことなどをより説得力ある形で説明する論拠になりうるであろう。ハーバーマスはこうした正統性の危機を克服するため、コミュニケーション的行為の世界を重視して、人間が自己の行為の意味やその位置づけを確認することができる社会関係を再構築する必要性を提起し、そのために対話による公共圏形成の可能性を模索しようとした。

ただし、共同体的な文化の共通性が失われていくなかで、そもそも異なった文化をもつ人間の間に成立する対話とはどのようなものなのか、その可能性は本当にあるのかという多くの議論も存在する。マスメディアを通じて脱政治化された市民からは正統性の契機が失われているとするハーバーマスの指摘は、二〇世紀における正統性の危機を公共圏の喪失と捉え、現代における公共空間の再構築に関する議論を提起して、社会科学の多方面にわたる論争を生み出すことになった。支配の正統性をめぐる議論は、こうしたハーバーマスの問題提起にも示されているように、政治権力をめぐる問題だけでなく、現代における人間の自己了解やさまざまな文化をもつ人間間における対話の可能性をどのような観点から捉えていくかという大きな問題にもつながっていくことになる。

第3章 右派と左派

■現代の政治意識とイデオロギー

一九二三年九月に発生した関東大震災は、帝都東京の下町を灰燼に帰しただけでなく、大正デモクラシーと呼ばれた戦前期日本における束の間の自由主義的な空気を終息させる大きなきっかけとなった。混乱が広がるなかで国内の朝鮮人が暴動を起こそうとしている流言蜚語が巷に広がり、五千人以上ともいわれる朝鮮人や反政府主義者が、警察や民衆が組織した自警団によって捕えられ虐殺される事態が発生した。当時アナーキストとして名を知られていた大杉栄がその妻、甥とともに、のちに満洲に渡り報道機関を掌握して実質的な帝王とまで呼ばれることになる憲兵隊の甘粕《あまかす》正彦によって、このとき虐殺されたことはのちに明らかにされたが、政府はこうした事態を掌握していながら事実を隠蔽することに躍起となった。しかし、震災からしばらくすると諸外国から虐殺を放置した日本政府に非難が集中した。そこで日本政府は朝鮮人虐殺にはそれなりのやむをえない理由があったことにするため、彼らを中心とする陰謀事件が計画されていたとして、それを内外に示すことで批判をかわそうとした。

このとき天皇暗殺の計画をもっていたとされて夫の朝鮮人朴烈とともに捕えられた金子ふみ子の『何が私をこうさせたか』は、獄中で死を覚悟して自分の生涯をつづったものである。少女の頃から私生児として両親に愛されず、向学心は旺盛だったが学校でも差別を受け、やがて祖母を頼って渡った朝鮮での生活も苦渋に満ちたものであった。日本に戻ったのち肉親を振り切って東京に出てからは、新聞売り、露天商、女中奉公など職を転々としながら社会の実相に次第に目覚め、やがて朴烈と出会い熱烈に恋愛して同棲を始める。ここまでの生涯をつづったこの記録からは、一人の女性が逆境のなかから、真実のいのちとは何かを問いかけ、自分の力で借り物ではない思想を紡ぎだしていく過程を見ることができる。

瀬戸内晴美（寂聴）の手になる伝記でも紹介されているこの金子ふみ子は、日本におけるアナーキズムの一系譜に属する思想家として捉えられている。しかし、彼女の思想はそうしたイデオロギー的な範疇には収まらない独自の強さをもつものであった。大審院は金子らに大逆罪で死刑判決を出したが、さすがに政府もこれを執行することを躊躇し、天皇の特赦として減刑を言い渡した。だが金子は天皇からの特赦は最大の恥辱であると考え、特赦状をその場で破り捨て、まもなく獄中で縊死《いし》してしまうのである。この金子ふみ子の二三年の壮絶な生涯は、一人の女性が家族や国家の圧迫のなかで文字どおり呻吟しながら自分の思想信条を作り上げていったことを示しているが、そうした信念は人間にとって何を与えるものなのかという重い問いかけをも私たちに残している。

一　現代のイデオロギー論

▼イデオロギーとは何か

イデオロギー（ドイツ語の Ideologie）という言葉は、日常的には政治意識の中核をなす概念の体系・世界観・信条体系といった意味で使われる。「あの人とはイデオロギーが違う」というような表現がそれである。もともとこの言葉は一八世紀末のフランスの哲学者トラシーが提唱した、すべての学問の基礎となる「観念学」（idéologie）の名称に由来するものであるが、トラシーが当時のナポレオン政権を批判したことからこの語には、わけのわからぬ「空想論」という蔑称が与えられることになった。このイデオロギーという言葉を社会科学上の重要な概念として、社会批判の方法的用語としたのがドイツ生まれの哲学者・経済学者・革命家カール・マルクスであった。

マルクスは、このイデオロギーという概念を現実の姿を正しく認識することを阻む「虚偽意識」と定義したが、このマルクスの考え方を理解するために、かれが提唱した社会構成体という社会認識のモデルについて少し見ていくことにする。マルクスの社会構成体概念を特徴づけるのは、人間の意識がかれらの存在を規定するのではなく、人間の社会的存在がかれらの意識を規定するという考え方である。マルクスは、社会の基礎的構造は必要な財を生産する生産諸関係（経済）によって決定されると考え、これを「下部構造」と表現し、これに対して法的・政治的諸関係や宗教的・哲学的信条体系は社会の「上部構造」として「下部構造」によって規定されるものと考えた。したがって、イデオロギーは上部構造に属する社会的意識形態とされる。このイデオロギーが虚偽意識とされるのは、こうした生産諸関係に対する意識の被拘束性を正しく反映させず、現実を隠蔽する効果をもつことに由来する。つまりブルジョワ（資本家）は、資本主義社会の支配的階級として、そうした支配が永続する法的・政治的・文化的信条体系をもっているにもかかわらず、これがすべての階層の人々にも当然共有されるべき常識であると思い込んでいることをさすのである。

このように存在によってそのあり方が拘束されるイデオロギーは階級性をもち、その時代における支配的イデオロギーは支配階級のイデオロギーに他ならない。したがって、生産諸関係を変革し新しい社会関係を作り上げていくためには、支配的イデオロギーの虚偽性を暴露していくイデオロギー闘争に重要な役割が与えられることになる。マルクスと盟友のエンゲルスが『ドイツ・イデオロギー』を著したのはそうした階級闘争のためであった。マルクスがイデオロギー論を階級闘争と結びつけたのは、プロレタリアート（労働者）は普遍的なイデオロギーの担い手となりうるとかれが考えたことによる。つまり、イデオロギーがそれぞれの階級的利害を反映させているというだけでは、それぞれの階級には別の観念体系があるという価値の相対主義しか意味しないが、マルクスはプロレタリアートを階級社会そのものの廃絶を自らの役割とする普遍的階級であると考え、そのイデオロギーに普遍的な価値を見出すことができるとしたのであった。

こうしたイデオロギー観念における意識の被拘束性という基本的な考え方は、プロレタリアートの歴史的使命という独特の意味づけからしだいに解放され、あらゆる階級・集団にとって意識が社会的存在によって制約を受けるという一般的な認識へと広がっていく。意識や知識の社会的条件を考察する知識社会学を提唱したドイツの哲学者・社会学者カール・マンハイムは『イデオロギーとユートピア』を著して、意識の被拘束性の範疇から例外的に自由であることが期待される、普遍的イデオロギーの担い手としてのインテリゲンツァ（Intelligenz　原義は字の読めない農民層を啓蒙しようとした知識階級をさすロシア語の intelligentsiya）に着目した。かれらは他の階級と異なり、社会的に自由に浮遊して総合的な視野に立つことが可能だとしたのである。またマンハイムは、現実の存在に適合した観念に対置される、存在を超越した観念をイデオロギーとユートピアの二つと定義し、現実を超越してはいるが、実際の行為に結びつき既存の秩序を破壊して新しい現実を作り出す役割をもつものをユートピアと呼んで、イデオロギーと区別している。

現代のイデオロギー概念は、社会的に規定された意識のあり方というよりも、ある現実の存在を強調するために政治的アクターによって意図的に作り出される教義、観念体系として用いられることが一般的であり、個人のもつ信条体系との差が見えにくいものになっている。そしてイデオロギーという概念が元来持っていた支配関係を隠蔽する虚偽意識といった現状批判の側面はあまり見られない。

▼政治的概念としてのイデオロギー

ここではイデオロギーの概念を、現状を理解し構想すべき社会のモデルを示すものとして把握したうえで、現在政治運動を主導する「〜主義」と呼称されている政治的イデオロギーについて考えてみることにしたい。一九世紀以降に登場した主要な政治的イデオロギーのほとんどは、一八世紀末にヨーロッパを揺るがしたフランス革命をめぐる思想的諸潮流を対抗軸として成立したものであった。フランス革命に際して、王制とそのもとでの旧秩序の維持を主張した勢力が王党派と総称されたのに対して、旧体制の打破を叫んだ勢力は革命派と呼ばれたが、そこにはさまざまな系譜が存在し、なかにはバブーフの陰謀事件に示されたように、のちの共産主義運動に影響を与えるものまであった。

なお、現在政治的党派を一般的にさす右派・左派という言葉は、革命後の議会において保守派・急進派がそれぞれ議長席から見て右側・左側の議席に着いたことに起源をもつとされている。ヨーロッパの秩序をフランス革命とナポレオン以前に戻そうとする復古主義は、やがて保守主義につながっていくが、これに対抗した思想の諸系譜は自由主義派と呼ばれ、そこには共和政を求める急進派から、既存の国家の枠組みを否定し独立を志向する民族主義者まで幅広い思想が混在し、この自由主義派が多くの市民革命を主導しながらさまざまな思想系譜を作り出していくことになる。こうした一九世紀に生まれた思想系譜のなかから、ここでは現代における政治的イデオロギーに大きな影響を与えたものをいくつか取り上げてみることにしたい。

第一は、社会主義の諸系譜である。社会主義という概念は現在さまざまな意味で用いられ、その言葉の定義を一つに確定させることは困難であるが、それが政治思想として登場してきたときの元来の意味は、国家や教会組織などとは異なる共同体としての「社会」の存在を強調し、それを新しい政治的・経済的組織の中核とする思想系譜である（このヨーロッパにおける「社会」の発見は「社会学」〔sociologie〕という新しい学問を生み出すことにもなる）。社会主義思想の一つの源流はフランス初期社会主義思想と呼ばれるもので、フランス革命における急進派の主唱した社会改革の系譜を受け継ぎ、サン・シモン、フーリエなど多くの思想家がそれぞれ「社会」の再組織化を中心にすえた個性的な未来社会の展望を示した。また、イギリスのオーエンは自ら経営者の立場で資本主義社会の欠陥を是正する新しい共同体の原理をめざした。のちに労働党を生み出すS・ウェッブらのフェビアン主義は社会主義思想に人道主義が合流したものと考えることができる。こうした社会主義の諸系譜は、キリスト教の新しい諸傾向、のちにふれるマルクス主義、さらに自由主義改革派などさまざまな系譜と接近や対立を繰り返しながら、やがて一九世紀末以降選挙権が拡大すると、主として労働者階級をその中心的な担い手とする社会主義政党を生み出し、いわゆる左派勢力の中心的位置を占めていくことになる。

第二は、保守主義である。保守主義の起源はフランス革命に代表される啓蒙主義的傾向を批判し、理性による社会革命の可能性に疑問を呈して『フランス革命の省察』を著したエドモンド・バークに代表される、伝統や慣習に基づいた社会秩序の安定性を説く思想系譜にある。政治的イデオロギーとしての保守主義は当初は王制（君主制）の維持をその主要な目標としていたが、しだいに権威主義的社会秩序の維持を主張していくようになる。ただし保守主義において保守すべき対象は、政治的なものから文化的なものまで広範なものがあり、政治的右派と称しても何を強調するかによってそのイデオロギーには大きな違いが出てくる。また現在においては業績主義的価値観が広まり、血統や伝統に権威づけられた価値が支配的なヘゲモニーをもつとは限らず、そうした価値を強調する運動がきわめて反体制的で現状打破を主張するものとなることもめずらしくない。

第三は、この章の初めのところでもふれたアナーキズムの考え方である。アナーキズムは日本では無政府主義と訳され、その批判の対象は国家権力だけにとどまらず、資本や宗教、家族制度にも及んでいるが、やはりその主張の中心は国家およびそれと結びついた資本主義による支配の軛から人間の自由を解放し、人々が自生的な秩序に従って生きることをめざすところにある。アナーキズムはフランス革命期に活躍したイギリスのゴドウィンや私的所有を盗みであると批判したフランスのプルードンなど個性的な思想家をその源流とするが、アナーキズムに一つのイデオロギー的な性格を与えたのはロシア出身の思想家バクーニンである。かれは一九世紀後半以降のヨーロッパ、とくに南欧の労働運動に大きな影響を与え、労働者の直接行動によって社会改革を実現しようとするアナルコ・サンディカリズムを生み出した。日本では幸徳秋水の翻訳によるクロポトキンの訳書（『麺麭《パン》の略取』）等が知られ、大正期から昭和初期にかけてさまざまな社会運動に影響を与えた。現在でもヨーロッパの一部の国においてアナーキズムは、反グローバリゼーションを主張する運動の一つの柱としてかなりの影響力を保持している。

第四は、マルクス主義と社会民主主義である。政治的イデオロギーとしてのマルクス主義は、マルクスがエンゲルスとともに一八四八年に著した『共産党宣言』に見られるように資本主義社会の矛盾を指摘し、労働者階級の団結によって共産主義社会の到来を展望する考え方であり、二〇世紀初頭以来各国で叢生した共産党によってその主導的思想とされた。ただし、マルクス主義は一九一七年のロシア革命以後新しく誕生したソヴィエト国家の公認イデオロギーとなったことによって、その思想的なエネルギーを大きく失ったことも否めない。そして一九八九年のベルリンの壁崩壊以後、その政治的影響力を大きく失うことになった。これに対して社会民主主義は、元来マルクス主義の革命路線をとっていた政党のなかで議会政治を通じ資本主義経済の弊害を是正する方向に大きく舵を取った勢力の考え方を起源とする。社会民主主義は二〇世紀後半には福祉国家の実現をその最大の目標に掲げて、議会の多数派を占め、ヨーロッパの多くの国で政権につくことになった。現在では世界の多くの社会主義政党が社会民主主義を標榜しているが、経済成長をめざし経済活動への国家介入を手段とするその考え方には批判もあり、ヨーロッパでは左派的思想をもつ支持者が環境保護政党などに流出する傾向も見られる。

以上、現代の政治的イデオロギーに大きな影響を与えている一九世紀以来の諸系譜のいくつかを概観した。二〇世紀の政治思想はこれまで見てきた一九世紀に成立した諸思想にナショナリズムなどいくつかの新しいイデオロギーが付け加わったもので、基本的な対立構造に変化はあまり見られない。すなわち、保守主義・社会主義・自由主義という三つの思想的対立軸がさまざまな政治的党派や政策体系の中心をなし、対立と妥協を繰り返しながら政治過程が進行してきた。ただし、現代の政治的イデオロギーにはさまざまなバリエーションが存在し、これらを右から左のベクトル上に並べることは必ずしも容易ではない。そしてとくに注意しなければならないのは、これらの政治的イデオロギーの位置づけは政治文化によって大きく異なる点である。たとえば「自由主義」というイデオロギーは、ヨーロッパでは政治的自由や個人の人権の擁護を強く主張する諸思想をさすことが多いが、アメリカでは「リベラル」と呼ばれ、社会的弱者の保護や社会的公正の確保をめざす傾向をさし、ヨーロッパにおける社会民主主義的傾向に近接する。また、「社会主義」の概念はヨーロッパでは共産主義やアナーキズムとははっきり区別されるのに対して、アメリカでは社会主義という言葉はほとんど使われず左派的傾向はすべて共産主義として一括される。こうした例にも見られるように、政治的イデオロギーの概念規定をめぐっては各国における支配的政治思潮のあり方によって大きな相違がある。その理由は、第一章でも述べたように、特定の政治状況に対してある概念を用いて議論することはそのまま政治的実践と結びついているからである。

現在政治的イデオロギーに関してもっとも頻繁に用いられる概念は、右派（右翼）と左派（左翼）の区分であろう。かつてこの右派と左派の区分は、王制（君主制）に賛成か反対か、あるいは資本主義経済体制に肯定的か否定的かなどの基準によって比較的容易に定義することができた。しかし、現在ではこうした明確な基準によって政治的右派と政治的左派を区分することは難しい。それでも、さまざまな政治的抗争の場面において「あの団体はじつは右翼の巣窟だ」「あの人はかなり左翼的な見方をする」というように、この右派（右翼）と左派（左翼）という言葉がしばしば用いられることからも、人々の意識のなかにそれらを定義する何らかのイデオロギーが存在していることは明らかであろう。

現代における右派と左派に関する一般的な定義を見出すことは、これまで述べてきたようにそれが政治的実践に結びつくがゆえにかなり難しい。しかし、あえてその大枠を示すとすれば、「右派」は、伝統や権威など社会における垂直的秩序や文化の固有性、国家権力の役割を重視する傾向を示すのに対して、「左派」は、社会的少数者の擁護を含む社会的公正や権威にとらわれない人間関係など社会における水平的関係と平和や普遍的価値としての人権を重視する傾向を示すといえよう。ただし、現代日本語の語感では右翼・左翼という言葉はそれぞれ極右・極左というニュアンスをもちやすいので、かつては政治的には保守対革新という言葉が用いられた。しかし、日本における保守と革新はいわゆる右派・左派とはその対抗軸をやや異にするものであったし、現在では個人主義的価値観の亢進や従来のイデオロギー的対抗軸になじまない新しい社会運動等の登場によりその意味内容はかなり変化しつつある。

▼現代政治とイデオロギー

一九世紀末から二〇世紀前半にかけて政治的イデオロギーは、さまざまな政治・社会運動を生み出す原動力の一つとなった。しかし、二〇世紀の後半にはいり、政治におけるイデオロギーの占める位置には大きな変化が見られるとする見解もあらわれてきた。アメリカの社会学者ダニエル・ベルは、アメリカをはじめとする世界が第二次世界大戦後の経済成長に沸いていた時代に『イデオロギーの終焉』を著して、豊かな産業社会ではイデオロギーが政治運動を主導することは不可能であると説いた。かれの説くイデオロギーの終焉とは、マルクス主義やアナーキズムをはじめとする社会変革をめざす思想が、しだいに社会における求心力を失っていくという認識をさす。それはかつてマルクスが『共産党宣言』で描いたような、自らを縛る鎖以外の何ものをももたない労働者の存在はもはや例外的なもので、多くの労働者は豊かな産業社会のなかで業績主義的な経済社会の秩序を受け入れるようになったとするものである。

ただし、ベルがイデオロギーの終焉を説いたのは、アメリカにおける社会革命の可能性の事実上の消滅をさすだけでなく、第二次世界大戦後のアメリカに吹き荒れた狂信的な反共産主義のうねりであったマッカーシズム（アメリカ全土で共産主義者およびその同調者とみなされた人々が次々と職場から追放されたもので、この運動を提唱した米上院議員マッカーシーの名をとってこう呼ばれた）に対する痛烈な批判も含まれていたことも忘れてはならない。

さらに、一九九〇年代には東西の冷戦構造の崩壊にともなって、政治においてイデオロギーの役割はその重要性を決定的に減じたとする見方があらわれた。つまり、かつての東西間のイデオロギー的競合関係は終わりを告げ、世界は「デモクラシーと市場経済の勝利」によって特徴づけられる単一のイデオロギーが支配する空間になったとする見方の登場である。アメリカでは歴史を階級闘争の過程とみなすマルクス主義の凋落によって、社会変革をその内容とする歴史の発展段階はもはや存在することがなくなり、今後世界にはその構成原理を根本的に変革するような変化は起こりえないとする『歴史の終焉』（フランシス・フクヤマ）までが囁かれた。

しかし、現実には東西冷戦構造が終焉を迎えた一九九〇年代から世界政治においてイデオロギーが占める重要性はむしろ増大していると考えることができる。その第一は、アメリカにおける宗教的保守主義などのきわめてイデオロギー的な集団の影響力の拡大である。アメリカにおける宗教的保守主義にはいくつかの系譜が存在するが、その中心にあるものはキリスト教原理主義と呼ばれるものである（ちなみに、現在「原理主義」という言葉はマスメディアにおいてイスラーム原理主義をさす場合に使われることが多いが、元来「原理主義」という概念はキリスト教世界から生まれたものであり、世界で活動しているイスラーム過激派のほとんどは、原理主義と呼称されることが多いいわゆるイスラーム復興運動とは関係ない組織であって、イスラーム原理主義＝武装闘争という図式はほとんどの場合誤りであることに注意が必要であろう）。このキリスト教「原理主義」（fundamentalism）は、元来は二〇世紀初頭の自由主義神学に対抗し、聖書無謬説などを唱えたアメリカにおけるプロテスタントの一派をさすものであったが、一九八〇年代からいくつかの潮流と合流しながら宗教的右翼としてしだいに大きな影響力を発揮するようになっていく。かれらの活動は当初、聖書に記された天地創造説を採らず進化論を教えようとする教師を告発するような動きが中心であったが、しだいに白人と黒人との融合政策や人工妊娠中絶容認など一九六〇年代に進められた諸政策に対する激しい反対運動をかなり戦闘的な形態をとって行っていくようになり、大統領選挙をはじめとする各種選挙における強力な圧力団体として機能するまでになっている。

第二は、ヨーロッパにおける極右政党の台頭である。一九八〇年代以降ヨーロッパ各国において、移民・外国人労働者の排撃などを主張する政党がしだいに国民の支持を拡大し、いくつかの国家においては政権に参画する勢いになっている。こうした政党は、アフリカや東欧などから流入した移民や外国人労働者が低い賃金を武器に仕事を獲得し、その影響によって雇用情勢が悪化している、さらに異なった文化を持ち込むことによって地域にさまざまな軋轢や治安の悪化を招いているとして、かれらを国外に追放することを声高に主張している。こうした政党の支持者はかつて左派政党の支持者であった一部の労働者の支持を獲得するとともに、家族や宗教文化など伝統的価値の擁護を主張する点において旧来の右派政党からも支持者を得ている。ヨーロッパにおける極右政党の台頭の背景には、これまで各国における国民的コンセンサス（合意）を形成してきた福祉国家路線（この点については後述する）が揺らぎ始めていること、そしてEU（欧州連合）の拡大に伴う各国の独自性の喪失などに対する不安感なども影響を与えていると考えられる。

アメリカにおける宗教的保守主義やヨーロッパにおける極右政党の台頭に象徴される政治におけるイデオロギー的要素の増大傾向は、経済政策や社会政策などがこれまでのように選挙の主要な争点とならず、学校教育で進化論を教えることに賛成か反対かといった一定のイデオロギー的立場に対する態度（好悪）が、投票行動を決定する重要な要因となることを意味している。こうした現代政治におけるイデオロギー的要素の強まりは、場合によっては冷静な討論や合意形成の契機を失わせ、結果的に政治の質を下げる結果を招くことに注意しなければならない。たとえばアメリカにおける宗教的保守主義者が主張する人工中絶への強硬な反対は、生命への冒瀆を許すなというスローガンに基づいているが、女性団体幹部への襲撃や暗殺予告などの手法に見られるように、実際には人工中絶そのものよりも、中絶容認を主張する女性団体の考え方に対するイデオロギー的な拒絶に基づくものである。したがって、この場合、人工中絶の是非をいくら議論してもおそらく合意は得られず、そもそも対話が成立しえないところにこうしたイデオロギーの特徴があらわれていると考えることができる。

▼現代の主要な政治的イデオロギー

ここでは、現代政治の主要な争点を形作っているいくつかの政治的なイデオロギーについて簡単に整理してみることにしたい。第一は、政治的ラディカリズムと総称することが可能なものである。そのなかには地球環境問題に着目するエコロジーや国民総背番号制に代表されるような官僚制的統制を根底から批判しようとする脱管理社会の主張と、政治において「人間」とは誰のことであったのか、また、なぜ政治的共同体のメンバーシップとして武装し防衛に参加することが基本的条件とされてきたのかを問題にし、男女間に存在する権力関係を基本的な視座に据えて政治社会を捉えていこうとするフェミニズムの立場をあげることができる。ここであげた両者はともに現代の高度な産業社会のリズムを人間の生理的な観点から根本的に問い直そうとする点で共通する要素をもつが、めざすべき社会のイメージに関してはさまざまな考え方が混在しているといえる。とくに脱管理社会の主張はアナーキズム的諸傾向との近接傾向をもつのに対して、フェミニズムのなかには家父長制的支配の構造を資本主義社会の支配的イデオロギーと捉える点においてマルクス主義的諸傾向との親和性をもつものも見られる。このように既存の政治的イデオロギーとの関連性においていくつかの特徴があるが、特定の思想家との深い結びつきは顕著ではない。

また近年はＬＧＢＴを主体とする運動に示されているように、多様なアイデンティティの認知を政治的にも進めていこうとする主張もある。

第二は、新保守主義ないしは新自由主義と呼ばれる諸潮流である（両者は本来異なった思想系譜に立つが、現代では混同して使われることが多い）。この新保守主義ないし新自由主義も一つの政治的イデオロギーとして定義するのはなかなか困難で、論者によってそのどこに力点をおくのかなどに大きな差異が見られる。一般に新自由主義は、一九八〇年代に登場したイギリスのサッチャー政権が唱えた経済活動至上主義の哲学をさし、その手法として労働組合への攻撃、国営企業の民営化、福祉国家的諸制度の削減、累進課税の緩和などの税制改革、財政規模の縮小と金融政策中心の経済運営などがあげられる。経済活動に対する国家の関与をできるだけ削減し（「小さな政府」）、市場機構の働きにすべての問題解決を委ねようとするこうした主張は、元来福祉国家的諸政策があまりとられていなかったアメリカにおいても、一九八〇年代のレーガン政権によって、経済学者ミルトン・フリードマンの学説などを根拠に、高額所得者に対する減税と福祉予算の削減といった形で進められていった。

こうした新自由主義に大きな影響を与えたのがオーストリア出身の経済学者ハイエクである。かれは第二次世界大戦前から経済活動への政府の介入を唱えたケインズや社会主義経済学者と激しい論争をし、また共産主義を批判する政治的著作『隷属への道』を著すとともに、『自由の条件』のなかで独特の自生的秩序論を展開した。このようなハイエクなどの影響を受けた新自由主義は、市場原理主義と呼ばれるように、国家によるいっさいの経済活動への介入を排除する考え方として展開されることもある。

第三は、「第三の道」と呼ばれる新しい社会民主主義路線の模索である。これは一九九〇年代にはいって政権を獲得したイギリス労働党によって提起されたもので、ブレア政権が誕生し国民の高い支持率を獲得すると、イギリスだけでなくヨーロッパ各国に大きな影響を与えた。この「第三の道」とは、サッチャー政権の新自由主義を社会に格差を生み出し教育や福祉を荒廃させたとして否定するとともに、従来のイギリス労働党がとってきた国家統制的な経済運営や社会主義的な雇用、所得政策も、国際的な経済競争にそぐわないものとして放棄して、その両者にとらわれない新しい政策指針として示されたものであった。そこでは官僚主義的統制をできるだけ排除して、市場経済をうまく活用しながら教育や福祉国家的諸制度を再構築し、公正な社会をめざそうとする傾向が顕著である。ブレア政権のブレーン（顧問）であり「第三の道」の提唱者の一人でもある社会学者ギデンズは、サッチャー政権の攻撃によって危機に瀕していた福祉国家的諸政策が、こうした社会民主主義の再構築によって再生されたとしているが、この「第三の道」が社会主義やデモクラシーの新しい可能性を拓くものであったという見解については、さまざまな批判も提示されている。

二　政治文化と政治意識

▼政治的社会化と政治的無関心

私たちが通常政治に対してもっているさまざまな意識は、イデオロギーという体系的なものであるよりも、かなり漠然としたものであることが一般的であろう。こうした捉えどころのない私たちの政治的な事象に対する心理的な態度や選好、意見のことを「政治意識」（political consciousness）と呼んでいる。この政治意識という概念は、政治的イデオロギーのようにある集団によって保持される体系的な信条体系というよりも、個々人によって保持されているかなり曖昧で主観的な意識の束と定義することができる。政治意識に関する研究は、世論調査や投票行動分析などを中心に政治学のなかでもっとも実証的な研究が進んだ分野の一つであるが、一方では心理学や社会学など政治学の隣接領域を駆使した分析手法をめぐって激しい議論が展開されている分野でもある。

政治意識に関して第一に考察すべきことは、私たちの政治意識がどのような過程によって形成されるのかを明らかにすることである。個人が政治的事象（じつは何を「政治」に関わる事象と捉えるかも政治意識の重要な構成要素であるのだが）に関心をもち、特定の政策やイデオロギーに対する選好や志向性を身につけていく過程を「政治的社会化」と呼ぶ。この政治的社会化は通常、家族や友人など自分の周辺にいる人物との接触、影響によってまず行われると考えられる。この身近な集団のことを社会学では「第一次集団」と呼び、政治的社会化のもっとも基底的な部分をなすとされる。

アメリカの政治学者グリーンスタインは『子どもと政治』を著して、人間がどのような発達段階を経て政治的価値観や態度を習得していくのかを分析した。この著作においてグリーンスタインは、アメリカの子どもにとって「政治」に対する最初の認知は制度ではなく、合衆国大統領や自分が住むコミュニティの市長などの人間であること、したがってこうした人間に対する愛着が国家に対する忠誠心を強固にする最大の要因となること、また子どもの抱く最初の政治意識は「権威」に対する感覚であるが、それは対象への当初の尊敬や理想化から本人の成長とともにしだいに反発へと変わっていくことを明らかにした。

このようなグリーンスタインの研究に代表される政治的社会化研究は、私たちの政治意識やその形成過程をできるだけ合理的に説明しようとするものであるが、ドイツの心理学者フロイトやスイスの心理学者ユングの研究に代表される「無意識」の領域（二〇世紀前半の最大の科学的発見の一つともされる）は、政治意識を合理的に解明しようとする試みに一定の限界を課すものともいえる。ドイツの心理学者フロムは、なぜ人々はナチスに引きつけられたのかという問題意識に立って、ナチス隆盛の心理的基盤をドイツ人の権威主義的な性格に求めた『自由からの逃走』を著した。政治文化と社会意識を結び付けようとする傾向は、哲学者で活発な批評活動でも知られたアドルノによる「権威主義的パーソナリティー」研究にもつながっていく。またユングが強調した集合的無意識の概念は、

図1　個人の政治意識

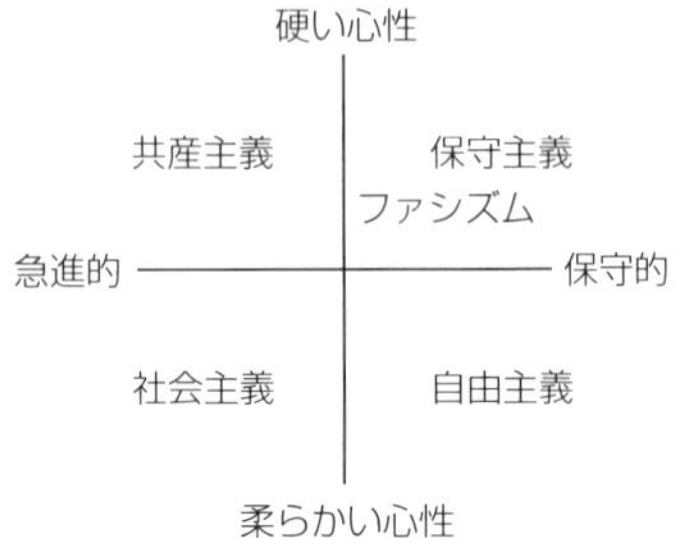

心理学的考察と政治文化論と接合する研究領域を与えているともいえる。

政治的社会化をめぐる議論は、こうした人間の無意識やパーソナリティーの面から考察されるだけでなく、政治意識が人間の成長や社会環境のなかでどのように変化していくかにも着目している。すでに見たように、個々人の政治意識は、まず家族や近接集団（地域、学校）などの影響を強く受けて形成されるが、思春期・青年期という「政治的態度の形成期」において経験したことが、その個人の政治意識に長期的な影響を与えることがさまざまな研究から明らかにされている。つまり生物の発生・成長過程において、その時期に何らかの障害があると正常な成長が阻害される段階（臨界期）が存在しているように、政治意識形成の臨界期とでも呼べる政治的態度形成の重要時期が存在すると考えられている。このことは、政治的態度には世代間でかなり顕著な差異が見られることからもある程度証明することができる。

さらに、ドイツに生まれてイギリスで活躍した心理学者のアイゼンクは、人格の構成要素に着目した政治意識分析を行い、政治心理学の基礎理論を築いた。かれは図1に示したように、個人の政治意識を人間のパーソナリティや政治的態度のいくつかの特徴に着目して各象限に位置づけるとともに、人間の成長や社会環境の変化によっても縦軸方向での移動は少ないが、横軸方向には移動が起こりやすいことを示した。この分析は、青年時代に戦闘的な共産党員であった人が晩年には激しい右翼的人物となったり、積極的な自由主義者がやがて社会主義に共鳴したりという、私たちがよく知っている政治意識に関するさまざまな過去の事例に照らしてみるとかなり説得力をもつものといえよう。

政治意識に関する第二の考察は、政治的無関心（political apathy）をめぐる諸問題である。一九世紀末以降の選挙権の拡大まで「政治」への参加は一部の人間だけに許された特権であったから、政治への関与は名誉や義務の感覚を伴う強い意識をもたらすものであった。ところが二〇世紀初頭以降の大衆デモクラシーの成立によって、選挙権はすべての人に認められた当然の権利となるとともに、その行使は強い義務感や社会的地位を感じさせるものでなくなり、自分の行動が全体の決定に果たす意義が感じられなくなることによって、投票行動や政治運動への志向性が著しく減少する傾向が見られるようになる。ここに生まれるものが政治的無関心である。政治学者のラズウェルとカプランの分類によると、現代の政治的無関心には、①脱政治的（depolitical）：元来政治への強い志向性をもっていたが、自己の目的を実現するための権力の獲得に失敗し、権力行使を中心とする政治への忌避傾向をもつにいたるもの、②無政治的（apolitical）：仕事や趣味など政治以外の価値に興味関心が傾倒し、政治への志向性が極端に弱いもの、③反政治的（antipolitical）：政治活動に付随する不純な諸価値（暴力的支配や権威的決定など）に反発し、純粋な信仰など自己のもつ価値を維持するために政治に対峙しているもの、の三つがあるといわれる。こうした分類は政治的無関心の問題が、政治と自己との距離感の問題に大きく関係していることを示している。つまり、自分たちが政治の主人公だという言説を信じることが、まったく現実味を帯びていないと感じられる政治的有効感の欠如である。こうした政治的無力感とも呼べる意識の深化は、現代を生きる私たちにとって、政治から自分たちは見放されている、政治によって私たちの抱えている問題が解決されることはありえないとする強い政治的疎外感を生み出すものとなっている。

▼比較政治文化研究

日本では政治に関する心理的傾向や行動パターンに関して、政治意識という個人の政治的態度や心理的傾向に着目することが多いが、一般的に政治学では個々人の政治意識よりも、ある集団に共有されるパターン化された政治行動や意識傾向に着目することが多い。それらは「政治文化」(political culture)という概念で捉えられるが、日本では国民性とか民族性といった言葉で示されるものに相当する。「いわゆる日本的な解決だ」とか「あの国のラテン的な気質ではそういう問題は処理できないだろう」といった表現が、それに該当する。ただ、この政治文化の概念はきわめて曖昧で広い領域を対象とするものであり、さまざまな視点からの分析が可能である。ここではこれまで政治文化がどのような文脈で問題とされてきたかを中心に整理してみることにしたい。

政治文化の比較分析に関する政治学の古典として、いわゆるジャクソニアン・デモクラシー期のアメリカ社会を題材として、デモクラシー一般の諸問題を論じた著作にフランスの政治家・歴史家トクヴィルの『アメリカにおけるデモクラシー』がある。トクヴィルは、一八三〇年にアメリカの行刑制度視察を口実に友人とアメリカに約一年間滞在し、当時ヨーロッパの人々には「新世界」であったアメリカ社会をつぶさに観察した。帰国後著した『アメリカにおけるデモクラシー』(第一巻および第二巻)でトクヴィルが描き出したものは、政治制度としてのデモクラシーよりもデモクラシーを支えているアメリカの政治文化の特徴であった。かれは、アメリカにおける「諸条件の平等」としてのデモクラシーが、世俗宗教としての個人崇拝と私的世界への埋没、公共精神の枯渇を招いていると指摘するが、大革命によっても変化しなかった行政集権的なフランス(この点に関するトクヴィルの歴史的な分析が『旧体制と大革命』である)と比較して、アメリカのデモクラシーは地方分権型であることに着目する。

トクヴィルはそうした特徴が参加型の政治文化を生んでいると指摘する。「自由なき平等」を求めるデモクラシーが、旧体制の専制とは異なる穏やかな民主的専制(トクヴィルはこれを「多数者の専制」と名づけた)を招き、個人の自由を抑圧する可能性を危惧したかれは、アメリカで発見した自由の砦としての地方自治制度と多数の自発的結社、そして少数者の権利を保護し正義の実現をはかる法曹精神の存在などにこれからのデモクラシーの可能性を見出そうとした。トクヴィルが強調した大勢順応的な「多数者の専制」を生み出す政治文化の問題は、のちのウェーバーの官僚制論のさきがけをなすとともに、情報化社会が生み出す消費文化の渦のなかで、他者の生への関心を失い狭い自分の価値観に拘泥しがちな現代社会におけるデモクラシーの諸問題をまさに予言するものであったと考えることができる。

二〇世紀にはいると選挙権の拡大に伴う大衆民主政の成立によって、古典的な民主政が想定していた市民像と現実の「公民」との乖離が大きな問題として意識されていくようになる。つまり、制度としてのデモクラシーを支える政治文化の存在可能性をめぐる議論である。一九世紀末に「神は死んだ」と既存の価値観やキリスト教的倫理を否定するニヒリズムを唱え、『善悪の彼岸』を著して、人間を精神的奴隷に貶める既存の道徳・秩序を激しく攻撃したドイツの哲学者ニーチェは、デモクラシーを肯定する諸原理が、人間から偉大さへの感覚を失わせ、矮小な人間の権力につながるものと警鐘を鳴らした（ニーチェは、その反ユダヤ主義を含めてファシズムを思想的に準備したともされるが、その評価をめぐっては多くの議論がある）。

さらに「大衆」の登場に対する否定的な見解は、二〇世紀にはいり「そのことの善し悪しは別として、今日のヨーロッパ社会においてもっとも重要なことの一つは、大衆が完全な社会的権力の座に上ったという事実である。大衆というものは、その本質上、自分自身の存在を指導することもできなければ、また指導すべきでもなく、ましてや社会を支配統治するなど及びもつかないことである」と述べて、責任感の欠如した大衆が社会的権力を把握することを強く嫌悪したスペインの哲学者オルテガの『大衆の反逆』など大衆批判の系譜を生み出した。

こうした大衆民主政の成立と「公民」に対する幻滅は、多くの政治学者によっても共有されたものであった。すでに見たように、ウォーラスは人間の非合理性を強調し、古典的民主政が想定する市民像が現実性を欠くものであると看破し、現代社会における「操作による政治」の危険性に強い懸念を示した。しかし、かれは大衆への嫌悪感だけを示す、のちにふれるエリート主義論者とは異なり、人間は教育と多くの経験の積み重ねによって「合意による政治」を形成する能力を潜在的にはもっているとして、大衆民主政における政治教育の重要性を強く唱えた。

政治学者で現実の外交政策などにも積極的に関与したリップマンは、このウォーラスの見解を受け継ぎ、『幻の公衆』という著作を著して、大衆民主政における「公衆」の成立可能性に大きな疑問を呈した。リップマンは『世論』のなかで「ステレオタイプ」という概念を提示する。この「ステレオタイプ」とは、人間が複雑な現状を知覚する際に、現実を過度に単純化しそれを歪曲しながら知覚する傾向があることをいう。なぜなら、人間は複雑で理解不能なものをそのまま受け入れることには耐えられず、ある約束された知覚パターンに現状を適合させることが人間に安心感を与えるからである。したがって、いわゆる「世論」を構成する大衆の意志がステレオタイプによって拘束されることはいうまでもなく、新聞などの報道もこうしたステレオタイプに適合しないものは結局受容されず無視されてしまうから、多元的な意見の形成に寄与するよりもむしろステレオタイプを強化する結果に終わることが多いとされる。世論は人民が作り上げるものでなく、政治指導者などによって「製造」されたものと考えることができる。こうしたリップマンの見解の背後には、第一次世界大戦後のアメリカの政治状況のなかで、人々から合理的な思考や建設的な改革への熱意が失われていくのを感じたかれの悲観的な見方が反映していると考えることができる。

第二次世界大戦後の比較政治文化研究に一つの画期をなしたのは、アメリカの政治学者アーモンドとヴァーバの手になる『現代市民の政治文化』研究であった。アーモンドは比較政治文化研究にいち早く取り組み、一九五〇年代からパーソンズの社会システム論の影響を受けた機能主義的社会分析（社会の構成要素や部分が社会全体のなかでどのような役割を担っているか、また部分同士がどのような関係にあるのかを明らかにしようとする）に基づく比較政治研究を提唱し、政治文化と政治システムとの関係性について考察を重ねた。ここでは政治文化が、自分たちに政治システムが求める（期待される）役割に対する態度として定義されている。一九六〇年代の比較政治研究を代表する『現代市民の政治文化』において、アーモンドとヴァーバは、政治文化を三つに分類している。すなわち、第一は「伝統的」政治文化で、政治制度やそこにおける自己の役割に対する自覚がほとんど欠如し、伝統的な社会秩序のなかに安住している状態をさす。第二は「臣民型」政治文化で、政治制度やその運用についての知識はそれなりにもっているが、自己の行動が政治活動に影響を与えるという意識に乏しく、積極的な政治参加への意欲があまり見られない状態をさす。第三は「参加型」政治文化で、政治制度やその運用についての知識とそれらに積極的に関与しようとする意欲をもった状態をさす。ただし、これらはウェーバーの支配の類型論で説明した「理念型」に相当するものであって、実際の政治文化がそのどれかに分類できるというものではない。

アーモンドらの研究の特色は、それぞれの政治システムにはその安定的な運用のためにシステムが要請する政治文化の類型があり、それが現実の政治文化と適合しているかどうかが政治システムの安定を左右するきわめて重要な要因であることを示した点にある。たとえば、人々の政治参加がきわめて抑制されている伝統的な政治システムにおいては「参加型」政治文化はもっとも適合的でなく、「伝統的」政治文化に親しんでいる人々よりも政治に対する無力感、疎外感は大きく、さまざまな軋轢の原因となりうる。五カ国（米・英・西独・伊・メキシコ）の比較世論調査を基にしたアーモンドらの政治文化研究が意図したことは、デモクラシーに適合的な政治文化はいかなるものであるかを示すことであって、その意味では「参加型」政治文化がデモクラシーにもっとも適合的なものといえることはいうまでもない。しかし、議論は単純なものではなく、政治に対する強い関心と積極的な政治参加の意志がデモクラシーの安定にとって常に肯定的であるとは限らず、ある局面においてはリーダーの決定に対する全面的な信頼や服従の契機を含むことこそが必要であるともされる。この点は政治文化における能動性（決定への参加）と受動性（権威の承認）という二つの側面をどのように整理するかという難問にも関わってくる。

『現代市民の政治文化』でも提起された政治文化における二面性をめぐる議論は、二〇世紀末にいたり地域政治における「人間関係資本」の充実度が政治システムの安定度に影響を与えるとするアメリカの政治学者パットナムの「社会関係資本」(social capital) 研究などを生み出すことになった。イタリアの地方政治の比較分析を行った『民主政を機能させるために―現代イタリアにおける市民社会の伝統』のなかで、パットナムは、地域社会における人間関係の凝集性や社会参加の度合いに着目し、市民相互あるいは市民とリーダーとの間に存在する信頼関係を「社会関係資本」と呼んで、その強弱が地方政治の安定度に影響を与えるとする仮説をたて、イタリアの中小都市を題材に比較分析を行った。その結果、フィレンツェなどローマ以北の中部イタリアにおいて「社会関係資本」がもっとも高く、きわめて市民の信頼度の高い民主政が機能していることを明らかにした。それは、この地域がヨーロッパ列強の角逐の舞台となった北部イタリアや長く外部勢力の支配下にあった南部に比べて、中世以来の都市共和政の伝統が息づいていることにその原因が求められるとしている。このパットナムに代表される「社会関係資本」論は、政治学と社会学など隣接諸科学との交差としての意義や、デモクラシーと政治文化の問題を長い歴史的文脈のなかで多面的に考察する際に大きな寄与をなすものと考えることができるだろう。

▼ファシズムを生み出す政治文化

大衆民主政への危惧は、二〇世紀の大衆民主政が生み出した新しい形態の独裁であるファシズムの登場によって、また新たな様相を帯びてくることになる。ムッソリーニ率いるファシスタ党の唱えたイタリアのファシズムと、ヒトラーを党首とするナチス（正式名称は民族社会主義ドイツ労働者党）の政権獲得によって国是となったナチズムに代表される政治的イデオロギーとしてのファシズムは、既存の価値体系の破壊を主張するが、反資本主義、反共産主義、反議会主義といった形でしかそのイデオロギーを表明することがなく、積極的な新しい原理を示さないところに特徴が見られた。つまりファシズムは、特定の原理によって定義することが難しく、ナショナリズムを過剰に強調し民族の同質性を謳い（ナチスによるユダヤ人迫害はこの典型例）、資本主義の独善性を批判し、マルクス主義に対抗し階級対立の存在を否定するが、自由主義的な議会政治の無効性を主張し、指導者原理に基づく独裁を肯定する。

問題はこうしたファシズムが大衆の支持を受けて成立したことである。とくにナチスは政権獲得直前には議会の三分の一を超える議席を占めており、大衆の既存の政治に対する不信感や怒りを背景に、圧倒的な大衆の大量動員によってその勢力を誇示し成立した政権であり、独裁体制を大衆が熱狂的に支えるという過去に例を見ないものであった。こうしたファシズムを生み出した政治文化とは何であったのかという研究は、すでに見た権威主義的パーソナリティー研究など多方面にわたっているが、政治学的にとくに重要な課題となるのは、政治参加と政治的有効感とをめぐる問題である。すなわち、それまで政治への参画が厳しく抑制され、社会的にもきわめて閉塞的な秩序が形成されていたところに、既存の価値観の破壊と新しい秩序の創造を掲げる運動が成立すると驚くべき破壊的なエネルギーが生み出される。そしてそうした運動に参加した人々に政治参加を通しての自己変革というこれまでに経験したことがない充実感や達成感が生まれ、既存の政治文化では考えにくい新しい政治行動が引き起こされた点である。これは政治文化を固定的で変化しにくいものと捉えることによっては説明しにくく、政治文化に対する動態的分析の必要性を示すものといえよう。

政治文化を歴史的文脈のなかで捉えようとする傾向は、日本における政治文化研究でも顕著に見られる。太平洋戦争直後、政治思想史家であった丸山眞男は「超国家主義の論理と心理」と題する論文を発表し（『現代政治の思想と行動』）、戦前の天皇制国家を支えた政治文化の研究に取り組もうとした。この論文のなかで丸山は、天皇制国家を支えた「国体」の原理（戦前の日本において「天皇制」という言葉は使われず、天皇を中心とする独特の政治体制のことを「国体」という言葉で呼んだ）が、万世一系の天皇制の永続性と無謬性によって根拠づけられていることを示した。つまり日本の天皇制は、易姓《えきせい》革命によって皇帝が何度となく交代した中国とは異なり、『古事記』に描かれた天孫降臨の神話に代表される王権支配の成立以来、一つの血統によって伝えられてきた点で世界に冠たるものであり、誤ることがない絶対の権威をもつものとされた。したがって、この「国体」の原理において天皇は、すべての価値（真・善・美）の源泉であり、皇帝とローマ教皇が存在したヨーロッパや立憲主義に立つ近代国家の原則である聖俗の分離はなされない。

丸山はこの「国体」の原理に立つ戦前の日本社会において見られたものを、軍隊組織に典型的に見られたように、組織の命令が究極において天皇にその根源をもつがゆえに、たとえそこに誤りがあったとしても最後まで責任を問うことはできず、いつのまにかうやむやに処理されてしまう「無責任の体系」や、上からの抑圧がその根拠を問うことなしにそのまま下位層へ流れていく「抑圧の委譲」などの概念を用いて明快に描き出した。こうした丸山の政治文化研究は戦後日本の政治学に大きな影響を与えたが、それは新憲法の制定に伴う「国体」の原理から国民主権への転換によっても、天皇制国家を支えていた政治文化が大きく変わらなければ、制度としてのデモクラシーは画餅に帰してしまいかねないという丸山の戦後民主主義空洞化への危機感が広く共有されたからであった。

丸山の日本政治文化研究は、アメリカ政治学における心理学的政治学の成果などがまだほとんど知られていない状況で、思想史的な独自の方法論に基づいて構築されたものであったが、日本の政治文化の独自性についてより意識的に独創的な方法論に基づいて考察を行ったものに、政治意識の研究に取り組んでいた京極純一の『日本の政治』がある。京極は、日本の政治文化がヨーロッパ近代のキリスト教的文化を基盤とする概念や語彙では説明しきれない要素によって構成されていることを、「親心の政治」といった独自の概念を用いて説明するとともに、その特徴に、個々の具体的な事象、事実が、そのまま生命力の自己展開であり、それが起きたという事実性によって自己を正統化する「相即コスモス」の存在や、既定事実は不満と抵抗が不承不承の態度で示されるにしても、「起きたことは仕方がない」としてやがて受容されていく「事大主義」の存在があることを示した。自己抑制なき権勢の拡大・膨張と没落、そうした興亡隆替の反復を自然なものとして受け止めていくところに「日本的なるもの」の独自性を見出したこの著作は、きわめてユニークな日本政治文化の研究と捉えることができる。

▼価値変動と政治変動

現代における政治文化研究において注目されていることは、高度産業化や急速な情報化の進展に伴う価値意識の変化が、私たちの政治意識をどのように変化させているかという問題である。この問題に関してとくに注目されるのは、現代政治における脱物質主義的価値観の高まりに着目したアメリカの政治学者イングルハートの考察である。世界が学園紛争など大きな異議申し立ての渦に巻き込まれた一九六〇年代末の激動を経験した後、革命運動が社会における求心力を大きく失ったといわれた時期に『静かなる革命─政治意識と行動様式の変化』を著したイングルハートは、現代における革命はかつてのような激しい革命運動を伴うのではなく、若者を中心とする政治意識と行動様式のゆるやかな変革によって行われることを示そうとした。

ポスト産業社会の特徴として、イングルハートは次の六つを取り上げる。①ブルーカラー労働者に対するホワイトカラー（とくに専門・管理労務者）の優位、②知識・テクノロジーの重要性の上昇、③農業・工業部門に対するサービス部門の優位、④経済的豊かさの拡散・普及、⑤高等教育の普及、⑥プロテスタント的内部志向型の労働倫理の衰退と新しい価値構造の浸透、である。ここでとくに注目されるのが新しい価値意識の登場とその深化である。イングルハートは、この新しい価値意識の登場に関して、諸目標の優先順位として「価値」を概念化したうえで、以下のように価値を区分した。すなわち、①国内秩序の維持、②重要な政策決定に際して発言力を増すこと、③物価上昇との戦い、④言論の自由、の四つの目標の中から「あなたはどの目標を重要視しますか」という質問を行い、①を安全欲求、②を帰属および尊敬欲求、③を生存欲求、④を自己実現欲求として、①・③を「物質主義的価値」に、また②・④を「脱物質主義的価値」に区分する。

イングルハートは第二次世界大戦後の社会変動を、①豊かさの普及、②全体戦争の不在、③教育水準の上昇、④職業構造の変化、⑤マスコミの発達、の五つの特徴によって把握できるとしたうえで、人間の欲求にはさまざまな階梯があり、諸欲求は階統的構造によって統合されており、下位欲求が満たされて初めて上位欲求が発生するとしたアメリカの心理学者マズローの欠乏仮説を引用して、先進諸国においてはより高次の社会的欲求の欠乏感がしだいに顕著になると指摘する。すなわち、先に示した価値の優先順位に関する質問に対して、世代形成の基本要件である初期優先原則に基づいて、総力戦と飢餓を経験した世代は物質主義的価値に高い優先順位をおくのに対して、豊かさと身体の安全を保障された世代は、脱物質主義的価値に高い優先順位をおくことが示されるとし、世代間で価値の優先順位に関して顕著な違いが見られるとイングルハートは指摘したのである。

これまで述べたように『静かなる革命』は、第二次世界大戦後の経済成長のなかで、豊かさと身体の安全を保障された世代は、財貨の獲得など物質主義的価値よりも脱物質主義的諸価値に高い優先順位をおき、環境問題や少数者の保護などの公正、自己実現などに強い関心をもち、従来とは異なる政治参加を求める傾向にあるとする。ドイツにおける「緑の党」などヨーロッパ各国において一九七〇年代末から叢生した環境保護政党の成長などは、こうした脱物質主義的価値の高まりによって説明することができる。ただし、こうした脱物質主義的価値の高まりが「豊かな社会」において普遍的なことともいえず、たとえば日本においては、ヨーロッパで環境保護運動や反核運動が隆盛した一九八〇年代は、むしろ若者を中心に保守化傾向が見られ、利益誘導型政治の最後の全盛期であったとする見解が一般的であり、環境保護政党など新しいタイプの政党の形成も現在までのところあまり見られない。

脱物質主義的価値の高まりによる静かなる革命の進行というイングルハートの仮説の背景にあるのは、価値意識の変化がゆるやかだが大きな政治変動を引き起こすという二〇世紀後半の政治文化研究から導き出された議論である。現在価値意識の変化によって引き起こされたと指摘されている政治変動は、第一に、環境保護、生活の質、女性の権利、政策形成への参加など、従来とは次元を異にする争点が取り上げられるようになってきたこと。第二に、政治に反映する社会的亀裂（social cleavage）の変化であり、具体的には階級や民族間の対立など固定的な対立軸から、特定の政策やイデオロギーに対する賛否などかなり流動的な対立軸が浮き彫りにされるようになってきたこと。第三は、国家に対する忠誠意識の変化であり、具体的にはヨーロッパにおけるＥＵの一員としての自己アイデンティティの拡大など、コスモポリタン的意識の広がりが見られること。そして第四は、エリート挑戦的政治参加であり、職業的政治家や専門的テクノクラート（技術エリート）への不信と、専門的知識や経験をもっていない者の政治参加における積極的意義を強調しようとする動きである。わかりやすくいえば、素朴で前例にとらわれない、いわゆる「素人の強み」を政治の世界でも生かしていこうとする動きである。

こうした価値意識の変化は、政治参加に関して、これまでの選挙に関連した慣習的な政治参加から住民運動など非慣習的な政治参加への傾斜を引き出すことになる。ただし、そうした政治参加の変容に示される新しい政治文化の登場は、これまで政治活動の主役を担ってきた政党の役割を相対的に引き下げる効果をもつことにつながり、各国における政党システムの衰退と再編を促すことになりかねないことにも注目する必要がある。

第4章 リーダーシップと政治責任

■政治指導の諸課題

日本の戦国時代に登場する武将のなかで、おそらくもっとも人気のある人物は織田信長であろう。同じ天下取りを行った秀吉や家康と対比しても、また上杉謙信や武田信玄などの有名武将と比較しても信長の人気は群を抜いており、繰り返し映画や大河ドラマで取り上げられるだけでなく、ビジネス指南書でもそのリーダーシップや部下操縦術が常に題材とされる。桶狭間から上洛、比叡山焼き討ち、長篠の合戦、安土築城を経て本能寺にいたるかれの生涯全般にわたる行動を、これまでの伝統的な解釈から離れ、プルターク『英雄伝』やスタンダール『ナポレオン』などで描かれた人物像との対比を軸に、斬新な手法でその「天才性」に焦点をあてて明らかにしようとしたのが、作家秋山駿の大作『信長』である。

信長の天才性・独創性は、まずその果てしない戦争への志向性に求められる。もちろん、この時代の武将は信長に限らずその生涯を戦争に費やしたであろう。しかし、信長の実行した果てしない戦争は、たんなる繰り返しではなく、絶え間ない創造の行為であり、それを支えたのはかれの心底にあった「無限性への意志」であった。そして何よりも信長の天才性が明らかにされるのは、かれが既存の価値やそこからもたらされるすべてのものを忌避したところにある。かれにとっては、将軍家や比叡山、一向宗（その強い団結力で信長や家康と激しく衝突した現在の浄土真宗の門徒集団）、そして宮中でさえも何ら顧慮すべきものではなかったし、肉親の情愛も取るに足らぬものであった。

では、かれは何をすべてのものをはかる尺度としていたのか。それは自分自身でしかありえない。しかもかれにとって大きな課題であったのは、カエサルやナポレオンのようなヨーロッパ文明におけるめざすべき体制・秩序のモデルをもたないところで、既存の観念にとらわれない体制を創造せねばならないことにあった。しかし、自分以外のものを基準としない新秩序の創造をめざしたとき、信長は思わぬ伏兵に足元をすくわれることになる。それが、信長の家臣でありながら旧秩序のイメージを捨て去ることができず絶えざる改革を恐れた明智光秀の謀反であった。その光秀は信長がもっていた革新性をまったく理解できずに、旧秩序の枠内での行動をとろうとしたためあっけなく秀吉に敗れ去る。この『信長』に描かれた日本史上稀有の天才信長をどのように受け止めるかは、たんなる歴史における政治的指導者の評価の問題に留まらず、私たちがその時代の枠組みを乗り越えようとする人間の器をどこまで捉えることができるか、という興味深い問題を惹起させる。

一　エリート論とリーダーシップ

▼エリート論

政治をめぐる議論において常に中心的な位置を占めてきたものにリーダーシップの問題がある。つまり、政治の問題は制度の問題に還元できず、どんなに優れた制度を作ってもそれを運用する「人」に恵まれなければということが常に意識されてきたのである。

東洋における政治思想に大きな影響を与えてきた儒学の諸系譜は、「修身斉家治国平天下」を謳って政治に携わる為政者の教育論にその政治論の重点をおくものであった。宋代に成立した朱子学においては、人間の本性をみな同じものとし、その差異は天理と人欲の割合で説明される。つまり、聖人は天理のみで人欲をもたず、極悪非道の悪人は天理すなわち良心のひとかけらももたず、その中間にさまざまな階梯において人民が位置づけられる。したがって聖人は天性のものではなく、人格陶冶に努めた結果であり「聖人学んで至るべし」をスローガンに掲げた。のちの陽明学になると、この「人間は本性においてみな同じ」という考え方はさらに徹底され、「堯舜は一万の重さの黄金、孔子は九千の重さ、凡人は一両。だが、純粋な金という点では互いに遜色はない」(王陽明)という言葉がよく引用された。これは誰もが聖人になりうることを強調する趣旨であるが、そこではやはり器量の大きさの違いは前提とされており、「聖人としての皇帝」の意思が掣肘《せいちゅう》を受けることはありえず、すべての秩序は皇帝のもとに一元的に構築されていた。したがって、議会における討論によって異なった見解に妥協点を見出すような発想はそこにはまったく見られない。中国においては専制政治のなかで自由が存在したとよくいわれるが、それは「礼」を価値軸とする序列化の頂点に聖人としての皇帝が存在し、その秩序を逸脱しない範囲内においては個人の行動規範を問わない(中国の公衆道徳は日本のそれとはかなり異なる)ことであって、子どもが駄々をこねて泣き叫んでも処罰の対象とはならないというような意味での「自由」に過ぎなかった。

ただし、中国の皇帝がいわゆる独裁者であったかというと、皇帝一人が決裁をするという意味ではそうであるが、科挙制に基づく強力な官僚機構が存在し、原理としても天命を受ける天子として天理を逸脱する恣意的な統治は許されず、常に古来の修養法に基づく人格陶冶が政治的リーダーとしての皇帝には課せられていた(清朝では秘匿した文書によって優れた者を選んで即位させる「太子密建の法」も取られていた)。こうした中国の伝統思想における為政者像が日本にも大きな影響を与えていることはいうまでもないが、日本では政治的指導者の存立根拠として天命ではなく血統を重視することに大きな特徴が見られる。

政治に携わるリーダーをどのように育成していくべきかは、西洋の政治理論においても古典的なテーマであった。西洋政治理論の一つの原点をなすプラトンの対話篇『国家』におけるいわゆる「哲人政治」の主張は、そうしたリーダー教育論のもっとも代表的なものであろう。ただし、このプラトンにおける哲人政治の主張は、理想的ポリスにおける政治権力と哲学との一致を説き、哲学者が政治的支配者となることを求めるものであるが、そうしたプラトンの主張の背景には、通常の民衆的指導者とプラトン的な支配者とはそもそも異なった地盤の上に立っていることが前提とされていることを看過してはならない。すなわち、民衆的な指導者は民衆の欲望や気まぐれな要求に振り回されながらも、何とかそれらを適切に処理する知恵と技術を求められるのに対して、プラトン的支配者は政治権力をもった哲学者として、自分だけでなく周囲の他者をも理想的なるものをめざすべき存在に変革させる（有名な「洞窟の比喩」に示されたように魂の方向性を変化させる）義務をもつとされる。つまりプラトンの哲人政治の議論には、政治的指導者に要求される二つの側面が哲人王という一つの人格において統合されることをめざすものが含まれていた。

こうしたプラトンの議論に見られるように、政治的指導者に民衆の声を代弁する役割を期待するとともに、民衆を正しい方向に導く役割を求めることは、政治における伝統的な考え方であった。その意味で政治的指導者には統治の能力だけでなく、ある種の聖なる性格を付与しようとする考え方は長い歴史をもってきたが、市民革命以後の社会秩序の変化、とくに世俗化の進行は、君主制や貴族支配（アリストクラシー）を支える基盤を失わせ、政治的リーダーの地位に根本的な変化をもたらすことになった。人間の平等と政治参加が叫ばれるなかで、聖なる秩序の権威に裏打ちされないリーダーをどのように位置づけるべきかの議論は、デモクラシーの時代における大きな学問的テーマであった。

▼エリート主義

一九世紀末以来の選挙権の拡大と政治的平等の要求の高まりのなかで、こうしたうねりに対抗し、あくまでもエリート支配の原理にこだわろうとする主張はエリート主義と呼ばれる。デモクラシーの時代においても実際に政治を動かしているのは少数者であり、大衆はその支配下にあるに過ぎないというこのエリート主義の主張は、まず歴史において支配するのは常に少数者であったとする『エリートの周流』を著したイタリアの社会学者・経済学者パレートの議論において示された。パレートは、エリートを統治エリートと非統治エリートとに区分したうえで、これらを非エリートである大衆と対峙させた。そして社会の変動はエリートの交代というある種の定期的な循環によってもたらされると指摘し、マルクス主義的な階級闘争の歴史観を否定した。つまり、エリートは退廃と復興という定期的な周流に従うが、こうした周流と大衆の間には何ら接点はなく、大衆は表面的な支配者の交代に翻弄される存在だとしたのである。

また同じくイタリアの政治学者モスカは、少数の支配階級である「政治的階級」の優越性を説き、この「政治的階級」は大衆との関わりをもつものの、自分たちの権力を政治的フォーミュラ（神話）によって正当化しつつ、大衆との中間に立つ中間階級をうまく活用しながら統治を進めていくと説いた。モスカのエリート主義は、少数者支配を肯定しファシズムの支配を正当化する理論になったと考えられているが、じつはむしろ政治的階級の組織化によって大衆の無軌道な政治活動を抑制すべきことに重点がおかれていた。この点はのちにふれるように、二〇世紀初頭におけるヨーロッパ各国でのブルジョワ政党の組織化にも関連している。

こうしたパレートやモスカの議論に代表される、デモクラシー＝多数者支配という原理は幻想に過ぎないとするエリート主義の議論を、政治的な支配階級を構成する少数者の盛衰だけでなく、ウェーバーの官僚制化の議論を受け継いで近代社会における組織一般の問題でも指摘できると考えたのが、ドイツの政治学者ミヘルスである。かれは民主主義を標榜する組織における少数者（幹部）支配の傾向を、かれが実際にその内部組織での活動を経験したドイツ社会民主党の組織において見出した。つまり、近代組織はそれが拡大発展するにつれて効率的な組織運営・

迅速な機関決定の必要性からしだいに少数者に意思決定権限が集中していくことが、デモクラシーを組織原理とする政党組織においても見出されることを指摘し、この少数者支配を生み出すメカニズムを「寡頭制の鉄則」と名づけた。

ミヘルスが『現代民主政における政党の社会学』においてドイツ社会民主党の分析から導いたこの「寡頭制の鉄則」は、「選ばれた者の選ぶ者に対する、受任者の委任者に対する、代表者の代表決定者に対する支配を生むものこそ組織である」と述べているように、政党組織の問題だけでなく、近代の組織化社会における意思決定の上位への集中傾向に対していかに対処すべきかという重要な論点を提示するものであった。現在は情報技術の進歩のなかで一見すると多元的な意思決定が容易となるように見えながら、じつはいっそうの意思決定の集権化が進みつつあるとの見方もあり、デモクラシーを真に実効性のある原理とするための今後の大きな課題であろう。

すでに少しふれたように、エリートの問題を個人のパーソナリティーと関連させて議論しようとしたのがラズウェルの「政治的人格」の概念である（『権力と人間』）。かれはエリートをさまざまな価値を最大限獲得する者と規定し、その価値を獲得する方法として権力や影響力の確保を意図し、そのために必死に行動する人物を「政治的人格」と定義した。すなわち権力追求者のことである。そのうえでかれはこの権力追求者の形成過程を問題にする。第一段階として、この「政治的人格」は主として幼少期に第一次集団において何らかの価値剥奪を受ける。いわれなき差別や家庭の崩壊、希望する進路が絶たれるなど、本人の能力や責任に因らずに何かを奪われたという強い感情の発生である。第二段階が、この価値剥奪への補償の手段として権力の獲得をめざすことに着手することである。第三段階が、自分の未来や運命を祖国、人類などの大きな集団の運命と同一視し、自らの権力獲得の動機をそれらの集団のためとして合理化する。つまり、私的動機の公的目標への転換である。このような権力追求者としての「政治的人格」の形成過程を図式化すると、以下のように示すことができる。

p ＞ d ＞ r ＞ P

p：私的動機　d：私的動機を公的目標に転換　r：公的象徴に合理化　P：政治的人格

現代におけるエリートの代表例をあくなき権力追求者としての「政治的人格」に見るラズウェルの議論は、歴史上のさまざまな権力者の事例から導かれただけでなく、ヒトラー、ムッソリーニなどのファシズム指導者（二人とも青年時代にさまざまな挫折を経験し、その原因を自己以外のものに激しく求めた）や、ソ連邦の指導者スターリン（かれは貧しいグルジア人家庭に生まれ、神学校で少し学んだだけの非エリートの出身であった）などの実像を反映したものであった。したがって、政治参加のあり方やエリートを取り巻く諸状況が大きく変化している現代世界において、ラズウェルの「政治的人格」の議論が広範に妥当するとは必ずしもいえない。

ラズウェルのエリート論においては、エリートになるための手段としての象徴と暴力の問題も検討された。情報の観点から政治について考察しようとしていたかれがとくに重視したのが、「象徴」の果たす役割であった。既存の秩序を維持しようとする体制エリートも、それに挑戦しようとする反体制エリートも、さまざまなイデオロギーやユートピアによって自己の主張を合理化し、それを象徴化してわかりやすく大衆に提示することが必要である。その際、そうした象徴操作はしばしばプロパガンダ（宣伝）の形をとる。たとえばナチスが党章およびドイツの国旗として使用したハーケンクロイツ（鉤十字）は、もともと幸運のシンボルとされていたが、ナチスはこれをアーリア人の優越性と勝利への使命を示すものとして使用した（なお現在でもネオ・ナチによってこの印が用いられることがあり、ドイツでは公的場面での使用が禁止されている）。ラズウェルがとりわけファシズムの指導者像に着目したのは、このプロパガンダの巧みさにその特徴を見たからでもあった。しかし、現代における政治指導の問題を考えるうえでは、ラズウェルが強調した「政治的人格」の存在や象徴操作などエリートが駆使する手段の問題だけでなく、エリートないし指導者を政治制度のなかにどのように位置づけるかが重要な課題である。

▼リーダーシップとは何か

政治指導ないしリーダーシップとは、ある集団が共有する目標を達成するためにその集団の組織的・自発的な努力を動員する作用のことと定義することができる。その意味で、政治指導は強制力を伴うこともある支配とは区別される。ただし両者の区別は実際には困難なことも多い。たとえばある集団におけるリーダーシップが、当初その集団が目的としたことが一応終結した後も引き続きその集団に対して機能するかどうかは微妙な問題であろう。すなわち、ある状況においてリーダーであったものが他の状況においてもリーダーたりうるとは限らないことから、リーダーシップは「状況の函数」とも捉えられる。さらに、リーダーシップは「弱体な指導は諸利害の抗争の産物であって、その逆ではない」というベントレーの言葉にも見られるように、リーダーの個人的特性や資質に依存するよりも、支持者とリーダーとの関連性で規定されることが多い。リーダーという機能は、共通の目標とそれへの支持者の同意という契機を得て、初めて成立するものだからである。

次に、状況の函数としてのリーダーシップの構造について考えてみることにしたい。リーダーシップはそれを構成する要素として、状況、集団の目標、リーダー（指導者）、支持者（追従者）の四つをあげることができる。それらの要素を突き詰めて考えると、リーダーシップとは、リーダーがその支持者に対して、解決すべき問題は何であり、その解決のためにはどのような方法があるかを提示するところにある。そしてリーダーシップが真にその成果を発揮することができるかどうかは、この問題とその解決方法の提示の仕方にかかっているともいえる。つまり、集団の行動をある目標に向かって集中させうるためには、第一に、課題を特定化することが必要である。現実の社会にはさまざまな問題があり政治が解決を迫られている課題も多岐にわたるが、そのなかから緊急かつ重要だと支持者に思わしめることのできる課題をいかに提示できるかが重要である。そして第二に、そこで提示した課題に対して、取りうるいくつかの選択肢のなかで最善策はこれであるということをできるだけ明快な形で示すことである。古来より優れたリーダーシップと考えられた例は、いずれもこの課題の特定化と選択肢の簡約化という二つの基準に合致した行動をとってきたものと考えられる。

たとえば、この章の初めで取り上げた信長は、「敵」が誰であり、その敵を倒すための方法はこれしかないということを、そのときの状況のなかで瞬時に判断し、的確に指示を出す才能をもっていた点で、天才的な指導者と呼ばれてきたのである。ただし問題は、リーダーシップを成り立たせるそうした二つの基準は必ずしも客観的な合理性をもつとは限らないし、またその必要もないという点である。つまり、その集団や社会にとって真に重要な課題であっても、その解決が容易でない、あるいは現在のリーダーの基盤となっている諸制度を掘り崩さなければ解決への道筋を示すことができそうにない場合には、そうした課題の存在を提示しないことこそがリーダーシップの働きともなりうる。また、新しいリーダーの担い手として現在のリーダーに挑戦しようとする動きのなかでは、真の課題がどこにあるかを既存の価値観にとらわれず提示することもあるが、そうではなくそれほど重要ではないが解決が容易ではない問題をあえて提示して、現在のリーダーの無能・怠慢によってその解決が阻まれていると宣伝することも考えられる。選挙の際に対立候補に対して（たとえば、増税、犯罪、弱腰などの言葉を多用して）マイナスのイメージを植え付けようとするネガティブキャンペーンも近年多用される傾向にある。

これまで述べてきたようなリーダーシップのあり方は、それがどのような状況設定のなかで行使されるかという点に着目していくつかの類型を示すことができる。ここでは市民運動にも大きな影響を与えた政治学者である高畠通敏が行った分類を参考にして、四つの類型を提示してみることにしたい。第一は「伝統的」リーダーシップで、これは指導者が保持する伝統的権威に基づく支持者の同意に基づくものである。かつての村落共同体における長老の権威などはこのタイプのリーダーシップの典型的な例と考えられる。

第二は「制度的（代表的）」リーダーシップで、これはすでに形成・定着している制度内において、指導者が多数の支持者の利益を代表することによってその支持を獲得するものである。このタイプのリーダーシップの特徴は、リーダーと支持者との間である種の価値（利益）の交換が行われ、それを媒介とした相互関係が形成される点である。日本でかつて「利益政治」という蔑称でも呼ばれた利益誘導型の統治構造は、まさにこのタイプのリーダーシップを生み出しやすいと考えられる。このタイプが代表的と呼ばれるのは、リーダーがそこにおいて必ずしも卓越した能力を求められていないからである。つまり、支持者にとっては指導者との間の利益交換の構造の維持が最大の課題であって、リーダーのカリスマ性などはあまり問題とされない。

第三は「投機的」リーダーシップで、これは社会の混乱期に成立しやすいもので、大衆の欲求不満に対応して扇動的な行動を引き出すところに特徴が見られる。たとえば第一次世界大戦後のドイツでは、天文学的なインフレーションの発生などの経済危機が貯蓄の意味を失わせ、資本家と組織力をもった労働者階級の中間に立つ商工業者など旧中間層の生活を根底から動揺させた。かれらの絶望感は、既存の秩序を否定し本来回復されるべき民族の誇りに合致した新しい秩序の創造を謳ったナチスへの支持につながり、ナチスの提唱する指導者原理という独特のリーダーシップへの熱狂的な賛同を生み出していった。こうした「投機的」リーダーシップは、大衆に対して現状が完全な行き詰まり状態にあることをまず認識させ、それを打開する方法は何らかの過激な方法による他はないことを訴えるものであり、大きなエネルギーを引き出すことができる。しかし、場合によっては大衆の不満や憎悪をぶつけるためのスケープゴート（scapegoat　原義は贖罪のヤギ）を作り出し、またかつての栄光を取り戻そうと対外戦争などを引き起こし、政治社会そのものを崩壊の淵に追いやるような危険な賭けにつながる危険性を内包している。

第四は「創造的」リーダーシップで、これは既存の価値体系そのものの変革をめざすものである。しかし、復古的で失われたものに対するノスタルジーや補償の意味合いを強く意識した第三の「投機的」リーダーシップと異なり、既存の価値観を否定して新しい生活様式（vision）を提示しようとするところに特徴が見られる。織田信長などがその典型例と考えられるだろう。また、迫害者の立場から魂の革命ともいえる回心を経験して「一人の罪過によって、すべての人が罪に定められたように、一人の義の行為によって、いのちを得させる義がすべての人に及ぶのである」（「ローマの信徒への手紙」）と救いの普遍性を主張し、ローマ教会の基礎を形作った使徒パウロなど、多くの宗教的改革運動がこれに該当する。さらに、『狂人日記』で魯迅が描いたような「人が人を食う」封建制度の暗黒を断ち切るためには、これまでの中国社会における因習的なものをすべて捨て去る必要性を強調し、イデオロギー操作に優れた技能を発揮した毛沢東など、多くの革命運動の指導者に見られるのもこのタイプである。ただしこの「創造的」リーダーシップは、現状の変革と新しい秩序像を常に提示し続けることをその存在根拠とするところから、静態的で安定したリーダーシップになりにくい点に問題がある。たとえば信長の跡を襲った秀吉が最後には朝鮮出兵にまで突き進んでいったように、絶えざる創造の追求は社会をきわめて不安定なものにしてしまう可能性をもっている。

リーダーシップが状況の函数であるとすると、状況の変化に応じてそのときに求められるリーダーシップにも違いが出てくることになる。ここに示した四つの類型において、社会の安定期には「伝統的」と「制度的（交換的）」が登場しやすいのに対して、社会の変革期・混乱期には「投機的」と「創造的」が生み出されやすい傾向が見られる。ただしどのような状況においても、真に有効なリーダーシップが生み出されてくるかどうかはリーダーの資質もさることながら、それを選択する支持者の見識と行動にかかっているともいえる。現代社会において政治的指導者にプラトンが述べたような〝統治の実務と民衆に対する政治教育の二つの役割を託す哲人王の役割〟を期待することはナンセンスであり、リーダーと支持者がそれぞれ真剣に対峙しながら状況を変革していこうとしない限り、政治は停滞を免れないであろう。その意味で現代におけるリーダーシップのあり方は、選挙などを通して厳しい競争関係におかれるリーダーに、かつての伝統的なエリートのようにその地位を保証された特権的存在として振る舞うことを許さないだけでなく、支持者に対しても現状への安易な寄りかかりや扇動的なデマゴギー（宣伝）への迎合を厳しく戒めるものといえるだろう。

▼政治指導と強制力

すでに述べたように、政治指導は強制力の行使を伴わない点において支配とは区別されるはずであるが、政治指導にとっても強制力の契機は依然として大きな問題である。支配の安定化にとって、典型的には軍隊・警察による暴力の行使によって示される強制的要素は、リスクとコストがかかり、最終的手段としては留保するとしても、日常的には行使しえない。その点、宣伝や教育などさまざまな手段を用いて支持者の自発的な努力を引き出すことを可能にするリーダーシップは、支配者にとってきわめて効率的な権威の調達方法でもある。

支配者が強制力を用いずに被支配者から権威や正統性を調達する手段としては、宣伝と教育以外にもいくつかのものが考えられる。シカゴ学派の一人であるメリアムは『政治権力』のなかで、支配―従属関係における非強制的要素を強調し、それらを分類して次の二つの造語を提示した。一つが「クレデンダ」（credenda）で、これは人々の知性に訴えて、支配者に対する尊敬・信頼などを勝ち取り、正統性を独占しようとするものである。これに対して「ミランダ」（miranda）は、魅惑するものという意味で、支配者が支配に伴う悲惨さを隠蔽し、自己を賞賛の渦で包むために壮大な儀式や歴史の美化など、さまざまな方法によって権力を神聖で美しいものとして描き出すことである。ここではクレデンダと異なり、議論ではなく象徴を媒介として人々の動員を図る点に特徴が見られる。

このクレデンダとミランダの区別は、支配―従属関係における合理的な側面と非合理的な側面として捉えられることがあるが、イデオロギー概念のところでもふれたように、前者をもっぱら知性的なものと見るのは正しくなく、そこには非合理的な信条体系を含むこともしばしば見られる。そして後者は人的（国家的ヒーロー）や物的象徴（記念碑、国旗など）を媒介として大衆の自発的な服従を引き出す機能をもつもので、それは前近代的な政治社会においで見られるだけでなく、合理化が徹底したとされる現代社会においても大きな影響力をもちうることに注意しなければならない。

政治指導ないしリーダーシップと支配とを区別するものが強制力の有無ということであれば、クレデンダやミランダに代表される権力の非強制的契機は、リーダーシップの範疇で捉えられることになるが、もちろん議論はそれほど単純なものではない。長年にわたり反戦運動に携わったイギリスの哲学者バートランド・ラッセルは、中国古典のなかの一節を引いて、統治における質の問題を論じている（『権力』）。

「孔子泰山の側を過ぐるとき、婦人墓に哭する者有りて哀し。夫子式して之を聴き、子路をして之に問わしめて曰く、子の哭するや、壱に重ねて憂有る者に似たりと。而して曰く、然り、昔者吾舅虎に死し、吾夫又死し、今吾子又死せりと。夫子曰く、何為れぞ去らざらんや。曰く、苛政無ければなりと。夫子曰く、小子之を識るせ、苛政は虎よりも猛なりと。」

（「礼記」檀弓篇）

この有名な一節に典型的に示されているように、政治指導と支配の微妙な関係を考察する際に問われなければならないのは、やはり統治の質であって、必ずしも理性的には説明できない非合理的感情を含む支配―従属関係の実態を考察することが、リーダーシップと強制力の関係を考察するうえでは必要になってくる。よく引用される「権力が暴力を用いるとき、権力は最も強いのではなく最も弱いのである」というメリアムの言葉は、現在でも傾聴に値する。暴力的な支配はしばしば政権の断末魔を示すもので、逆に巧妙な支配は強制力の行使を極力排除し、人々の自発的な服従を勝ち取る多くの手段をもち、それらにリーダーシップの外観を与えることもしばしば見られる。

人間は無秩序より「力による強制」を求める傾向をもつことも事実であり、そのなかで「自治」の可能性をどこに見出すかは、依然として私たちに残されている課題である。

二　政治責任と公共の利益

▼政治的なものと道徳的なもの

政治責任とは、主として政治指導に携わる人物の政治的決定・判断に対する評価を基に政治的指導者が何らかの行動をとることであるが、そこでの評価には明確な基準はありえず、誰のどのような評価を基準とするのかはそのときの状況にもよって変化する。したがって、政治責任のあり方をめぐっても多くの議論が生まれてくることはいうまでもない。政治責任の問題を議論するときに最初に論じられるのは、すでにふれた『職業としての政治』におけるウェーバーの心情倫理と結果倫理の峻別の問題である。第一章でも述べたように、政治は複雑で必ずしも合理的な解決が選択されるとは限らない人間の営みである。しかし、その決定や選択に対する責任、すなわち政治責任は結果に対して問われるものであって、その決定までにいたる意図に悪意や過誤がない限り、よい結果が生まれなかったとしても責任は問わないとする心情倫理は採用されない。もちろん、この両者を峻別することは実際の政治上は必ずしも容易なことではないが、政治における結果責任の原理を確立することは近代国家の大きな課題の一つであった。

政治責任をめぐる議論は、結果倫理と心情倫理の区別を求めるだけでなく、政治的なものと道徳的なものをどのように捉え直すかという問題にも関連する。いわゆる道義的な責任と政治行動との関わりである。近代政治学の嚆《こう》矢《し》としての位置を占めるマキャヴェリ『君主論』は、まさにこの「道徳的なるもの」と「政治的なるもの」との関連から政治の本質を捉えようとした。一五世紀末ルネサンス期のフィレンツェで活躍したマキャヴェリは、政治指導者としての君主はいかなる統治術を獲得すべきかを説いていく。法や伝統的権威に基づく秩序の存在を前提とし、そのなかにおける正義の発見とその遂行を標榜していた旧来の君主とは異なり、世襲原理によらず自分の「力」によってすべての秩序を創造していかなければならない「新しい君主」に求められる「徳」とは何か。この問いかけに対して、マキャヴェリは、中世ヨーロッパにおいて多く著された「君主の鑑」(あるべき理想の君主の姿を鏡に映し出してみせる書物)の伝統からまったく離れ、道徳とは異なる政治的価値の存在を提起する。つまり、これまで宗教的な思考の枠組みのなかで議論されてきた権力や秩序などの政治現象は、それ自体リアルな分析の対象とされなければならない。「人間の欲求は飽くことを知らない。というのは、人間は本来いかなるものをも熱望するようにできているが、運命によって、これらのうちごくわずかしか手に入れることができない。その結果人間の心はたえず満たされないでいる」という人間観に立つマキャヴェリによれば、政治とは倫理的命令に違反することなしには国家を救うことができないような状態のことに他ならない。

マキャヴェリは、君主の最大の任務は何よりも国家の独立を維持することにあると指摘する。小都市国家同士の紛争にフランスなどの大国が教皇権の保護を名目に虎視眈々と介入を企んでいた当時のイタリア情勢のなかで国家を維持させるためには、軍備の確保とともに、ときには陰謀や策略など非道徳的手段に訴えることも必要であると説く。君主にはいわゆる狐と獅子の両方が求められるとする主張である。この通常の合理性や倫理観に優先する国家が存続するための意思は、のちに「国家理性」(フランス語の raison d'Etat)と呼ばれ、マキャヴェリが強調した非常時だけでなく、帝国主義時代には常態的な政治原理として主張されることにもなった。ただし、マキャヴェリは道徳的価値そのものの存在意義を否定しているわけではなく、たんなる権謀術数としてマキャヴェリズムを捉えるのは誤りである。かれが説くのは政治的世界の独自性と、そこにおける権力作用のリアルな認識であり、君主には国家を存続させる義務の誠実な履行を求めたのであった。

政治指導者としての王に冷徹な統治の術を説いたものとして、ウェーバーがマキャヴェリの『君主論』以上に高く評価する古代インドの帝王学『アルタシャーストラ』がある。紀元前四世紀マウリヤ朝の名宰相であったカウティリヤの作と伝承されている（実際の筆者と成立年代に関しては諸説あり）この『アルタシャーストラ（実利論）』は、王に対して国民の安寧を守るために常に精励努力して実利の実現を追求することを求めている。王の最大の任務はアナーキーな状況を作り出さないことにある。なぜなら、弱者を保護するためには秩序が必要であり、それが崩れると「魚の法則」つまり強者が弱者を食らう状態が出現するからである。王は人間の金銭欲・名誉欲を巧みに見抜いて人心を収攬するが、他方、必要とあれば残忍・非情な術策を用いて陰謀謀反を企てている不穏分子を処罰することに躊躇してはならない。この本で説かれるスパイの積極的な活用など権謀術数の数々は徹底して実利の実現のためである。なぜなら、「王の幸福は臣民の幸福にあり、王の利益は臣民の利益にある。王にとって、自分自身に好ましいことが利益ではなく、臣民に好ましいことが利益である」からである。

『アルタシャーストラ』は官吏の任命・監督法や司法に関する詳細な規定だけでなく、外交の技法、城砦の攻略法そして殖産方法や度量衡、商取引などに関することまで、まさに百科全書的な内容を含んでおり、古代インドの社会・文化を知る大きな手がかりとなる。古来インドにおいては、人間が追求すべき三つの目標としてダルマ（法）、アルタ（実利）、カーマ（享楽ないしは性愛）が強調されてきたが、この本は人倫の道（ダルマ）とは区別された実利（アルタ）の体系的な叙述として、その網羅的な記述方法においても後世に大きな影響を与えた。

▼政治責任をめぐる日本的課題

これまで見てきた『君主論』や『アルタシャーストラ』に示された、政治的なものと道徳的なものを峻別するところから政治のリアルな実相への着目が生まれ、そこから心情倫理に逃げ込むことを許さない峻厳な政治責任のあり方を問うことができるとする議論は、日本における政治責任のあり方に関していかなる示唆を与えるであろうか。

太平洋戦争後、その敗北の原因を日本における合理的思考を生み出す土壌の欠如に求めた思想家和辻哲郎は、『鎖国―日本の悲劇』を著して、キリシタン禁教の思想に象徴される日本の思想的伝統を改めて問い直すことが日本文化再興の課題であるとした。秀吉の伴天連《ばてれん》追放令に端を発したキリシタン弾圧は、いずれかの寺院に檀信徒として登録を義務づける寺請制や、継続的な踏み絵の実施、さらにはキリシタンと思われる人物に対する密告の奨励など、さまざまな方法で執拗に行われ、一時は九州の人口の一割を超えたとされるキリシタンをほぼ絶滅させるほどの大きな成功を収めた。しかし、こうした弾圧の根拠が明確に示されることはなく、公儀（江戸の将軍を中心とする統治の体系がそう呼ばれていた）の意思というきわめて曖昧な概念が示されただけであった。この権力の正当化の根拠を明確にもたない統治体系のもとでは、仏法など絶対的権威を背景とした世俗的権威に対する挑戦の契機はまったく失われ（たとえば、将軍への出仕を拒否した日蓮宗不受不施派は厳しく弾圧された）、家康の遺訓などといった世俗的権威だけがその合理性を真に問われることなしに自立していた。

日本においても統治の原理を合理的に示そうとする思想的営為が見られなかったわけではない。江戸時代中期の儒学者荻生徂徠は、政治（まつりごと）を「経世済民」（世を治め、民衆の苦しみを救うという意味）の術であるとして、四書五経に代表される教学の研究は、人格陶冶を目的とするよりも、「先王」という理想的古代帝王の「作為」の総体を学ぶことに他ならないとして、のちに徂徠学と呼ばれる実利的な学問を提唱した。ここでは公儀の取りうる政策体系の有効性に対する合理的な批判の視点を見出すことができる。また皇帝専制の原理をもつ中国においても、明末・清初の思想家黄宗羲《こうそうぎ》『明夷待訪録』に示されているように、天下を私物化する君主とその官吏を批判し、合理的な統治の枠組みを示す実用的政治学（「経世致用」）も見られた。

しかし、日本では黒船来航によってにわかに高まった幕末の尊皇攘夷運動においても、従来の公儀のどこに致命的な欠陥があり、それに代わるいかなる秩序がめざされるべきかが明確に意識されることはなく、作為としての統治の術やその結果に対する責任のあり方への関心はほとんど欠如していた。島崎藤村がその浩瀚《こうかん》な小説『夜明け前』で描いたように、開国以来の動乱は、統治のあり方を問い直すことができるとする素朴な発想をことごとく打ち砕く結果しか生み出さなかった。こうしたなかで成立した明治新政府がやがて「無責任の体系」ともいえる天皇制国家の原理を作り上げていったのは当然のことともいえる。現在の日本における政治責任をめぐる議論においても、問われるべき争点の軸にブレが生じ、「世間を騒がせた」という曖昧な理由によって職を辞すことで問題解決とする風潮や、心情責任に傾斜した結論が生まれやすいことの背景には、（切腹に象徴されるような）名誉と恥を社会統制の基盤にすえた政治文化の存在など日本社会における根深い問題が存在しているとも考えられる。

▼「公共の利益」をめぐって

政治責任をめぐって政治的なものと道徳的なものを峻別することの意義についてこれまで見てきたが、こうした議論はよく引き合いに出される、汚職をする有能な政治家と清廉潔白だが才に欠ける政治家のどちらを私たちは選択すべきかといった争点につながるものである。こうした問いは実際には有権者に二者択一を迫るものではなく、汚職や利権にまみれた政治家が自己を正当化する理由づけに使われるに過ぎないが、たとえ金権政治家と呼ばれようとも地元に利権をもたらす政治家こそ重要ではないかという議論は、決して看過できない大きな論点を含むものである。それは政治における「公共の利益」（public interest）をどのように定式化することができるかという問題につながるからである。この「公共の利益」をめぐる議論は、自己利益の角逐以外のものを政治の場に見出すことができるかということであり、政治学の伝統的問題としては、プラトンの対話篇『国家』におけるトラシュマコスの有名な発言「政治とは所詮、強き者が弱き者を支配することであり、正義とは、より強き者の利益に他ならないではないか」という問いかけにどう答えるのかということでもある。

この「公共の利益」をめぐっては、それぞれの集団の主張する利益が、本来的に妥当なものであるか否かを客観的に判断すること自体が困難でもあり、そうした私的利益がぶつかり合う政治の場において、私的利益を超越した「公共の利益」を想定すること自体がそもそも本来的にナンセンスであるという考え方が見られる。あるいはこの概念は、イデオロギー的宣伝に転化しやすく、自己の立場を客観的に捉えるためというより、むしろ私的利益のごり押しを隠蔽するための我田引水的な議論に多用されがちであるとする批判も見られる。さらに「公共の利益」という概念は、二〇世紀初頭以来ダーウィンの進化論を人間集団間の生存競争の原理に当てはめ劣性遺伝を排除しようとする優生学（eugenics　原義はギリシャ語のよい種を意味する）に基づく、先天的な疾病者・障害者に対する断種政策などの正当化の理論として援用されたため、科学的認識の誤用であり、少数者の権利を侵害する可能性のあるものとして否定的評価を受けた。そこで現在では、のちにふれる公共政策の選択を行う際の原理としては、「公共の利益」概念を用いず、むしろ厚生経済学における「パレート最適」（この概念についても後述する）などの原理を活用すべきだとする見解も幅広く主張されている。

「公共の利益」という概念を用いて公共政策の是非などを議論するのは適切ではないという主張に対して、現代においても「公共の利益」概念の有益性を強調し、むしろその価値を再評価しようとする動きも見られる。確かに各集団が主張する「利益」の妥当性を絶対的にはかる基準はないとしても、そこで価値の相対論に陥って各集団や個人の主張する利益に質的な差はないと想定するのではなく、人間における基本的な必要性に照らして、そこにはやはり何らかの優先順位を作ることは可能であり、また私的利益を超越した「公共の利益」というものが成立する余地は十分にありうるとする考え方である。この主張は先に述べた「正義とは、より強き者の利益に他ならないではないか」という問いかけに対して、第一章でも述べたように、政治学にはやはりこうした問いかけに対しても何らかの回答をなしうる哲学的な基盤が存在する必要があるという考え方に他ならない。

価値観や生活様式が多様化した今日において、「正義とは何か」という問いかけははたして意味をもちうるのか。この難問に対して「公正としての正義」(justice as fairness)の概念を提示して、正義についての理論的考察の可能性を示し、幅広い分野に影響を与えたのが、アメリカの法哲学者ロールズの正義論である。ロールズは、個人の主観を重視し効用の全体的総和の増加を目標とする功利主義を問い直し、効用の分配原理が欠落していると批判する。そして多元化した社会における新しい共生のルールづくりとして、自由かつ平等な当事者が公正(フェアー)な条件で合議をし、全員が承認したルールだけを社会正義の原理とすることを提唱した。したがってロールズの提示した「公正としての正義」は、合理的な契約に基づく政治社会の創造を理論化した、ロックやルソーなど社会契約説と同様に、人々の合意による新しい秩序形成という論理構成をもっている。

ロールズは社会契約説における自然状態に相当するものを「原初状態」と呼び、そこにおいて全員が承諾する二つの原理を「公正としての正義」の実質とする。その第一は、自分がどのような生得的能力をもち、いかなる社会的環境におかれているかを全員が知らない状態(これを「無知のヴェール」をかけられたと表現する)を前提に、各自が自己の利益だけを追求すると仮定したときに、全員に平等に分配しておくべきものが基本的諸自由(思想信条の自由、政治的自由、言論の自由など)であることを定める「平等な自由の原理」である。第二は「無知のヴェール」をかけられたなかで各自は自己の将来をあらかじめ想定することができないのだから、社会的・経済的な格差に関しては、公正な機会均等の保障と、もっとも不遇な人々の利益を最大化するよう格差を是正することを求める「機会均等原理と格差原理」である。ロールズはヴェトナム反戦運動にも参加し、日本への原爆投下は不正であったと発言するなど、人種差別や経済的弱者の多くが兵士となって犠牲になるというアメリカの現実の政治状況にも積極的に関与し、改革路線に理論的な基盤を与えようとした。この「公正としての正義」論は、抽象的な論争のレベルだけでなく、たとえば租税制度における累進課税の原理や最低所得給付（いわゆる負の所得税）をどのようにして根拠づけるかといった実践的な問題にも応用することができるものであり、「公共の利益」の内実を考察するうえでも大きな示唆を与えるものと考えることができる。

「公共の利益」を政治学の立場から再評価する動きとしてここで取り上げたいのは、アメリカの政治学者ローウィの考え方である。現代アメリカの政治過程においては、それぞれの追求する政策実現をめぐる利益集団間の激しい角逐が見られるが、そこでは一部の集団の利益のみが長期的に突出することはありえず、結果的には意図せずして、各集団が要求する利益の実現に関して、ほぼ均衡状態が実現しているとする見解が一般的であった。これに対してローウィは『自由主義の終焉』を著して、こうした利益集団の相互作用からは真の公共性は生み出されないし、こうした政治過程のモデルはアメリカの政治に対する人々の信頼性を失わせていると厳しく批判した。ローウィが利益集団の相互作用を批判する理由の一つは、そうした政治過程において自らの利益を組織化あるいは代弁する術をもたない少数者の声がまったく顧みられないことであり、さらにもう一つの理由は、アメリカ政治が建国以来掲げている徹底した討論を通しての合意形成という理念が、この利益集団中心の政治過程からは失われがちな点である。これに対してローウィは「依法的民主主義」を提唱し、少数者の保護を含めて、法の支配と議会による実質的審議を回復させることがアメリカにおけるデモクラシーの活性化と政治に対する信頼回復のために必要不可欠であると説いている。

現代政治において「公共の利益」をさまざまな政策選択に際して判断基準とすることの難しさは、「公共の利益」という概念は、先ほど取り上げた優生学的発想に典型的に見られるように、効率を優先し人間のもつ個性や社会の多元性を抑圧する道具として使われることもあれば、逆に多元的な主体が多数者や強者の論理に支えられた権力の正統性を問いただす手段としても成り立つという二面性をもつ点である。したがって、「公共の利益」概念を現実政治の場面で生かしていくためには、それが人間の生の多元性や主体の複数性を確保する文脈において用いられるような社会的基盤を作り上げることが必要である。かつてリップマンは、「公共の利益とは、人々が明瞭に見て、合理的に考え、自己の利益から離れ、そして互いに広い心で行動するとき、人間が選択すると想定されるものに他ならない」と述べた。

しかし、人間にとってこうした「広い心で行動する」ことがきわめて難しいことはいうまでもない。とくに現代は、職場や学校において短期的で目に見える成果が求められる時代であり、長期的な視点に立ってまた自分の利益を離れて考える機会に乏しい。かつてインディアンと呼ばれていたネイティブ・アメリカンの集団では、物事の是非を判断する際には自分の七世代先のことを考えて判断すべきとする不文律があったと伝えられている。こうした道徳は人間における貴重な叡智の一つであろうと思う。現在の自分がおかれている状況への関心に支配されるのが人間の常であるとしても、現代に生きる私たちも少なくとも自分の孫の世代のことを考えて子孫に負の遺産を残さないように行動するのでなければ、地球環境問題をはじめとする現代世界の諸問題に解決の糸口すら見出すことはできないかもしれない。要は私たちのもつべき徳性の問題にかかってくるともいえる。

これまでの考察をもう一度振り返ると、「公共の利益」概念を、現代社会の諸問題の処理において議論の拠り所として援用しうるかどうかは、利益や公正の概念を狭い効用の範疇だけで議論するのではなく、より広い合理性のなかで捉えることができるかという問題であり、最終的には古代ギリシャ以来政治学の伝統的なテーマの一つである「公民の徳」（この概念については次の章で詳述する）の問題に帰着することが指摘できる。しかし、現代社会においてもこの「公民の徳」を市民の間に培うことが重要であるとする指摘は、本格的な政治教育のプログラムを用意するといった類のことを要請するものではないであろう。それよりも日常的な生活の多くの場面における討論や実務経験のなかで、私たちが公平さへの感覚や人間の生の多様性への感覚をいかにして育てていくかということにかかっているように思われる。

第5章 デモクラシーとは何か

■現代民主政論の展開

太平洋戦争後、焼け跡の日本で子どもたちの間に急速に普及したのが野球だった。のちに作詞家として活躍する阿久悠が自身の体験をもとに書いた原作を映画化したのが、篠田正浩監督作品『瀬戸内少年野球団』である。海外の英語版では『マッカーサーの子どもたち』というタイトルで公開されたこの作品には、衣食住の面では貧しいながらも、アメリカ進駐軍とともに入ってきたベースボールとデモクラシーを、周りの大人たちの戸惑いをよそに懸命に自分たちのものにしていこうとするたくましい子どもたちの姿がユーモラスにそしてシリアスに描かれている。

この映画に象徴されているように、一九四五年の敗戦によってそれまでの天皇制国家の秩序が大きく崩れ、日本社会にデモクラシーがアメリカの文化とともに入ってきたことは間違いない。国民主権と基本的人権を定めた新憲法だけでなく、PTAや教育委員会、自治体警察など社会の多方面にわたってアメリカン・デモクラシーの原理が日本に植えつけられていく。しかし、当時の日本人にとってデモクラシーとは、進駐軍から放出される物資に示されるアメリカの豊かな生活文化を象徴するもの以外ではありえなかったのも事実であろう。権威主義的な社会秩序に慣らされていた日本人にとって、暮らしに根ざしたデモクラシーとはどのようなものなのか、これに答えを出すのは容易ではなかった。

平凡な家庭の日常生活を陰影ある筆致で描くことに定評のある作家庄野潤三は、将来有望な中堅の作家をアメリカに招待し、現地での生活を体験してもらって、これからの日本のデモクラシーの手本となる何かを書いてもらおうという米ロックフェラー財団の基金によって渡米する。かれが著した『ガンビア滞在記』は、海外旅行も自由にはできなかった頃の日本人がアメリカの小さなコミュニティでの生活を経験した貴重な記録である。一九五七年から一年間に及ぶアメリカのオハイオ州の人口わずか六〇〇人の小さな大学町ガンビアでの庄野夫妻の生活は、小さなカルチャー・ショックを重ねながら、親切だが適度の距離を守る隣人や大学の友人たち、それぞれが個性的な町の商店の人々とともに、傍若無人に周囲をかけ回るリスやときおり顔を見せるアライグマなどに囲まれて穏やかに過ぎていく。そこには広大な自然を背景に、春夏秋冬の変化のなかで、自分たちの力を合わせて静かで豊かな生活を営んでいく喜びが全篇にあふれている。自分たちで話し合ってルールを作り、問題を解決していく知恵を出し、「よき隣人」として協力し合っていくことこそが、何よりもデモクラシーの働きであることがそこからはうかがわれる。

ヘンリー・フォンダが主演したハリウッド映画の名作（シドニー・ルメット監督）『十二人の怒れる男』は、アメリカン・デモクラシーの原点がこの滞在記で描かれたような日常的な暮らしのなかで培われてきた精神を基盤とすることを示したものである。刑事裁判における陪審員の討論の場面だけで構成されているこの映画では、さまざまな人種・階級の人間が対等な立場で、ときには激しく対立しながらも真剣な討論を通じて各自の偏見を正し、自分とは何ら利害関係をもたない被告少年のために評決を出していくまでの様子を描いたドラマである。これに対比して、おそらくこの映画のパロディと考えられる、三谷幸喜脚本の演劇『12人の優しい日本人』は、公共の場面における論理性をまったく欠いた無責任なやりとりを描き、現在の日本におけるコミュニケーションの不毛さを赤裸々に風刺している。大岡政談を基にした落語の『三方一両損』（大工が落とした三両入りの財布を左官が拾い、両者が受け取らないので大岡越前が一両を足して、両者に二両ずつを与えたというもの）が円満な解決方法の美談とされるように、討論による合意形成や共通のルール作りを不得手とし、お上の善政を期待する日本社会にデモクラシーを定着させるためには、まだ多くの課題があるといえるだろう。

一　デモクラシーの基本問題

▼危機にたつ現代デモクラシー

デモクラシー（民主政）は、一九世紀まで衆愚政治と揶揄されることもしばしば見られたように、どちらかというとマイナスのイメージで語られることが多い言葉（概念）であった。しかし、二〇世紀に入り選挙権が拡大し普通選挙制が普及していくなかで、デモクラシーは次第に政治的正統性を構成する不可欠の要素と考えられ、現代の政治世界ではその原理を根本的に否定する政治思想や運動はそもそも成立しえないと考えられている。たとえば、現代の日本政治においても右派の自民党から左派の共産党まですべての政党がデモクラシーの原理に拠って立つと主張している。

第一次世界大戦の結果、ヨーロッパに存在した三つの帝国（ドイツ帝国、オーストリア＝ハンガリー帝国、ロシア帝国）がいずれも崩壊し、それまでフランスだけであった共和政国家がヨーロッパに多く誕生した。君主政国家を成り立たせていた身分制的秩序が大きく変容し、人民主権の原理のもとに議会・政党組織を基盤とするデモクラシーの発展が図られることになった。第二次世界大戦後この動きはさらに世界大に拡大し、民族自決の原理のもとに多くの植民地が独立国家となり、現代世界では他民族支配や血統に基づく君主政を支える社会的基盤はほぼ失われたと考えられている。

もっとも二〇世紀においてもデモクラシーの原理を根底から否定する思想や運動が見られなかったわけではなく、

それらの動きのなかでもっとも大きな影響力をもったのが、第三章で取り上げたイタリアやドイツに成立したファシズムであった。とりわけヒトラーを中心とするドイツのファシズム（ナチス支配）は、すべての政党を禁止し議会を廃止して総統となったヒトラーにすべての権限を集中させる指導者原理を掲げる独裁政治で、ユダヤ人撲滅やスラブ系民族地域への領土拡大など、自分たちの優秀性を根拠とする他民族支配をめざすものであった。こうしたファシズムに呼応して日本でも天皇制国家の無謬性に基づく国体の原理と呼ばれる独自の君主政秩序や、八紘一宇《はっこういちう》というスローガンを掲げた他民族支配の正当化が図られた。

こうした動きはファシズム国家が第二次世界大戦に敗北することで潰え、二〇世紀後半の世界秩序はドイツや日本と戦った連合国（United Nations 日本では連合国という呼称を避け国連と呼ぶ）の掲げるデモクラシーの諸原理に基づく諸国家間の協調に基づく国際秩序が模索されてきた。国連を中心とする世界秩序は東西の冷戦構造や多くの地域民族紛争、経済格差に基づく先進国と途上国の対立など多くの難問を抱えながら、各国における民主化の促進に寄与し、いわゆる独裁的政治体制はほとんど見られなくなったとされた。とくに一九八〇年代末に起こった冷戦構造の崩壊は、政治世界におけるイデオロギー的対立を大きく変容させ、どのような政治体制をとるにしても（大統領制・議院内閣制のいずれにせよ）正当な選挙に基づく議会や執行権の選出を中核とするデモクラシーの原理以外の選択肢はありえないと考えられるようになった。

ところがデモクラシーに代わりうる政治体制の原理はほぼ存在しなくなったと考えられた二〇世紀末から二一世紀初めにかけて、各国において独裁政治を志向する傾向が強まっている。かつてアフリカやアジア各国などに存在した軍事独裁政権とされる政治体制は、民族対立など国内の混乱と秩序維持をその支配正当化の根拠としていた。しかし、二一世紀に台頭しようとしている独裁的政治体制は、デモクラシーの諸原理が社会に定着し、厳しい民族・宗教対立などがほとんど存在しないと考えられてきた国々においても見られ、議会政治を中心とする対話と協調ではなく、強力な指導者に権限を集中することで難局の打開を図ろうとする点に特徴がみられる。こうした傾向のもとでは権力者といえども法の支配のもとにあるという立憲主義の原理は無視されがちで、とくに少数派をないがしろにし、民族の栄光や大国としての復活といったかつてのファシズムによって唱えられたスローガンが多用されることがしばしばである。

そしてこうした議会政治や立憲主義に対する否定的な動きは、さまざまな信仰の存在を許容しない宗教的原理主義や他民族支配を正当化する自民族中心主義にも結びつきかねず、二〇世紀の世界で確立したデモクラシーの原理そのものを根本的に否定する考えにつながる可能性がある。また近年は、従来権力監視の重要な担い手であったマスメディアも権力によってコントロールされ、さらにＳＮＳなどで多くのフェイクニュースが流されることで、権力者に不都合な情報は隠蔽され、合理的な議論を行う基盤そのものが大きく損なわれようとしていることも深刻な問題である。

現代デモクラシーが抱える危機の大きな側面の一つは、各種選挙における投票率の低下に象徴される代表制デモクラシーの機能不全の問題である。第七章で詳しく検討していくように、選挙制度はデモクラシーを円滑に機能させるうえでもっとも重要な原理であるはずだが、選挙を通して民意を政治に反映する制度として、二〇世紀に広く正統性を獲得したかに見えた代表制デモクラシーへの信頼性は近年とみに揺らいでいる。その理由の第一は、経済成長期に確立された経済成長の成果の配分をめぐって展開されてきた政治過程の継続が困難になり、多数の国民から支持を受ける政策選択の幅が非常に狭くなったこと、そして選挙によっては決定しにくい争点の重要性が増しているにもかかわらず、それらを政治過程に取り組む仕組みが生み出されていないことである。ヨーロッパ各国におけるＥＵへの加盟問題など重要な政策的争点における国民投票制の実施などの代議制を補完する制度もいくつか見られるがまだ十分なものとはいえない。第二の理由は、第一の理由とも関わって、選挙による政策選択の有効性が低下するなかで、既得権益によって組織された一部集団の優位性が突出し、政権交代の可能性が下がることから、さらに投票率の低下が起こり、政治構造が固定化されるという悪循環が引き起こされていることである。

こうした代議制に対する不満からは、議会を中心とする政党間の協議と調整によって諸課題の解決を図ろうとする政治ではなく、強力な指導者に全権を委ね強力な権力の発動によって問題の解決を図ろうとする独裁的政治体制に対する支持や、立憲主義に基づく制度化された政治過程では現状のさまざまな問題を克服していくことは不可能で、一挙に体制の変革を企画する急進的な政治運動への志向性を生み出している。これはいずれも二〇世紀に確立されたデモクラシーの安定やその正統性の基盤を掘り崩すものといえる。

▼デモクラシーの基本原理

デモクラシーをいかなる政治原理と捉えるかに関しては、その概念規定をめぐっては多くの議論がある。デモクラシーの原理を要約したものとして、日本国憲法の前文にも引用されているリンカーン大統領の有名なゲティスバーグ演説（一八六三年一一月一九日）の言葉「人民の、人民による、人民のための政府」(government of the people, by the people, for the people) という理念は、それ自体が論争的である。「人民」の実態があらかじめ想定されているわけではなく、何をもって「人民のため」の統治と考えるかの判断基準が明確ではないがゆえに、原理的にもそして歴史的経験に照らしてもこの原理は容易に独裁政治と結びつきうる。そして「人民による」政治という原理は、もちろん選挙権の行使だけで実現されるものではなかろう。このリンカーンの示したデモクラシーの原理を具体化していくことは、依然として大きな課題として私たちの前に示されている。

なぜ私たちはデモクラシーを支持するのか、現代社会においてデモクラシーにとって好ましい基礎的条件は何かなど、現在デモクラシーのあり方に関連した問題の解明は政治学の基本的な課題である。政治的平等の実現と資本主義的市場経済との関係や、デモクラシーを機能させるに望ましい政治社会の規模、政治参加の有効性をいかに確保するかなどデモクラシーの基本構造をめぐる論点は多岐にわたっているが、ここではデモクラシーの基本問題としてまず三つの論点を取り上げ、議論の方向性を整理しておくことにしたい。

第一は、デモクラシーの原理としてよくいわれる「私たちが政治の主人公になる」ということの意味についてである。次節で述べる古代ギリシャにおけるデモクラシーの起源に関する考察でもふれるが、政治という営みに普通の市民が関わるということは、政治社会の構成員が特定の権威に服さず、対等な立場で自由に協議し、集団の意志を決定することを意味している。そこでは多くの市民に発言の機会を与え、提示された複雑な利害を調整し、一定の合意を作り上げるという粘り強い営為が求められることになる。そうした多大な努力と時間を必要とする行為に私たちが関わることになぜ決定的な意味があるのかといえば、たとえば他国と戦争を行う、あるいはそのために徴兵制を実施するといった、その人の人生に影響を与える拘束的決定を自分たちの意志で行うためだからである。デモクラシーの原理を突き詰めて考えれば、政治社会がそうした拘束的決定を行う際にそれに関わることができる根源的権利を人間はもつという信念にその基盤が存在する。

第二は、人民の意志を示すものとしての「多数決原理」とデモクラシーとの関係についてである。政治制度の中に多数決原理をどのように位置づけるかの問題は、次の第六章で扱うが、よくいわれるように多数決原理とデモクラシーは同義ではない。それはそもそも一定の政治社会における「多数」の概念はある意味で恣意的なもので、選挙制度その他政治制度の設計いかんによって大きく変化しうる。たとえば有権者の投票行動がまったく同じであったと仮定しても、当選者の決定方式が異なれば、選挙の結果は大きく変化する。さらにはアメリカの公民権運動において示されたように、一部の有権者を投票に参加させないなどにより、優越的地位をもつものが「多数」を形成して、差別的構造を維持することもこれまでしばしば行われてきた。デモクラシーにとって重要なのは、「多数」

の意志によって決定しうる事項の範囲を確定することで、少数者の権利をいかに保護するかにあり、立憲主義や司法による人権保護は必須の課題である。したがって陪審制度（現在の日本では刑事事件における裁判員制度が存在している）など司法制度の民主的統制の問題はデモクラシーの運用にとってかなり重要な問題となる。陪審員の決定を職業的裁判官が覆すことができるかなど陪審制度をめぐる論点は、裁判制度のあり方にとどまらず、デモクラシーの原理の根幹に関わる問題である。

第三は、デモクラシーと権力との関係についてである。各国の憲法に明記されている普通の市民が主権者として政治社会の意思決定に参加する「人民主権」の原理は、実際上は擬制に過ぎず、デモクラシーといいながらも私たちはほとんど政治に主体的に関わることはなく、統治の客体として存在しているに過ぎないとする見方がある。この見方に立てば、独裁政治といえども政治エリート間の厳しい競争を勝ち抜いて安定した体制を築くことができれば一概に否定することはできず、統治の効率性などの観点からはむしろ独裁政治の方が高いパフォーマンスを発揮しうると評価されることになる。しかし、デモクラシーの基本原理のなかには、主体的に権力行使に関わる側面とともに、独裁的権力の発生や権力の恣意的な行使を常に警戒し、それを防ぐ原理が存在する。次節で述べる古代ギリシャのアテナイに見られた、僭主《せんしゅ》の出現を阻止するためのオストラキスモス（陶片追放 ostracism）の制度などがそれに該当する。「絶対的権力は必ず腐敗する」といわれるように、絶対的権力や一切の批判を許さない権威を政治社会のなかに生み出さない仕組みをもつこともデモクラシーに要請される重要な機能であり、現代世界においても権力の暴走を監視し、権力行使に対して一定の拒否権をもつことはデモクラシーの重要な側面である。

これまで述べてきたデモクラシーの基本問題は、デモクラシーの原理が普通選挙制の実現など人々の政治参加を保障する制度の確立にとどまらない広い領域を含むことを示している。さらにここではデモクラシーが成立するための基本的条件について考察することにしたい。優越的な地位にあるものの恣意的な支配を認めないことをデモクラシーがその要件とする以上、デモクラシー成立の基本的条件の一つは、社会的経済的諸条件における著しい不平等が存在しないことである。普通選挙制の実現など公民権の保障がなされ政治的平等が実現されたとしても、社会的経済的諸条件における著しい不平等は容易に政治的不平等に転嫁される。したがって、地主‐小作関係や奴隷制の残滓が見られるような社会においてデモクラシーを実現することは実質的に困難である。この点に関する今日的な論点としては、政治的平等の実現とグローバル化した資本主義によって生み出される大きな格差の存在が両立しうるかの問題がある。二〇世紀後半のデモクラシーの発展・安定を支えた社会的条件は、総力戦体制の下での社会階層の平準化と財の配分システムを民主的にコントロールし、所得再分配によって福祉国家体制を形成する社会民主主義路線によって生み出された厚い中間層の存在であった。

デモクラシーが成立する基本的条件としてもう一つ指摘できるものは、政治的不平等に対抗する社会的諸条件が整備されていることである。これは第三章でふれた社会関係資本の議論とも関わるもので、国家や行政機構によって統制されていない政治空間が地域社会のなかで確立されていること、具体的には国家成立以前から存在するような自治の原理が確立していることである。国家権力や独裁政治による抑圧を跳ね返していく際にもっとも重要な政治的資源となるのは、市民相互のなかで作り上げてきた信頼や責任感である。たとえばファシズム政権によるユダヤ人狩りから隣人を守り匿う行動が生まれたとすれば、それは自己利益や法令順守などを理由とするのではなく、自分たちが作り上げてきた秩序が権力によって外部から恣意的に破壊されてはならないという信念に基づくものである。その意味ではやはりデモクラシーは、人生のある時間や空間を共有したという経験の共有にその成立の基礎をおくものともいえるだろう。

二　近代政治原理の成立と展開

▼デモクラシーの起源

語源的な意味でのデモクラシーは、よく知られているように、古代ギリシャのポリスにおける独特の政治体制およびその運用原理をさすギリシャ語の demokratia をその起源とする。この demokratia は、「民衆」を意味する demos と「統治する」を意味する kratia を組み合わせた言葉であり、したがって、デモクラシーの本来的な意味は「人民の自己統治」ということができる。古代ギリシャのポリスは、現在の領域国家とは異なり、自由な市民が構成する人的な共同体としての基本的な性格をもち、当初は財産をもち武器を自弁して重装歩兵としてポリスの防衛に携わることのできる豊かな市民だけが政治的発言力をもっていた。ところが、前五世紀のペルシャ戦争において、それまで戦争に直接関わらなかった無産市民も軍船の漕ぎ手として大活躍し、かれらの政治的発言力の増大を受けて、ポリスを構成するすべての市民を担い手とする demokratia が成立していくことになる。

この小規模な政治的共同体であるポリスを基盤とする古典的民主政 demokratia は、次のような制度的特徴をもっていた。第一は、市民権をもつ一八歳以上の成人男子全員が参加する「民会」を中心機関とする直接民主政をとっていたこと。この直接民主政は常日頃からさまざまな機会を通じて共同体験をもち、慣習を同じくする同質性の高い構成員によって営まれていたところに特徴がある。第二は、ポリスの多くの役職が選挙ではなく抽選で選ばれ、原則として毎年交代する仕組みをもっていたこと。これは「人民の自己統治」という原則に忠実であろうとすれば、市民誰もが能力や適性に関係なく政治の運営に携わるべきであるとの考え方に基づくものであった。第三は、市民権をもつ市民の範囲が限定されていたこと。つまり民会に参加して政治に関わることができるのは、市民権をもつ市民に限られ、当時多くのポリスで人口の三分の一を占めていたといわれる奴隷はもちろん、他のポリスからの流入者にも完全な市民権は与えられないことが多かった。とくにアテネでは、両親がともにアテネの市民権をもつことが完全な市民権を得るための条件とされていたため、その範囲はきわめて限定されており、のちに市民権の範囲を漸次拡大して帝国をつくりあげたローマとは著しい対照をなしていた。

こうした制度的特徴をもつ古典的民主政は、次の二つのものに支えられていた。第一は、私生活よりも公共生活を重視する精神すなわち「公民の徳」(civic virtue) である。古代ギリシャにおいて経済活動は家事と同様にきわめて私的な事柄と考えられていたのに対して、政治活動のみが公共の事柄とされて、そうした活動に携わることができるものだけが自由な市民と認められていたからである。そしてこの市民の間には共通の生活体験が必要で、極端な貧富の差はそうした基盤を掘り崩してしまうことが意識されていた。アテネにおけるデモクラシー確立の一つの契機が、部族組織の血縁的なものから地縁的なものへの改組であったのは、そうした事情をよく示すものといえる。

第二は、自由と政治的平等の結びつきであった。古代ギリシャのポリスにおいて「自由」という概念は格別の重要性をもつものであった。なぜなら、自由であることは奴隷でないことを意味しており、人が自由であるためにはポリスを構成する一員であることが不可欠であり、ポリスの存在を離れた抽象的な自由などは存在する余地はなかったからである。そして市民が命をかけてもポリスの独立を守る義務を負うためには、ポリスの運営に関する権利を平等にもつことが必要であった。したがって、経済的繁栄のなかで人々から「公民の徳」が失われ、貧富の差の拡大とともに公共生活よりも私生活を重視する傾向が顕著になると、デモクラシーは形骸化していくことになった。そして若者を惑わした罪によってソクラテスに死刑を宣告したアテネの民衆裁判に象徴されるように、デモクラシーは容易に衆愚政治に堕し、多くのポリスは果てしない政争のなかに巻き込まれていく。市民が「公民の徳」を保持し続けることの困難性と「人民の自己統治」が容易には実現しえないことは、プラトンをはじめ多くの識者が指摘したところである。のちにアリストテレスは、政体の分類においてデモクラシーを悪しき多数者支配として提示したが、この悪しき衆愚政治としてのデモクラシーというイメージは、これ以後西洋の政治思想に一貫して持ち続けられていくことになる。

▼社会契約説と近代政治原理の確立

ここでは現代のデモクラシー原理の原点となった立憲主義や人民主権論などを構成する近代政治原理の成立過程を簡単に見ておく。大航海時代の到来とスペインをその嚆矢とする絶対主義国家の成立は、中世的な宇宙像・政治観を解体させ、また一六世紀初め以来の宗教改革の波は、普遍的教会としてのローマ・カトリックの権威から地域的諸権力を解放することにつながった（一一世紀の「カノッサの屈辱」に代表される世俗権力の教皇権に対する屈服の契機は失われていく）。つまり、ニュートン力学に代表される新しい宇宙像の登場は、すべての存在を神への方向性によって秩序づける世界像の崩壊をもたらし、自然法思想やデカルトに象徴される新しい哲学の登場を促すことになる。一方で、普遍的教会の権威に対する世俗国家の独立の要求は、軍事的強制力と独自の課税権をもった排他的権力としての「主権」（sovereignty）概念を生み出すことになった。国家をさす英語の state やドイツ語の Staat の語源は、ラテン語の stato にあるが、この stato は元来、むき出しの暴力そのものをさす概念であって、したがって「主権国家」とは、まさに他の何ものによっても掣肘《せいちゅう》を受けることのない暴力装置そのものとその作用を意味するものであった。

そうした絶対主義的な主権国家の確立期であった一七世紀半ばのイングランドにおいて、デモクラシーを原理として掲げたのは、ピューリタン革命における水平派（Levellers レベラーズ）であった。霊的な存在としての教会を構成する信徒の間に本来価値の差はないはずであり、人間は生まれながらにして本質的には平等であるとするかれらは、「イギリスに住むもっとも貧乏な者も、もっとも偉大な者と同じく、生きるべき生活をもっている。ある統治のもとで生きなければならないすべての人が、その統治に身をゆだねるには、まずかれ自身の同意がなければならない」と主張して、人民主権の原理を掲げ、さらに普通選挙権を要求して、王党派だけでなくピューリタン革命を最終的に主導したクロムウェルなどとも激しく闘ったのである。このレベラーズの主張は、信仰の意味や共同体のあり方が根底から見直された宗教改革の時期に、宗教的色彩をもって展開された人民主権論であったが、その後新しい哲学的基盤をもったデモクラシーの議論が登場してくる。それがホッブス、ロック、ルソーに代表される社会契約説であった。

一七世紀イングランドの宗教戦争（ピューリタン革命）を経験したホッブスは、『リヴァイアサン』において、ユークリッド幾何学をモデルとしたきわめて合理的な推論を積み重ねて、主権国家（コモンウェルス）の成立過程をたどろうとした。かれは新しい「人間の哲学」とでもいうべき人間観に立って、すでに第一章で述べたように、限りなき自己保存の追求が戦争状態（万人の万人に対する闘争の状態）としての「自然状態」を生み出すことを指摘し、このような悲惨な状態から免れるために、人々は合理的な意思に基づいて社会契約を行い、契約によって成立した政治社会としてのコモンウェルスが創設されたと想定する。この政治社会においては、各人が自然法に基づいて本来もっている自己保存の権利を「主権者」に委譲することがその社会契約の中心的な内容とされ、その強力な主権者の力によって秩序と平和が人々の間にもたらされることが期待される。この場合、主権者は論理的には必ずしも国王である必要はないが、現実的には絶対主義王権をさすものであることは間違いない。『リヴァイアサン』初版本の扉に描かれている、剣を持った王の身体が鱗のような人間によって埋め尽くされている絵は、まさにこのホッブスの論旨を象徴するものである。

このような論理構成によって成立した政治社会においては、臣民の主権者に対する絶対的な服従義務が説かれる。

その理由は、臣民に王権に対する抵抗や異議申し立てを認めることは、社会契約を反故にすることであり、また契約を結んだのは臣民相互であって、臣民と主権者の間には双務的関係は存在しておらず、王権が臣民との関係で拘束を受けることは本来ありえないからである。ホッブスは、無秩序と戦争状態こそが人間にとってもっとも悲惨なものであり、それを避けるためにはたとえ暴君であってもその支配を受け入れることを提唱した。

これに対して、名誉革命期にその生涯を送ったロックは、その政治学上の主著『統治二論』において、ホッブスとは異なり統治権力に対する抵抗権や革命権の存在を肯定する。ホッブスが戦争状態と想定した自然状態に関して、ロックは「理性的かつ勤勉な人間の生産労働」を重視し、神の恩寵を受けた豊かで平和な状態であることを強調する。ただし、人間は完全なものではなく罪悪もしばしば発生することから、人々は自分の生命・自由・財産をより安全なものとするために、社会契約を結んで政治社会を創設したとして、聖書に記された人類の祖先アダムに由来する家父長権的な統治権の正統性を主張する王権神授説を徹底的に批判する。そのうえで、その政治社会における統治権すなわち政府は、社会契約に基づく人民の「信託」によって成立したものであり、もし政府が人民の信託を裏切り続ける場合には、これを打倒し新しい形式の政府を樹立する権利と義務は人民の側に留保されていると説く。

この政府に対する抵抗権・革命権の主張は、以下の独立宣言の一節に示されるアメリカ独立革命の精神的基盤となったと考えられている。

「われわれは、自明の真理として、すべての人は平等に造られ、造物主によって、一定の奪われがたい天賦の権利を付与され、そのなかに生命、自由および幸福の追求の含まれることを信じる。また、これらの権利を確保するために人類のあいだに政府が組織されたこと、そしてその正当な権力は被治者の同意に由来するものであることを信ずる。」

これらの主張は、現実に存在する政治制度に先立って存在する原初的な「人権」概念を基盤としてあらゆる政治秩序を構想していく点において、まさに近代政治原理の中心的理念を意味するものであった。

スイスのジュネーブに生まれて、一八世紀のフランスでさまざまな著述を行ったルソーは、欺瞞と強欲に満ちた文明社会に対する深い絶望からまず『不平等起源論』を著し、人間が再び自然状態におけるような純真さと連帯を取り戻すためには、社会契約による新しい政治社会の創設を図るほかはないことを強調する。ついで『社会契約論』においてルソーは、「人々は選挙のときだけ自由である」とイギリスの代議制を批判し、主権は代表されないとして、徹底した人民主権の原理（主権の帰属先は集合体としての人民以外にはありえない）を主張する。この人民主権の原理は、各人が「一般意志」（volonté générale）の最高指揮に委ねることに合意するという社会契約を結ぶことによって示される。なぜ「一般意志」の指揮下に入ることが望ましいかといえば、真の自由とは、他から強制されることなく、また欲望のままに行為することでもなく「自分の決めたルールに自分で従うこと」だからである。

ただし問題は、この全体意志とは異なるとされた「一般意志」とは何であり、誰がその正邪を判断するかということにある。このあたりの議論はルソーのなかでも論理的に整理されているとは言い難く、人々を導く立法者の存在を想定したり、公民教育を重視する議論（ルソーの著作のなかでもっとも大きな影響を与えているのは、その教育論『エミール』である）を展開したりしている。ルソーの社会契約説は、ホッブスのような哲学的な新奇さがあるわけでもなく、古典的民主政論の系譜を引く共和政モデルを引き写したものといえるが、理性よりも民衆の善なる本性を強調し、諸個人の総体以上の何ものかである「集合的良心」（この概念はデュルケームをはじめとするフランス社会学に受け継がれていく）を体現する新しい共同体の概念を提示したものとして、近代政治原理に大きな刺激を与え続けている。

こうした社会契約説に示された近代政治原理を高らかに宣言したものが、一七八九年の大革命に際して発布された「人および市民の権利宣言」、いわゆるフランス人権宣言である。「あらゆる政治的団結の目的は、人の消滅することのない自然権を保全することである。これらの権利は、自由・所有権・安全および圧政への抵抗である」、「あらゆる主権の原理は、本質的に国民に存する」、「思想および意見の自由な伝達は、人の最も重要な権利の一つである」などを定めたこの宣言に示された、理性に基づく人間の解放を唱えたフランス革命の精神は、ナポレオン戦争とともにヨーロッパ各国に伝播し、各地で激しいうねりを作り出すことになる。しかし、ナポレオン没落以後のウィーン会議では、旧秩序にヨーロッパを戻すことが定められ、以後各地で自由主義運動との激しい衝突を生み出すことになる。普遍的人権と立憲主義にたつ近代政治原理を具体化する作業は容易ではなかった。

▼立憲主義と自由民主政論

一六八九年にイギリスで出された「権利の章典」は、名誉革命以後の混乱を収拾して王権を制限し、現在の基本的人権の原点をなす諸規定を定めた「立憲主義」の考え方を宣言したものであった。絶対主義国家の成立とともに課題となった専制的君主権に対抗し、いかに個人の自由を守っていくかという問題に対して、ここでとられたのは、国家権力によっても侵されない領域を確保しようとする「自由主義」の原理であった。ただし、元来この自由主義という原理は、中世における貴族や聖職者の身分的特権を起源とするものであり、本来的にはデモクラシーと相容れない要素をもつものであった。自由主義と民主政をどのような方式によって接合していけば個人の自由を確保していけるかは、立憲主義に基づく政治秩序を模索するうえで大きな課題となった。

この課題に対する第一の応答は、アメリカ合衆国の連邦憲法に典型的に見られた権力分立論である。イギリスの支配から離れたアメリカの一三の州（State）は、当初ゆるやかな結合体を形成しているに過ぎず、連邦憲法をいかに制定するかをめぐって、連邦の権限を強化しようとした「憲法」の批准を積極的に推進しようとしたグループと、連邦憲法について否定的なグループとの対立が激しくなっていった。連邦憲法の定着を推し進めようとしたジェファーソンらのグループは、『ザ・フェデラリスト』と呼ばれる刊行物による集団を形成し、共和政という政体を大きな領域と代議政体のなかで実現する試みとして、人間の道徳的性格を変えることをめざす古典的共和政モデルではなく、人間の衝動が互いに相殺し合い、そうとは意図することなしに共通善に向けられるような代表の原理をもって構成された共和政を提唱し、その制度原理として徹底した権力分立論を主張した。アメリカ合衆国の権力分立論は行政・立法・司法の厳格な三権分立の原理が有名であるが、権力分立の考え方はそれだけに留まらない射程をもつもので、イギリスの議会政治に見られるような党派性の悪弊や多数派支配の横暴を、連邦制や大統領制の導入、上院・下院の権限分割、司法の積極的役割によって制度的に克服しようとする狙いをもつものでもあった。

強大な近代国家の権力から個人の自由をいかにして守るかという課題に対する第二の応答は、国家と市民社会を原理的に分離しようとする一九世紀イギリスの新しい自由主義の展開であった。この新しい自由主義の思想的基盤には、イギリス功利主義哲学があった。ベンサムの有名な言葉「最大多数の最大幸福」の原理を掲げるこの功利主義は、自然権の保障ではなく、功利の最大化こそが正義の原理であるとして、土地貴族の支配下にあった議会の改革を主張して、選挙法改正運動に大きな影響を与えた。しかし、その結果として危惧される多数派の専横に対する歯止めとして、いわゆる「政治的なるもの」の限定を主張していくのが、同じ功利主義の原理に立ちながらもその改革を試みたジョン・ステュアート・ミルであった。かれは『代議制統治論』を著して選挙法改正を支持するとともに、個人主義的な自由主義を擁護し、社会が個人に対して行使する権力の限界はどこにあるかを確定しようとして『自由論』を著す。ミルが『自由論』のなかで強調するのは、思想と言論の自由であり、あくまでも個人の自発性を尊重しようとする「消極的自由」の原理であった。

▼組織化の時代の民主政論

これまで述べてきたデモクラシーと自由主義を接合しようとする試みに対して、一九世紀には、産業化の進展を受けた組織化社会にふさわしいデモクラシー像を模索する動きも出てきた。その一つがマルクス主義である。ヘーゲル哲学の強い影響を受けた哲学者としてその歩みを始めたマルクスは、「個人」の自立性を自明の前提とする自由主義を批判して、政治生活の単位を「個人」におくことはそもそも可能かという疑問を提示する。マルクスの社会認識における特徴は、諸個人は相互作用のなかにしか存在せず、本来人間は「類的存在」であるとする基本的視座である。したがって資本主義の根本的欠陥は、貧富の格差による労働者の貧困や恐慌の発生による失業などの問題だけでなく、労働者としての人間が労働力として「商品」化され、他の人間や周りの環境とのつながりを失って、人間にとって本質的な意味を占めるはずの労働が「疎外」された（本来の姿を失った）状態に転化してしまうところにある。

資本主義社会における人間の疎外を克服するため、マルクスは革命による経済社会体制の根本的転換が必要であると説く。政治権力の基盤に関して、上部構造（国家、法制度）は下部構造（生産関係）によって規定されるとするマルクス主義は、政治権力を階級対立の所産、階級支配の道具と捉えた。革命によって労働者に対する搾取が消滅し、階級対立がなくなれば、政治権力はその存在基盤を失い、一八七一年に成立・崩壊したパリ＝コミューンをモデルとするようなコミューン型自治組織が成立すること、そしてそうした国家権力の存在を否定したコミューン型の直接民主政こそが、これからの真のデモクラシーであると想定した（ただし実際のパリ＝コミューンにおいてインターナショナルな革命を主張するマルクス派は大きな影響をもちえなかった。コミューンで活躍した多くの人物像は作家大佛次郎の『パリ燃ゆ』に活写されている）。

しかし、現実には階級支配の終焉は、政治権力や国家の死滅を導くものではなく、むしろ政治権力が絶対化する危険性を内包していた。たとえば一九一七年のロシア革命以降成立したロシアの「社会主義」国家（ソヴィエト政権）は、政治権力を有効にコントロールする制度や原理を十分に形成しえず、レーニンが指導するボリシェヴィキ

（共産党）による政権独占から、さらには個人（スターリン）への権力集中が起こる結果を招いた。一九八九年のベルリンの壁崩壊を契機とするソ連邦・東欧諸国の体制転換をどのように捉えるべきかについては多くの議論があるが、経済的社会的平等の実現は、仮にそれが実現したとしても、デモクラシーが成立するための必要かつ十分条件とはいえないことが私たちの前に示されている。

二〇世紀初頭以来の大衆民主政と集団の叢生を契機とする組織化時代のもう一つのデモクラシー論に競争的エリート主義の議論がある。「技術革新」（innovation）の重要性を梃子にした経済変動理論を構築したことで知られる経済学者シュンペーターは、後年『資本主義・社会主義・民主主義』を著して、組織化時代の新しいデモクラシー論を提示しようとした。シュンペーターによれば、「人民の自己統治」を原理とする古典的なデモクラシーの原理は、現実にはフィクションに過ぎず、もしこれをもって現代のデモクラシーの定義とするなら、それは欺瞞以外の何ものでもないと指摘する。なぜなら、普通選挙制によって政治の主人公とされた「人民」の大多数は現実感覚と責任感に欠け、とても政治的決定の担い手などにはなりえないからである。

それでは現代におけるデモクラシーとは何かという問いに対して、シュンペーターは、潜在的な政策決定者（政党、候補者たち）が投票における人民の支持を求めて行う競争の過程こそがデモクラシーであると考えた。そこでは古典的民主政論における「公民の徳」といった規範的要素は最初から放棄され、政治家のリーダーシップの過程を実証的に考察することが重視されたのである。こうしたシュンペーターの議論は、現代の投票行動分析における、有権者は政治について十分啓発されてはいないが日常生活の経験に基づく合理的決定を行う能力はもっているとする見解に合致するともいえる。

三　現代のデモクラシー論

▼多元的民主政論

これまでの議論に見られるようにデモクラシーの概念は、論者によってその意味内容に大きな差異があり、この概念を使って議論をすること自体にかなりの困難性を見ることも少なくなかった。そうした状況のなかで、すでに権力論のところで少し取り上げたように、アメリカの地方政治における権力の多元的分布に着目したダールは、多元主義（pluralism）をデモクラシーの実態を分析していく基本的枠組みとして活用しようとする。そこで想定された（現実のアメリカ政治の分析から演繹された）モデルは、政治過程における集団間の自由な競争・抗争の契機を重視し、そうした複数の社会集団（利益集団など）の競争によって一部の特殊利益が突出することなく、政策過程において全体として公共の利益に近いものが形成されるとする考え方であった。つまり、「多数者の意思」による統治をめざすデモクラシーは、その多数者がさまざまな人々や集団の多様な組み合わせのなかで立ち上がってくることにおいて、一つの少数派による統治としての独裁政治に対して、競争的な複数の少数派による統治として特徴づけられることになる。その意味でデモクラシーは、さまざまな集団が政治的執権に接近する可能性をもった「開かれた」政治過程によってその存在を担保されることになる。ダールの提唱する「多元主義」の意味はここにある。

デモクラシー（民主政国家）は可能な最善の国家であるとするダールのデモクラシー論は、こうした多元主義モデルを基本としながら、さらに「ポリアーキー」（polyarchy）という新しい概念を提示していくことで精緻化がめざされていく。この「ポリアーキー」とは、目標としてのデモクラシーとは区別された新しい概念で、実態としての民主化の過程そのものをさすとされる。ダールはこのポリアーキーの概念を用いて、選挙権や公職へのアクセスなど政治参加における包括性（包摂）と、体制に対する反対派のもつ自由の程度・許容度（公的異議申し立て）の度合いという二つの次元によって、世界各地の民主化の発展を比較する枠組みを提示した。たとえばイギリスは、名誉革命以後の議会主権の確立によって、公的異議申し立ての次元では早くから大きく前進したが、選挙法改正や公職就任の非国教会徒への開放などは容易には進まず、包摂の次元では大きく遅れたといった分析視角である。

多元主義モデルを前提にポリアーキー論という新しい概念を提示したダールの議論は、現代の混迷するデモクラシー論に大きな波紋を投げかけるものであったし、政治発展を主題とする比較政治の視点からも大きな注目を集めた。しかし、こうしたダールの議論に対しては、主として次の二点から大きな疑問が提示された。第一は、ダールの提示している「民主化」概念は、さまざまな政治文化のなかで普遍的な価値たりうるのかという問題提起である。とくにダールらの議論が、政治参加の形態や政治的コミュニケーションのあり方においてアメリカの政治から演繹された諸概念の優位性を暗黙の前提としているのではないかとする点である。

第二は、ポリアーキーがかなりの程度実現されていると考えられていた政治社会において、政治体制の正統性を根底から問い直すような動きが頻発したことである。とくに「一九六八年」の反乱と呼ばれるように、学生反乱に端を発しド・ゴール政権を崩壊寸前にまで追い込んだフランスの「五月危機」や、チェコにおける自由化運動である「プラハの春」、アメリカのヴェトナム反戦運動、さらに多くの大学が激しい紛争に巻き込まれるなど若者の反乱が一九六八年を中心に世界各地でほぼ同時に発生した。そのなかでは既存の価値観の抜本的見直しが模索され、デモクラシーのもつ欺瞞性が大きくあぶり出されることになった（ただしこうした若者の反乱の原因が何であったのかについては諸説があり、中国の「文化大革命」のように政治権力によって作り出されたとする見方から、第二次世界大戦後のベビーブーム世代がちょうど成人しポストが不足したことに起因するとする見方まで多様である）。こうした状況のなかで、ダールも一九七〇年代以降、デモクラシーの多様性とその実現を阻む諸条件に関する議論を展開していくことになる。

▼現代のさまざまなデモクラシー論

「一九六八年」の反乱に示されたような現代政治に対する大きな異議申し立てを受けて、現代世界ではさまざまな新しいデモクラシー像の模索が続けられている。その第一は、参加民主政論である。参加民主政論にはさまざまな立場があるが、その一つは現代民主政への根本的な不信を背景に、環境、福祉、フェミニズムなど二〇世紀前半にはあまり取り上げられてこなかった新しい争点を掲げ、代表制デモクラシーの形骸化を指摘して、政治参加の新しい可能性を追求しようとするものである。とくに環境問題を中心的課題に掲げる環境保護政党の登場には、この参加民主政との強いつながりがあると考えられる。こうした団体のなかには、議員を送り出す場合でもメンバーが職業的政治家になるのを防ぐため、現職の再選を認めず選挙のたびごとに候補者を交代させるところもあるなど、代議制政治のなかでもあくまでも「参加」という契機に重点をおいた運動を展開するものも見られる。また社会的・経済的な抑圧のなかで、政治参加よりも急進的な直接行動による現状打破をめざしていた人々のなかにも、投票や請願など政治過程への参加によって漸進的な社会改革が可能であるとの考え方を浸透させることも、デモクラシーにおける政治参加に新たな局面を拓くものといえる。

第二は、討議型デモクラシー論である。デモクラシーにおいて「討議」(deliberation)の契機が重要であることはいうまでもないが、この討議型デモクラシーは、討議というプロセスを通して公共空間を再構築することをめざす。つまり、自己の立場や主張を強引に押し通すことや、ダールの多元主義論で展開されたような集団間で利害の調整を図ることよりも、討議によって各自が自己の立論の根拠を再検討し、それを絶えず見直すことが期待される。そこでは、仮に最終的には多数派の提案が採用されるにしても、徹底した討議を通じての共通のルール作りや、少数派や反対派に対する「説明責任」(accountability)が重視されることになる。

第三は、ラディカル・デモクラシー論である。このラディカル・デモクラシーは、徹底した討議や熟慮を市民に求める点では討議型デモクラシーと共通する要素をもっているが、必ずしも合意形成をめざさない点に特徴をもつ。民族的少数派やジェンダーに基盤をもつ運動など多様な自己規定（アイデンティティ）を表出する場を確保することを重要視し、むしろさまざまな対立や紛争の残存こそが、デモクラシーが十全に機能している証であるとする考え方といえる。つまり、デモクラシーを常に未完成なプロセスそのものとして捉える視点ということができるだろう。

さらに第四として、ステークホルダー・デモクラシーと呼ばれる議論がある。これは広義の利害関係者を政策協議の場に加え合意形成を図っていく必要があるとする議論である。たとえば、二〇一一年の大震災における原発被災の事例に示されたように、原子力発電所の立地地域以外の広範囲に被害が及んだことをどのように受け止め、政策協議・立案の主体を形成していくかといった問題である。ただこの議論はまだ緒についたばかりであり、広範囲の利害関係者の合意といってもそれを公益と考えることは可能なのかなど、今後整理すべき論点は数多い。

これまでいろいろと見てきたように現代のデモクラシーをめぐる議論は多岐にわたり、あるべき民主政の姿が一つに収斂しているといえるような状況ではない。しかし、そのことは民主政の不安定性を示しているというよりも、むしろその豊かな可能性を示唆するものと考えることが可能であろう。

こうした新しいデモクラシー論に加えて、近年では、国民国家を超えたデモクラシー像を模索するグローバル・デモクラシーの議論も存在する。グローバル化の時代に国民国家規模の民主政を補完する、地域的・地球的レベルの民主政の実現をめざすグローバル・デモクラシーについては、その成立は幻想的だとする否定的な見解から、それを実現しなければ国民国家レベルの民主政も機能しえなくなるだろうとする見解などさまざまな立場からの言及が見られ、グローバル化した世界における政治生活の基本的単位を問う大きな論点となっている。グローバル・デモクラシーをめぐる議論は緒についたばかりであり、その具体的イメージはまだ漠然としている。しかし、あえてその青写真を示すとすれば、世界連邦的なものを志向するのではなく、いくつかのレベルの機関が作り上げる重層的構造によって担われるものであると考えることができる。イギリスの政治学者D・ヘルドの議論（『民主政の諸類型』）を中心として、グローバル・デモクラシーを成立させるために必要とされている枠組みについて、以下に簡潔に示してみることにする。

第一に、政体（統治様式）governance の問題に関しては、国連の主要統治機関の改革、とくに安全保障理事会と総会など矛盾した二つの代表原理などの是正が必要であり、そのためには従来の国連憲章に代わる新しい原理を組み込んだ憲章の創設が要請される。第二に、新しい会議体の創設。これは現在のヨーロッパ議会よりももっと強い権限、たとえば一定の財源徴収力などをもつ地球議会的なものが想定される。第三に、政治的地域結合の強化。これはいわゆる地域統合だけでなく超国家的なレファレンダムの活用なども想定される。第四に、新しい国際的な人権裁判所の設置。これは現在の国際司法裁判所を拡大・発展させ、国家主権の枠を超えた個人の救済も視野に入れたものとなることが期待される。第五は、実効的な国際的軍事力の確立。具体的には平和維持活動の拡大などを踏まえ新しい原理によって構成される国連軍のようなものと考えられる。また、こうした政治的要因だけでなく、非国家的・非市場的解決方法の強化や、経済における所有と占有パターンの多元化など経済・市民社会の領域にわたる構造改革も要請される。さらにこうしたグローバル・デモクラシーが成立するための一般的条件としては、地球的規模での「運命共同体」への理解の深まりが必須の課題とされる。

ここまで試論の形で示したグローバル・デモクラシー論は、デモクラシーがグローバル資本主義を制御する政治原理たりうるのかという根本的な論点を惹起させる。現代世界におけるさまざまな政策課題に対処していくためには、国民国家の枠組みを超えた合意形成が不可欠なことは自明であるが、それをデモクラシーの原理が担いうるのかは現段階では明確になっていない。むしろ現在危惧されているのは、グローバリズムがデモクラシーを実質的に破壊する方向に進む危険性であり、対テロ戦争を標榜する新たな帝国主義的支配が世界大で生み出される可能性である。

▼民主化の「第三の波」

現代の民主政をめぐる議論で一つの焦点になるのが、政治体制の転換としての「民主化」をめぐる諸問題である。これまで述べてきたように、現代世界においてデモクラシーが、政治的正統性の有無を判断する際の根本的基準となっているとすれば、「民主的」でない政治体制から「民主的」なそれへの転換がなされているかどうかは決定的に重要な問題である。しかし、繰り返すように何をもって「民主的」と定義するかに関しては必ずしも広範な合意は存在しない。この問題に関して非常に大胆かつ刺激的な論考を提示したのが、アメリカの政治学者S・P・ハンチントンの『第三の波』である。

ハンチントンは、二〇世紀後半における世界の「民主化」を一八世紀以来の世界史の大きな潮流のなかに位置づけて考察しようとする。かれはまず問題となっている「民主化」を「自由で公正な選挙によって選ばれた政権をもつ政府の成立」と定義し、非民主的体制（権威主義体制）から民主的体制への転換が大きく進んだ時期がこれまでに三度あったと指摘し、それらを民主化の波と名づける。第一の波は、一八世紀末のアメリカ独立とフランス革命から始まるもので、第一次世界大戦まで緩やかに続いていくとされる。第二の波は、第二次世界大戦後、デモクラシーを奉ずるアメリカを中心とする連合軍の占領と植民地支配の終焉によって起こったとされ、主として日本・ドイツに代表される権威主義的な体制の崩壊とアジア・アフリカ諸国の独立に示される。そして一九七〇年代以降が「第三の波」で、具体的には一九七四年のクーデターによるポルトガルの独裁政権の終焉を嚆矢として、世界各国で権威主義体制が崩壊し、一九八九年ベルリンの壁崩壊に象徴される東欧諸国の政変にそのクライマックスを迎える一連の転換が世界各地で進行したとする。ハンチントンの議論はすでに述べたダールのポリアーキー論などとは異なり、民主化過程を世界に共通した一つの大きなうねりとして捉えた点にその特徴をもつ。

「第三の波」をもたらしたものとしてハンチントンが指摘するのは、次のような要素である。第一は、正統性の衰退と業績についてのジレンマ。つまり、権威主義体制（たとえば、韓国の朴正熙政権やインドネシアのスハルト政権）がその支配の正統性の根拠としてきた急速な経済成長と豊かさの実現は、それがある程度達成されてしまうと政権の強圧的支配を合理化する根拠にはなりにくくなり、豊かさを実感した国民にとって権威主義的支配は桎梏以外の何ものでもないように感じられる。第二は、経済発展と教育レベルの向上。この点はとくにソ連邦のゴルバチョフ政権について指摘される。従来型の指導者に代わりゴルバチョフを政権に押し上げたのは、高学歴の党官僚や知識人であったが、いったん改革が始まると広範な知識と豊富な経験をもつ高学歴者たちは共産党支配の枠組みそのものを問い直し始めていく。第三は、宗教上の変動、とりわけカトリック教会が果たした役割。従来政治的には保守的な役割を演じることが多かったカトリック教会が、第二回ヴァチカン公会議開催以降人権の尊重などを謳い、またポーランド出身の教皇ヨハネ・パウロ二世が積極的にデモクラシーの擁護を唱えたことなどが、とくにヨーロッパやラテン・アメリカ諸国の民主化において大きく影響した。第四は、国際社会からの要因、とくに人権の国際化の動き。ヨーロッパでは冷戦構造の溶解とともに人権の国際化の動きが強まり、権威主義体制のもとでの人権抑圧に対して、従来の内政干渉という批判を超えて大きな国際世論の圧力がかかり始めた。第五は、デモンストレーション効果。これは東欧革命に典型的に示されたように、一国の動乱がマスメディアの報道によって周辺の国々を刺激し、予想以上の大きな政治的潮流が生み出されたということである。

こうした要素によって「第三の波」が徐々に大きなうねりとなって世界を覆ったと指摘するハンチントンの議論にはさまざまな問題点もある。とくにアメリカ的政治文化をデモクラシーの典型とみなすなど、その議論には多くの先入観が含まれているのはいうまでもない。しかし、現在世界の民主化に関する一つの大胆な仮説として、大きな意味をもつものと考えることができるだろう。

▼「民主化」過程における諸問題

これまで述べてきたハンチントンの議論においても、その概念化が容易でないのが、政治体制の移行という通時的現象をどのように把握するかである。『第三の波』においては、「革命」・「転換」・「移行」などの諸概念が用いられているが、それらの概念区分が明断とは必ずしもいえない。また、こうした政治体制の移行をめぐる議論でしばしば問題となるのが、一九八九年以降の東欧諸国やソ連邦の政変を「民主化」として一括して捉えることの問題性である。これらの国々はそれぞれ歴史的背景の違いによって政治社会秩序に大きな違いをもち、「東欧革命」と呼ばれた政変やその後の経過に関しても大きな多様性を抱えているにもかかわらず、ほぼ同種の「民主化」という概念で同列に語られることが多い。しかし、たとえばソ連邦解体後のロシアで、大統領に半ば独裁的な強力な権限が集中し、重要な決定は議会ではなくほとんど大統領令によって行われていることや、反体制的なジャーナリストが次々と謀殺されている嫌疑があることなどを考えると、いわゆる「民主化」によってどの程度権威主義的体制が変革され、言論の自由をはじめとする市民的自由が確保されているのかについては慎重な検討が必要であろう。

「民主化」過程をめぐる問題のなかでふれておくべき問題として、ここでは二つを取り上げておく。一つは、民主化以後旧来の権威主義的体制をどのように取り扱うかである。政治体制の変革によって政権が交代しても、官僚組織、裁判官、警察、軍隊などの旧体制の権力機構は、形こそ変わっても実質的には残存していることが多い。そうした旧来の権力機構を徐々に変革していくためには、いわゆる「革命」に費やした数倍の粘り強い努力と試行錯誤が必要である。それだけでなく、旧体制下で弾圧され獄につながれていたり、家族が殺害されたりした人にとっては、民主化以後そうしたかつての弾圧者たちと和解していくという大きな課題が残されている。和解は容易なことではないが、かつての弾圧者たちを大量に処刑したりすれば政治体制をまた不安定にするだけであろう。

二〇〇万人が同胞によって虐殺されたとされるポル・ポト時代に、自分以外の家族がみんな殺されるなかで奇跡的に生きぬいて、のちに来日し日本人と結婚した久郷ポンナレットは、その著作『虹色の空』のなかで、三〇年ぶりに訪れたカンボジアの地で現地に暮らす「加害者」と会い、多くの犠牲者を弔う活動に参加する。「赦すことは簡単なことではありません。でも、憎むのでない方法を私は探したかったのです」と述べる彼女が抱いているのは、有名な仏典の法句経（ダンマパダ）で説かれている「この世においてもろもろの怨みは、怨み返すことによって決して鎮まらない。そうではなく、もろもろの怨みは、怨み返さないことによって鎮まる。これは永遠の真理である」という篤い信仰である。

第二は、民主化の手法に関することである。たとえば、NATO軍による「人道的介入」を名目とするセルビアへの空爆やイラクへの米・英軍の侵攻は、それぞれの地域における「民主化」の手段としてどの程度まで正当化しうるであろうか。これらの問題をめぐっては国際法上また国際政治の観点からもさまざまな議論があり、紛争の歴史的経過を含めて論点を整理することは容易ではない。ただし、こうした軍事的介入を民主化の過程に関する問題として考察すれば、一つの政治社会における「民主化」を対外的な圧力によって進めることは、デモクラシーの安定にとって不可欠な成員相互間の信頼関係や対話の精神にとって大きな傷跡を残すことである。ユーゴスラヴィア内戦においては図書館などの文化施設が双方によって意図的に破壊された。このことは、民族や宗教がモザイク状に存在していた地域における「共生」の歴史そのものを抹殺しようとしたことに他ならない。このように地域社会で繰り返された暴力は、それを経験した人間の記憶だけでなく、子どもたちに語り継がれることによって決定的な負の遺産となることが懸念される。

エジプト出身のブトロス・ガリ元国連事務総長は、国連報告『民主化のためのアジェンダ』において、「民主化」をたんなる選挙による政府の選出だけに限定されない「より開かれた、より参加的で、より権威的でない社会にいたる過程」と定義し、デモクラシーをさまざまな制度や機構を通じて、人民の意志に依拠した政治権力を具現化する統治システムであるとした。そのうえで「民主的に選出された政府に与えられる正統性は、他の民主的国家の人々への尊敬をもち、国際関係における交渉や妥協、法の支配への期待を促進する」と述べて、民主化と平和との強い結びつきの意義を強調している。かれが強調するのは、民主化過程に伴うさまざまなコスト（行政、法制度の整備や選挙監視など）を国際社会が負担することは理にかなった行為であり、紛争の再発を防ぐうえでもっとも効果的だとする視点である。今後の世界の「民主化」過程の問題を考察するうえでは、こうした国際社会の関与とともにその地域の伝統文化、とくに宗教文化とデモクラシー原理との接合をスムーズに進めることが何よりも枢要な課題であると認識することが重要であろう。

第6章　首相か大統領か

■比較政治制度論

仕事をしたり学校に行ったり食事を作ったりする日常生活が、政治の大きなうねりによってある日突然壊されたとしたら、私たちは何を考えるだろうか。ヒトラー政権下のドイツにおいて人々が政治体制の転換を受けて、しだいに狂気のような反ユダヤの渦に巻き込まれていく様子を、自らの体験として一人のドイツ人少年の目から描いた作品に『あのころはフリードリヒがいた』がある。その本の著者でのちに社会心理学者となるハンス・ペーター・リヒターと豊かなユダヤ人家庭に生まれた友人フリードリヒは、同じアパートの一階と二階に住む隣人で、生まれた日も一週間しか違わず学校でも隣に机を並べる親友だった。ところがヒトラー政権が成立したころからかれらの住む街にも反ユダヤの嵐が吹き始める。フリードリヒの一家は、アパートの家主からは立ち退きを請求され、その後もアパートの部屋をめちゃくちゃに壊され、母親は医師の治療も十分に受けられずに死亡してしまう。しだいに激しくなる迫害に対してハンスの父親などはフリードリヒの一家に逃亡をすすめる。しかし、フリードリヒの父親は、どこにも行くあてがないこと、これまでも迫害のなかでもわれわれは生き抜いてきたこと、まさかこれまで付き合ってきた人々がこれ以上の不埒な行為には及ばないだろうと考えてこの地に留まる。しかし、第二次世界大戦が始まり、ついに父親らは逮捕されてしまう。たまたま難を逃れたフリードリヒもこの街が激しい空襲を受けた日に、皆が入っていた防空壕から射撃と爆撃で一刻の休みもない轟音のなかへ追い出されてしまう。空襲の終わった後、かれの屍がアパートの入り口から下の道に蹴り出されているのをハンスが目撃するところでこの本は終わっている。

それまで隣人や仲間として付き合っていた人々が、ファシズム体制の成立という政治の大きなうねりのなかで豹変すること、フリードリヒを死に追いやったのはナチスの秘密警察や軍隊ではなく、ごく普通の街の人たちであったことなどを克明に描いたこの作品は、児童文学でありながら幅広い年齢の人々に大きな感動を与えた。ハンスはのちにこの作品の続編として、ナチスの青年組織ヒトラー・ユーゲントに入団した自らの経験を基に当時の少年の姿を描いた『ぼくたちもそこにいた』と、志願して従軍した（かれはこのとき左腕を失う）ドイツ軍の実態を記した『若い兵士のとき』を書き、この時代がいったい何であったのかを、自らその狂乱の渦のなかにいた青少年の目線で描いている。

政治体制の転変によって私たちが信じていた人間性が簡単に失われてしまうことは、もちろんナチス時代だけのことではない。作家堀田善衛はその『方丈記私記』のなかで、かれが目にした一九四五年三月の東京大空襲直後の下町の情景を次のように描いている。焼け跡に突如憲兵が立ち始め、やがて外車の列があらわれて、そのなかから軍服姿の天皇が降りてくる。集まってきた人々はその前に土下座をして、涙を流しながら、〝私たちの努力が足らずむざむざ焼いてしまいました。まことに申し訳なく生命を捧げまして〟といったことを呟いている。この情景に衝撃を受けた堀田は、次のように自問する。一夜で一〇万人を超える死傷者を出しながら、〝なぜ生きることを考えずに、死ぬことばかり考え、死の方へのみ傾いていこうとするのか。なぜ、死が生の中軸でなければならないように政治は事を運ぶのか〟と。ファシズム体制といえども、それは決して天から舞い降りてくるものではなく、私たち自身によって支えられたものである。したがって、その体制のなかで行われたことの責任はやはり私たち自身が担うほかはなく、一時の狂乱に踊らされただけだとして責任の回避を図ることは、新たな悲劇を生むことにつながるだろう。どのような政治体制を望むべきかの答えは、一人ひとりの日常的な行為の意味を考えることなしには見出すことはできない。

一　政治システムと政治体制

デモクラシーの原理、すなわち「人民の、人民による、人民のための政府」を具体化するものが政治制度であり、それらを成文憲法の形で明確に規定することが立憲主義の考え方である。日本語の憲法という言葉は、聖徳太子の定めた「十七条憲法」に起源をもつと考えられ、大日本帝国憲法は「不磨の大典」（決して消えてしまうことのない永遠の教え）などと呼ばれたが、英語のConstitution（憲法）は、元来建物の基本構造をさす言葉である。つまり、憲法とはその政治社会を規範的に構築（constitute）している諸制度の基本的枠組みという意味である。諸国家において憲法に規定されている政治制度に関わる議論は多岐にわたるが、それらをあえて整理すれば、第一に、国民の政治参加の仕組みをどのようなものにするかという問題、第二に、権力機構となる諸機関の権限やそれらの相互関係をどのように規定するかという問題に分けることができる。つまり、前者は「人民の、人民による」という人民主権の原理をどのように具体化できるかの問題であり、後者は「人民のための政府」という統治原理をいかに実効力あるものにし、権力の暴発を抑制するかという問題である。

人民主権の原理を具体化し実効力ある政府（執行権）を構成するためには、政府が統治能力をもつだけでなく、国民代表機関としての議会が、政府と人民の意思とをつなぐ双方的コミュニケーションの場として機能する必要がある。元来政治機構には、実質的な議論をする評議会のような合議体と、それを批准・承認する民会のような機関という二元的構成が必須とされ、民会のような機関では政府の決定・方針に対して忌憚のない意見を表明することが要請されてきた。したがって、議会における公開の討論に対して説明責任をもつ政府と、議会における議論の掣肘を受けることのない政府との間には大きな違いがある。こうした観点から、英国議会（Parliament）では首相が与野党議員の質問を次々に受けて討論する時間が設定されており、この丁々発止のやり取りはＴＶで中継され、国民の政治への関心を引き出す上で大きな役割を担っている。現代の政治分析はこの双方向のコミュニケーションのあり方にはあまり着目しない傾向も見られるが、政治における説得や同意の契機はやはり重要である。議会は立法機関であるとともに、（マスメディアの流す一方的な情報ではなく）活発な討論を通じて「世論」に影響を与えることにその重要な役割をもっている。

▼政治システム論

憲法に規定されるさまざまな政治制度の相互の関係および政治制度が全体として私たちの政治生活をどのような形で規定しているかに関する分析については、規範の束としての法体系の位置づけだけでなく、それらが実際にどのような形で運用されているかを考察することが求められる。現代政治学においてこの課題と正面から向き合って、狭義の政府論に留まらず政治分析の新しい地平を切り開いたのが、政治システム論の考え方である。

イーストンに代表される政治システム論の考え方は、すでに述べた行動論の立場に立って、政治生活を行動体系として見るという基本的立場から構成される。政治システム論の基本的な考え方は、全体を原子論的な要素に還元して理解しようとするのではなく、さまざまな相互作用そのものがシステムの単位であり、政治システムをそうした相互作用のセットとして捉える。イーストンは「政治分析の基本的な目的は、政治システムがいかにして存続していくかを理解することである」（『政治分析の基礎』）と述べて、変化する状況のなかでこのシステムが常に一定の安定性（恒常性）を保とうとする点を強調する。この考え方の背景には、生物（有機体）が環境との作用・反作用の

図2　イーストンの政治システム論

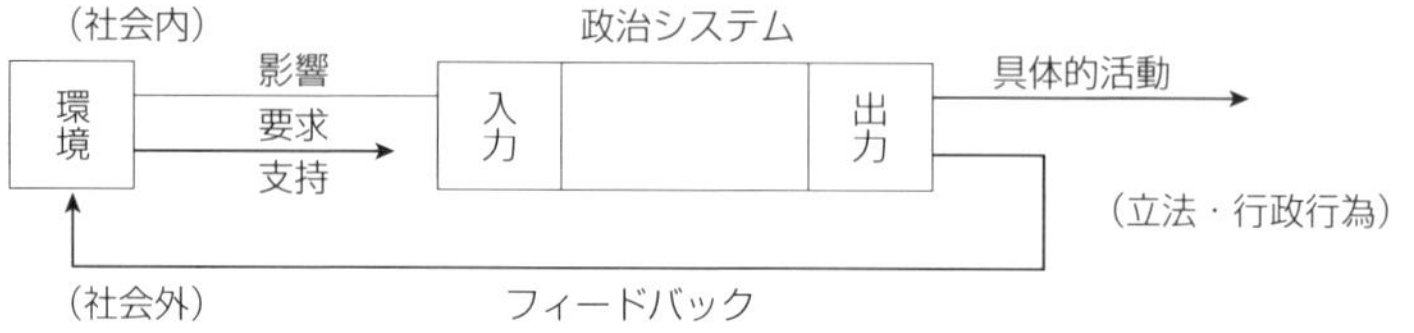

なかで均衡を保ち、自己同一性を保持することと同種の生命過程のようなシステム像が想定されている。こうしたシステム論の考え方はパーソンズら社会システム論の考え方とも共通するもので（パーソンズは社会科学に転じる前は生物学者であった）、環境に応じて自らを変革していく能力をもつことが強調される。

すでに第一章で述べたように、イーストンは政治を「社会に対する諸価値の権威的配分を行う」システムと定義し、その意味で社会システムのなかで独自性をもつことを強調する。政治システムは「環境」（environment）から絶えず影響（システムへの入力としての要求・支持）を受け、そのストレスに対応して自己の存続を図るためさまざまな反応（要求の出力への転換）をするが、その際「環境」についての情報がシステムにもたらされることが重要である。これをフィードバック機能といい、そうした開放系の存在がシステムの存続には不可欠とされる。イーストンの政治システム論をきわめて簡略化した形で示せば図2のようになる。

この図2を理解するために重要なことは、イーストンの政治システム論は、あくまでもさまざまな政体や体制に適用できる「一般理論」を志向している点である。たとえば「環境」には社会内と社会外（国際的要因）があり、前者はさらに自然環境や生物システム、経済システムなど多くのものに分けられるとしているが、その内実がどのようなものであるかはほとんど問われていない。重要なのは政治システムの存続そのものだからである。

具体的に政治システム論において一つの「政治システム」は、現在世界に存在している「国民国家（Nation State）」をそのまま一つの単位として想定している。したがって政治システム論の議論では、一つないしは複数の民族（Nation）を基本的単位として構成された政治組織体（State）は、憲法など法制度と行政組織を整備し、主権国家として対外的に自立性を認められた政府をもつという国民国家の安定性を自明の前提としていることはいうまでもない。その意味では一九九〇年代以降、東欧などで国民国家が分裂し新しい国家が次々に誕生したことは、政治システム論が前提にしてきた基本的政治生活の単位としての国民国家の安定性を大きく揺るがすものであった。

これまで見てきたように政治システム論は、従来の国家論や政体論のような政治体制の「構造」ではなく、政治システムという「機能」に着目するがゆえにきわめて抽象度の高い政治分析の手法を生み出すことに成功した。しかし、こうした政治システム論に対しては、中心的概念の一つである「政治システム」そのものの概念が不明確ではないかという批判が繰り返されてきた。こうした批判に対して、イーストンは政治システムを三層構造の形で概念化しようとする。その三層構造は、基底部分を「政治的共同体」（political community）、中核部分を「体制」（regime）、もっとも上層部分を「政府」（government ないしは authorities）とするものである。

しかし、このように本来機能的な分析枠組みであった政治システム論に構造的な政治体制論を組み込もうとすることはかえって議論を錯綜させ、システム論がもっていた一般理論の志向性を大きく損ねるものでもある。とくに政治的共同体を政治システムの内部に取り込むことは、政治的共同体はまさに環境そのものではないかという当然の批判を巻き起こさせる大きな問題であろう。「國敗れて山河あり」（杜甫）とはいうが、戦争や革命によって国家が滅亡や分裂した場合に、これをシステム論の立場からどのように理論づけするかは大きな課題として残されている。むしろ、こうした構造的要素はまったく考慮しない純粋に機能的なものとして政治システムを構想する考え方もあるが、その際はその政権がデモクラシーであっても、強権的な専制支配であっても、対外的な独立を維持し経済成長等で順調な勢いを示していれば、両者の間に本質的な差異は存在しないことになってしまうとする批判が絶えない。

また、政治システムは必ずしも恒常性を志向するものではないのではないかとする批判も存在する。イギリスの社会人類学者エドモンド・リーチは、主としてビルマ（ミャンマー）に居住するカチン族の民族調査をもとに『高地ビルマの政治体系』を著して、カチン族の政治体系（システム）が一定の恒常性を志向する仕組みをもっておらず、専制的なシャン型と民主的なグムラオ型という二つの政治組織の間を振り子のように揺れ動き、二つの理念の妥協の産物としてのグムサ型の体系に組織されていると指摘した。リーチの議論の特徴は、政治体系が質的にまったく異なる理念形の間で揺れ動く動態的な仕組みをもっていることを指摘して、静態的な「機能」概念を重視する二〇世紀後半の行動論的な社会科学に対して異議を唱えた点にある。

こうした議論にも示されているように、政治システム論は社会科学の多方面に及ぶ議論につながるとともに、それぞれの政治システムがもつ諸機能に着目するアーモンドの議論など、基本的な考え方にかなり差異をもついくつかのシステム像を抱え込んでいる。また、アメリカの社会学者I・ウォーラーステインの議論に代表される、資本主義の勃興・発展によって世界がしだいに一つのシステムに取り込まれ、そのなかで構造的変化を繰り返してきたとする巨視的な歴史社会学的考察である「世界システム論」（『史的システムとしての資本主義』など）も、政治システム論とはやや視点を異にするものの、国際政治経済における覇権の交代をシステムの構造転換として捉えたものである。このように、システム論的アプローチにはさまざまな理論的立場があり、またそれらに対する根本的な批判も生み出しながら議論が展開されている。

▼政治体制の諸類型

イーストンの政治システム論は、従来の政体論とは分析の位相を異にする形で、表面的な政体の転換にもかかわらず、つまり内乱や革命などによって破壊されても再び勃興してくる政治システムの特徴（いわば生命過程のようなもの）に着目しようとした。これに対して、専制的支配と立憲的支配の違いなど統治のあり方に着目する「政治体制」に関わる議論を次に見ていくことにしたい。ここで「政治体制」とは、政治権力が社会内で広範な服従を確保し、安定した支配を持続するとき、それを形作る制度や政治組織の総体として一般的には概念化することができる。「旧体制（アンシャン・レジーム）」「民主主義体制」「ファシズム体制」などとして示されるが、その概念は必ずしも明確であるとはいえない。政治体制にどのようなタイプがありうるかに関しては、アリストテレスの『政治学』に示された君主制と共和制の区分など古典的な政治機構論以来、政治学の伝統的な主題となってきた。しかし、二〇世紀にはいりデモクラシーが政治的正統性の根本的基準になると、古典的な政体区分論はあまり意味をもたなくなり、現在では国民の政治参加や政治制度（大統領制の有無など）によって類型化することが一般的になっている。

ファシズム研究などで知られる政治学者の山口定は、いわゆる「政治体制」の構成要素を次の五つに整理している。第一は、体制を支える「正統性原理」。第二は、「政治エリート」の構成とそのリクルート・システム。第三は、国民の政治意思の表出と政策の形成。第四は、軍隊と警察からなる物理的強制力の役割と機構。そして第五は、「国家」による「社会」の編成化の仕組みである。これら政治体制の構成要素について、ここでそれぞれ具体的な事例を比較検討しながら分析することは避ける。一つだけ例をあげれば、たとえば戦前の日本において、帝国大学や陸海軍大学出身者が高級官僚となり、選挙を経ずにそのまま政界の要職を占めることが広く見られたが、現在ではこのルートは閉ざされ、代わりに主として世襲政治家が政界の要職を占めるようになっていることは、ここで示された第二の構成要素の変革に関連するものと考えることができる。

政治体制の問題を考察する際に、いわゆる憲政上の諸制度だけでなく、ここで取り上げた五つの構成要素にわたる総合的な分析が必要であることを示すために、ファシズム体制の形成過程をめぐる歴史的事例を取り上げてみることにする。第二次世界大戦前の枢軸国（日独伊）の政治体制は、ファシズム体制として一括されることが多いが、近年の現代史研究はこれに異を唱えることが目立ってきている。とくに本章のプロローグでも取り上げた、ドイツのナチス体制と日本の軍国主義体制には質的に大きな相違があることが指摘されている。ナチスが作り上げた体制は、徹底した既存秩序の破壊に特徴があり、その指導部もほとんどが旧秩序においてはアウトローの人間ばかりであり、その点ではあらゆる意味において明確に政治体制の転換を企図するものであった。これに対して日本の近衛文麿などが提唱したいわゆる「新体制」運動は、ナチス体制を模倣した体制作りをめざしながらも、天皇制国家の既存秩序をいささかも破壊するものではなく、その指導部も従来のエリートそのものであった。したがって、もし「ファシズム体制」という概念をたんに政治権力の一元化、新しい独裁政治の形態とのみ捉えるのではなく、一つの政治体制として分析しようとすれば、それをこの時期の日本にもあてはめうるものなのかどうかはなお慎重な検討が必要であろう。

これまでの議論からも明らかなように、政治体制の区分やその類型化は容易な問題ではない。たとえば第五章の現代世界の「民主化」をめぐる議論で取り上げた「権威主義体制」という概念に関しても、完全な独裁体制ではなく「限られた範囲内での多元主義の許容された政治体制」（スペイン出身の政治学者J・リンスの定義）という大まかな位置づけはあるものの、非民主的体制としてきわめて広く捉えるものや全体主義体制との差異を強調するものなどさまざまな立場がある。たとえば、開発独裁体制として分類されることが多いシンガポールの政治体制をいかなるものとして把握するかに関して、必ずしも共通の理解が存在するわけではない。現代世界では自由主義の原理とデモクラシーの理念に立つ「自由民主主義体制」がもっともコンセンサスを得た政治体制であると一応は考えられるが、この自由民主主義体制の内実をどう規定するかは大きな問題である。外見的にはまったく異なる政治体制がそれぞれ自由民主主義体制を自称することは、よく見られる現象である。二〇世紀後半に大きなコンセンサスを得たこの自由民主主義体制の内実を考察するためには、政治経済秩序との関わり、とくに第二次世界大戦後の「福祉国家」形成に関する国民的「合意」の成立の有無をどう考えるかという大きな課題が残されている。

▼多数派支配型と権力分立型

政治体制の構成要素のなかでも議会を中心とする立憲主義の中心をなす国民の政治意思の表出と政策の形成に関して、同じアングロ・サクソンの政治文化をもちながらまったく異なった原理によって制度が構築されているイギリスとアメリカの政治制度を比較対照してみることで、世界各国の政治制度がどのような制度原理に立とうとしているのかを考えてみることにしたい。

議会制度の発祥の地イギリスの政治制度は、典型的な「多数派支配型」と考えられる。この多数派支配型とは、デモクラシーの原理における「人民」は多数派を意味するという原理に立脚し、たとえ多数派と少数派が僅差であったとしても多数派の意見をそのまま全体の意思として押し通すことで統合を図っていこうとする考え方である。その意味では、よくいわれる民主主義とは多数決のことであるという発想の原点ともいえる。政治的統合の原理としての「多数決原理」は、「誰もが自分の見解を絶対的に正しいと主張することができないのであれば、最終的に多数派の見解に従うことが相対的に正しい結論に達するに違いない」とする考え方に基づいているが、その合理性は必ずしも自明のものではない。

多数の意思が必ずしも正義とは限らない例としてよく引用されるものに、「ヨハネによる福音書」に描かれたイエス・キリストに対するローマ総督ピラトの判決の場面がある。民を惑わすものとして訴えられたイエスに対して、ピラトは「わたしはあの男に何の罪も見出せない」と言って、ちょうど罪人のうち一人を許すことが慣例となっていた過越祭（古くからのユダヤの祝祭で、小羊を屠り焼いて食べた）の時期にあたっていたので、鞭を打ってからイエスを許そうと発言した。しかし、司祭や民衆など多くのユダヤ人はそれに反対し、「イエスを殺せ、許すのはバラバだ」と叫んだ。バラバは強盗であった。それでもピラトはイエスを許そうとして人々に「この人は何の悪をしたのか」と呼びかけたが、人々は叫び続けた、「十字架に、十字架に」。結局群衆の大声が勝って、ピラトはかれらの願いを聞き入れることを決定した（当時のユダヤ社会では、宗教について重大な罪を犯したものは石打刑に処せられることになっており、十字架刑は極悪犯罪人に対する見せしめの刑であった。のちにこの十字架は人々の罪とその赦しを象徴するものとなった）。

この新約聖書に描かれた有名な場面からは、多数決原理の拠って立つ基盤がいかに脆いものであるかが明らかになるであろう。結局のところ、少数派が多数派に服従せざるをえないのは、権力による強制が最後の手段として存在しているからに他ならず、「デモクラシーは頭を叩き割るよりは頭数を勘定するほうがよいという原理に立っている」ともいえる。多数派支配型をとるイギリスの議会主義は、この「政治上のけんか」の組織化であると考えることができる。

多数派支配型をイギリスの政治制度では以下のような形で具体化している。第一に、議会（下院）選挙に勝利した政党が原則として単独で政権（内閣）を組織し、支配するために小選挙区制（選挙制度のところで後述するように、各選挙区では過半数の絶対多数ではなく相対多数で当選者を決定する）を実施し、選挙の勝ち負けをはっきりさせ多数派を作り出していること。第二に、二院制ではあるものの貴族院（上院）の権限を形式的なものとすることによって実質的な一院制を実現し、議会政治の停滞を抑制していること。第三に、議会の多数派の党首でもある首相が、政府（内閣）だけでなく政権与党を統べる強力な権限をもっていること。第四に、イギリスの議会にできないことはないという諺があるように、議会主権が確立し、他国のような成文憲法ももたず、議会の制定した法律の効力を否定する違憲立法審査権が存在しないため、政権与党そして首相の意思を押しとどめる権力機構が事実上存在しないこと、などである。

こうした少数派の主張や立場の強引な切り捨てとも考えられる多数派支配型を正当化する根拠は、次の二つに要約できるだろう。第一は、多数派と少数派の相互性、つまり両者が定期的に入れ替わる蓋然性が存在することである。もしイギリスの政党政治において政権交代がほとんど見られず、多数派が固定化してしまえば、多数派支配型は形を変えた専制政治ともいえる。しかし、実際上イギリスはかなり周期的な政権交代を経験しており、この多数派と少数派の相互性は理論的にも歴史的にもこれまで実証されている。第二は、多数派支配といっても周期的な政権交代の可能性を視野に入れると、広範な支持者を取り込むためには脱イデオロギー的で穏健な政策をとらざるをえないという点である。つまり、現在の多数派は次の選挙でも勝利するために世論の動向に注目し、少しずつ軌道修正を行いながら政策を実施していくことにならざるをえない。このような多数派支配型が長年にわたって存立するための条件は、政治社会のなかに体制の根幹を揺るがすような根本的な社会的亀裂が存在しないことである。もちろんイギリスにも地域間の対立はあり、移民などマイノリティー集団は存在する。しかし、それが国民国家の統合性を揺るがすような状況にはなっておらず、現行の議会政治に対する国民の信頼性はかなり高い。

これに対して、ヨーロッパの多くの国々は、国民国家内に宗教・言語・民族など厳しい社会的亀裂を抱え込んでいる。たとえば南北でオランダ語圏とフランス語圏に分かれるベルギーでは、言語政策上の対立が国民国家を分裂させる寸前までの状況にしばしば立ちいたっている。こうしたヨーロッパ諸国では、国民国家の崩壊を避ける必要から、少数派に発言権や拒否権を保障する「合意形成型」の政治制度を採用している。オランダ出身の政治学者A・レイプハルトは、これらを「多極共存型」(consociational) デモクラシーと呼び、社会的亀裂のなかでも安定したデモクラシーの実践が行われていることを示すモデルとして提示した。それらを具体的に見ていけば、第一に、少数派にも当選の可能性を保障する比例代表選挙の実施。第二に、それぞれ選出方法や権限にかなりの差異をもたせた二院制の存在。第三に、議会と内閣との相補的な関係、つまり内閣には議会の多数派だけでなくさまざまな政治指導者が取り込まれ、そこで協調が図られること。第四に、連邦政府と州政府がそれぞれ権限を分かちもつ連邦制の実施などである。

こうした多数派支配型や合意形成型に対して、アメリカ合衆国の政治制度は「権力分立型」として捉えることができる。その最大の制度的特徴は、大統領制の導入による行政府と立法府の明確な分離に見られる。行政権・立法権・司法権の分立を柱とする制度原理は以下のような形をとっている。第一に、大統領は議会を解散しえず、また法案提出権ももたず、その代わりにとるべき政策に関する自らの所信を伝達するため議会に対して「教書」(Doctorine)を送り、逆に議会が可決した法案に対する拒否権をもつ。第二に、議会は異なった構成と権限をもつ上下両院（とくに上院は人口比例ではなく、各州から平等に二名ずつ選出）から構成され、行政府の活動に対する強力な国政調査権をもつ。第三に、裁判所は違憲立法審査権をもち、議会による多数派支配を監視する役割を担う。政策遂行に関連した事件の憲法判断を行って大きな影響力を行使する最高裁判事は大統領が任命するが、それには上院の同意が必要である。第四に、連邦政府は各州が排他的にもつ権限以外の領域においてのみ権限をもち、各州はかなり広範な財源と権限をもつ。このような権力分立型の政治制度は、統治の効率性や合理性をある程度犠牲にしても、多数派の専制を抑制し、慎重な手続きによる合意形成をめざすものと考えることができる。

二　大統領制と議院内閣制

▼大統領制

アメリカ合衆国の政治制度に代表される大統領制とは、政府（執行権）の中心に大統領をおく政治体制のことであるが、より厳密には、「国民の直接選挙によって一定の任期をもった大統領を選出し、この大統領が実質的執行権をもつ国家元首となる政治体制」と定義することができる。この定義でとくに重要なのは、大統領が実質的な執行権をもつことである。したがって、仮に大統領が存在していても実質的な執行権を有していない場合には、通常その政治体制を大統領制とは呼ばない。たとえばドイツやイタリアでは、国家元首としての大統領職は存在するものの、大統領は間接選挙で選ばれる形式的な存在の要素が強く、政権は首相を中心とする議院内閣制で運営されるので、政治体制としては大統領制に分類されない。

大統領制の最大の特徴は、少なくとも過半数の国民の支持を受けて直接選出されたことを背景として、安定した政権を樹立しうる点にある。大統領制ではいったん選出されると、その任期中はよほど大きなスキャンダルか健康上の問題でもない限り、議会によって罷免されることはないため、長期的な課題に取り組むことが期待される。具体的には、政権の安定性を武器として外交交渉や経済政策の策定場面などにおいて、短命政権に比べ優位性を発揮しうることや、抜本的な税制改革など国民のある階層にかなり強い不利益を分配しなければならない場面において、既得権益の保持者など大きな政治的影響力をもつものの反対を押し切ってでもそれらを実行しうる権限をもっていることなどである。

現代世界の大統領制には、以下の四つの要素を中心にしてさまざまな類型が存在している。第一は、大統領の任期である。大統領制の最大の利点が長期間安定した政権を維持することにあるため、世界各国で採用されている大統領制に三年以下の任期はほとんど見られない。また、フランス第五共和政のような七年任期もあったが、フランスでも長期政権の弊害が指摘され現在は五年となっているなど、現代世界では四年から五年程度の任期が一般的となっている。

第二は、再選の可否である。大統領の再選に何らかの制限を設けるか否かは、大統領制の運用に関して決定的に重要な問題である。大統領権限はきわめて強力であるため再選に制限を設けないと、長期政権となり、半ば独裁的な性格をもちやすい。しかしまったく再選を認めないとすれば、国民はその政権を評価する機会をもたず、政権自体も任期の末期には求心力を失って政策遂行に支障をきたすことにもなりかねない。そこで現在大統領制をとっている多くの国で採用されているのは、条件付で再選を認めるものである。たとえばラテン・アメリカ諸国では、連続した任期でなければ（つまり一回休めば）再選を認めることが多い。またアメリカ合衆国のように、二期までと回数で制限している国もある。一方韓国のように、いっさい再選を認めない国も存在する。これらの違いは政治制度に関する理論的な考察から導かれているというよりも、それぞれの政治社会における過去の経験に照らして設定されていると考える他はないであろう。

第三は、拒否権の有無である。大統領制における拒否権の意味は、多数派支配の行き過ぎに対する一定の歯止めの役割が期待されるだけでなく、（議会多数派との衝突も考慮して）大統領の政策遂行の実効性をある程度担保する制度であるが、その形態にはさまざまなものがある。無制限に拒否権を認めている場合は少なく、何らかの制限を付したうえで拒否権行使を認めている国が多い。それらは拒否できる案件の範囲を限定する、期間を限定して拒否権を有効とする、議会の再可決が行われた場合は再度拒否権を行使しえないなどさまざまである。

第四は、立法活動にどの程度関与しうるかである。大統領の立法への関与は元来君主がもっていた命令発布の権限に起源をもつと考えられるが、大統領が議会に法案を提出しうるか、議会の立法権に対して大統領がそれに対抗しうる命令などを出すことができるかといった点が問題となる。大統領に命令発布の強い権限を認めるか否かについて、これを広範に認めている国（たとえば現在のロシアやラテン・アメリカ諸国）と、緊急時などを除いてこれを認めない国が存在している。

大統領制の原型といえるアメリカ合衆国の大統領制は、大統領選挙が、各州がそれぞれ大統領選挙人を選出し、形式的にはこの選挙人の投票によって最終的に大統領が決定されるという間接選挙の形をとっていることなど、いくつかの特徴をもっている。大統領制のモデルともみなされるこの大統領制は、多数派支配に対する強い警戒感を背景に創設され、その後基本的構造に大きな変革が加えられないまま二〇〇年以上が経過しているため、政治制度としてはかなり構造的な問題を抱えている。それは、大統領が強力なイニシアティブを発揮しようとして議会と激しく対立した際に、そうした膠着状況を打開する手段が制度的にはほとんど存在しないことに典型的に示されている。しかし、現在のところアメリカの政治制度が大きな機能不全には陥っていないのは、国際政治経済におけるアメリカの特権的な地位などにもその理由を求めることができるだろう。

▼議院内閣制

議院内閣制は、大統領制とは異なり国民が直接執行権を選出するのではなく、「人民」の意思は議会において示されるとする考え方を採用するものである。議院内閣制の最大の特徴は、政府（内閣）の成立を議会（とくに下院、日本では衆議院が相当する）の多数派の支持によって図ることである。したがって政権の存廃は、議会の意思によって決定される。すなわち、議会はいつでも内閣不信任案を提出し、これを可決させることで政権の転覆を図ることができる。これに対して、内閣は議会の多数派ではなく現政権の方が国民の支持を得ていると考えるならば、逆に議会（下院）を解散し国民に政権の信を問うことができる制度をもつことが一般的である。このような制度原理をもつ議院内閣制は、一定の任期期間は政権交代を容易にはなしえない大統領制に比べ、状況の変化に対して柔軟に対応できる利点があるといえる。

議院内閣制は、議会とその支持によって成立する内閣がいかなる関係におかれるかによって、いくつかに分類することができる。一つは、首相（内閣）が議会を事実上支配する形のものでイギリスモデルとも呼ばれ、現在の日本の議院内閣制もこのモデルに含まれる。このモデルの特徴は、内閣と政権与党の一体性にあり、与党内の有力議員は閣僚として政権内に取り込まれることが一般的である。これに対して、議会が内閣の構成を支配する議会政府モデルも存在する。このモデルは先に述べた「合意形成型」の政治体制であるヨーロッパの国々で一般的に見られるもので、重要な政策決定が議会内の協議によって事実上決定されること、政権を構成する各党の党首が必ず閣僚になるとは限らず、首相が交代しても引き続き閣内に留まる重要閣僚がしばしば見られるなどの特徴をもつ。この議会政府モデルに関連して、現在のドイツでは建設的な不信任投票制度を採用している。これは、少数派内閣が相次ぎ不安定な政治状況を生み出した過去の反省に立って、次の首相候補を出す準備ができていないと議会における不信任案提出を認めない仕組みである。つまり、現在の政権与党に代わり議会多数派となる連合政権の枠組みとその政権首班（必ずしも党首とは限らない）が確定しない限り、政権の交代を認めない考え方である。

議院内閣制を実際に運用していくうえで大きな課題となるのが、二院制の構成に関する問題である。二院制をとっている政治社会において各議院の議員選出方法、任期、権限をどのように設定するかは、大統領制をとる場合に比べてきわめて重要な問題となる。それは内閣（政権）の成立は、一般的に下院での多数派によって行われるため、上院の多数派がこれと異なる場合、議会と内閣が衝突する可能性が出てくるからである。一般的に上院は下院に比べ、任期が長く定員が少なく、その定員は分割して改選される（たとえば、日本の参議院は二分の一ずつ、アメリカやフランスの上院は三分の一ずつ改選など）などの特徴をもつ。もし上院の選出方法や任期などが下院とほぼ同じであり、同時期に両院が改選されれば両院の多数党派が異なる可能性は少なくなるが、その場合には二院制の必要性が問われる。もし両院の構成や権限が大きく異なる場合は、大統領制における大統領の拒否権のように、多数派支配を抑制する効果をもつが、両院の多数党派が異なるとしばしば議会と政権が対立し、政治の停滞を招く可能性がある。この問題は異なった構成をもつ二院制という原理でこれまで発展してきた議会政治において権力の一元化を図るべきかという大きな問題であり、その政治社会の状況や歴史的経緯を考えて慎重な制度設計が求められる。

▼大統領制をめぐる根本的難問

これまで大統領制と議院内閣制の特徴について説明してきたが、それぞれが抱える課題についてこれから見ていくことにしたい。大統領制をめぐる最大の課題は、大統領と議会がともに「人民」の意思を代表していることから生まれる統治の二元性の問題である。議会と大統領がともに直接国民から支持を受けていることを基盤として自己の立場の正統性を主張するからである。とくに大統領選挙と議会選挙の時期がかなりずれて、大統領と議会の多数派の党派が異なる状況が長期化すると、議会が予算案を拒否する、あるいは大統領が拒否権を乱発するなどの状況が生まれ、政治の停滞を招く可能性が出てくる。その場合、大統領が法律に代わる大統領令を乱発して事実上議会政治を形骸化させる可能性がある。また大統領の弾劾事由はきわめて限定され、任期途中に政権を交代させる手段はとくにないため、議会と大統領の対立が激化すると、政治の停滞に対する国民の不満を背景として、軍部による政権打倒のクーデターが発生する可能性も否定できない。

こうした大統領制をめぐる根本的難問に対する一つの現実的な対応が、現在のフランス第五共和政で採用されている「半大統領制」である。一九五九年に成立した第五共和政の大統領制は、首相任命権や議会解散権、そして大統領が法案を議会ではなく直接国民投票にかけることができるなどきわめて強力な大統領権限を特徴とするもので、大統領はその強力な権限で大統領は常に議会の多数を掌握することが想定されていた。しかし、その後議会選挙の結果、大統領と議会の多数派の党派が異なる事態が数度発生した。その際大統領は、自分の党派とは異なる議会多数派から首相を任命してきた。この大統領と首相の党派が一致しない状況（コアビタシオン cohabitation　同棲という意味）が、懸念されたような深刻な政治対立を招くことなく、むしろ大統領は外交など国家の基本政策でイニシアティブを維持し、諸勢力の利害が複雑に絡む予算編成などの権限はおおむね首相に委ねることで、安定的な政治運営に寄与していることから、このような議院内閣制的な要素を部分的に取り込んだ大統領制の運用を「半大統領制」と呼んでいる。この「半大統領制」は大統領制が陥りやすい政治の停滞を回避する試みとして大きな意味をもつが、これまでそれが円滑に運用されてきた背景には、フランス政界におけるエリート支配の構造などさまざまな特殊な要因があることが指摘されている。

▼議院内閣制にとっての大きな課題

大統領と議会がともに「人民」の支持を得ていることを根拠にして対立する可能性をもつ大統領制に対して、議院内閣制における課題は、「人民」の意思としての選挙結果と政府（内閣）の形成をどうつないでいくか、つまり、選挙後の政権作りに関する政党間の協議が合理的なものになるかどうか、そこに国民の意思をどう反映させるかという問題である。各政党は選挙中からさまざまな政策を発表し、また連合政権を組む予定の政党間で協議を行っていくが、選挙の結果、当初予定していた組み合わせではどの党派のグループも過半数を占めることができない場合には、選挙で示された国民の意思とは大きく異なる政権が生まれる可能性がある。とくにさまざまな政治力学から、必ずしも強力な指導力を発揮しえない小党派から首相が誕生し、めまぐるしい政権交代が行われたりすることがある。

こうした議院内閣制の問題を解決する方策として主張されるものに、「首相公選制」がある。直接国民が政権首班を選出すれば、執行権が必ずしも国民の意思によっては形成されないという議院内閣制の構造的欠陥は大きく改善されるとする考え方である。しかし、この首相公選制は大統領制の代替にはならず、かつていくつかの国（近年ではイスラエルなど）で試みられたがいずれも失敗に終わったように、政治制度としての安定性を保持しえない。議会の多数に支持されない可能性のある首相選出は、結果的に議院内閣制に混乱を持ち込むだけに終わるであろう。首相公選制の提唱者は、仮に議会の多数派とは異なる首相が選出されたとしても、首相が世論の支持を背景に指導性を発揮し、やがて議会の多数を掌握するであろうと主張するが、それは制度的には保障されておらず、たとえば議会を解散して再び首相支持派が少数に留まった場合、議院内閣制のもとでの首相には大統領制のような強力な権限が与えられていないため、首相はきわめて困難な政権運営を迫られるか、辞任しか選択肢がないからである。議院内閣制という制度原理に立つ以上は、やはり議会多数派の安定した支持を基盤とする以外に執行権の形成方法はないと考えるべきであろう。

このように考えていくと、議院内閣制が円滑に機能するための最大の課題として、政党システムの問題、とくに議会における政党の統制力が重要であることがわかる。つまり、大統領制のように強固な制度的権力基盤をもたない議院内閣制にとって、個々の法案に対する賛否などでは容易に崩れない安定した（統制力のとれた）政権与党グループの存在がその円滑な運営にとって必要不可欠な条件である。したがって、政党組織が十分に発達していない政治社会においては、議院内閣制は不安定で脆弱なものになりやすい。そこでとくに権威主義体制下で政党の結成などが厳しく抑圧されていた政治社会における民主化の過程においては、短期間に議院内閣制を定着させることは難しく、また議会政治の伝統を欠く大統領制が独裁的政治運営に陥りやすい弊害を考慮すると、状況に柔軟に対応する制度設計とその運用が期待されるところである。

議院内閣制が実効性のある政策を実現しうるかどうかは、次の章で取り上げる政党政治と責任をめぐる問題にも密接に関係してくる。この問題に関しては、政策や選挙の際の公約の明確化がかねてから主張されているが、じつはそのことだけが問題なのではない。イギリス政治から影響を受けて、近年日本の選挙でも提唱されたいわゆる「マニフェスト」（政権公約）選挙は、一見合理的に見えるが、多くの課題も含んでいる。それは有権者に見えやすく、受け入れられやすい政策のみが選挙公約として取り上げられやすい点があるだけでなく（たとえばマクロな経済財政プランに基づく税制改革などは、増税に対する有権者の反発と経済好転に対する漠然とした期待感に基づきあえて盛り込まれない）、「政策」の実現可能性と可変性をどのような形で担保するかが重要な問題でもあるからである。大統領制のような一定の決められた任期をもたず、状況に柔軟に対応しうる議院内閣制における政党政治では、各党が選挙時の公約実現に全力をあげることよりも、状況の変化に対応しその時点で求められる最善の政策を実施しうる体制づくりこそがもっとも重要な課題といえる。その意味では、大統領制が国民の「期待」に焦点をあてた政治制度であるとすれば、議院内閣制は政策遂行の「責任」に重点をおく政治制度と考えられるであろう。

第7章 選挙と政党について考える

■政党システムと選挙制度

日本が開国し近代国家としての道を歩み始めたころ、幕府や明治政府の使節として欧米各国に派遣された人々の記録からは、議会政治や政党、選挙などをまったく奇異で理解不能なものとする当時の日本人の認識をよくうかがうことができる（以下の日記からの引用は日本文学者ドナルド・キーン著『続百代の過客』による）。一八五八年に締結された日米修好通商条約を批准するために幕府によってアメリカに派遣された村垣淡路守範正の手になる『遣米使日記』には、行状振る舞いがすべて「礼」によって統御されていた幕府官僚の目に、当時のアメリカ社会がまったく野蛮な世界に映ったことが示されている。晩餐会では常に誰かがスピーチをして手をたたき、シャンパンの栓を抜く音は砲声に等しく、会場の騒音は耳を聾するばかりと書き、舞踏会に招かれては「男女組合て足をそばだて、調子につれてめぐることこま鼠の廻るが如く」と驚き（かれには二〇年後の鹿鳴館の出現は予想だにできなかったであろう）、国務長官を訪問しては「外国の使節に初めて対面せしに、いささかの礼もなく、平常懇志の人の来たりし如く、茶さへ出さず」とその非礼に慷慨《こうがい》している。そしてワシントンで傍聴を許可された米議会の様子を次のように記述している。「およそ四五十人も並居て、その中一人立て大音声で罵り、手真似などして狂人の如し。何か云ひ終りて、又一人立て前の如し。」しかし、ここには現在では想像すらできないまったく異質な文明相互の遭遇の場面があざやかに描かれていて興味が尽きない。

また、慶應義塾大学を創設するなど在野の立場で独立不羈《ふき》を貫いた福沢諭吉は、幕府使節の随員として一八六二年にヨーロッパ各国を訪問したときの印象を、後年『福翁自伝』で次のように記している。

「ソレカラまた政治上の選挙法というようなことが皆無わからない。わからないから選挙法とは如何な法律で議院とは如何な役所かと尋ねると、彼方の人はただ笑っている。何を聞くのかわかり切ったことだというような訳け。ソレが此方ではわからなくてどうにも始末が付かない。また、党派には保守党と自由党と徒党のようなものがあって、双方負けず劣らず鎬を削って争うているという。何のことだ、太平無事の天下に政治上の喧嘩をしているという。サアわからない。コリャ大変なことだ。何をしているのか知らん。少しも考えの付こう筈がない。あの人とこの人とは敵だなんていうて、同じテーブルで酒を飲んで飯を食っている。少しもわからない。」

こうした大きな戸惑いにもかかわらず、その後文明開化と称して欧米の諸物を取り入れ始めた日本は、アジアでもっとも早く議会制度を創り上げることになる。しかし、幕末・明治新政府のもとでの「開国」とは何であったのだろうか、そして日本が受け入れた議会や政党政治は本物だったのだろうか。のちに同志社大学を創設する新島襄は、鎖国の禁が解かれた後も箱館港から出航するアメリカ船で密航する以外に出国する方法を見つけ出せなかった。つまり、かれにとって日本はまだ鎖国だったのである。この船中でかれはその後の生涯を決定するものに出合う。「今日セーロルより借りたる耶蘇経典（聖書）を読む事少許なり。実に帰郷之上再び父母に逢たる心地恰も如此過渡思はれ、心の喜斜ならず。」新島は欧米文明の基礎にキリスト教文化を見出す。しかし、明治新政府はキリシタン禁制をなかなか解こうとはしなかった。明治初年の歌舞伎役者が燕尾服を着て歌舞伎を演じたように、日本が取り入れた西洋文明はその意味を十分理解されないこともしばしばだった。西洋から受け入れた諸制度が日本の文化と溶け合っていくためには、多くの時間とその根幹にかかる大きな変質を遂げる必要があった。

一　政党と政党システム

▼政党とは何か

議会政治を運営していくうえでもっとも重要な政治的主体（アクター）と考えられてきた政党は、いま大きな危機の時代を迎えている。それは各種選挙における投票率の低下とテレビの視聴者を強く意識した「劇場型」パフォーマンス政治の隆盛のなかで、無党派・支持政党なし層が着実に増大していることに示されている。地域社会や職場など、かつて投票行動に大きな影響を与えてきた集団・組織の影響力が大幅に低下し、それに代わりmediocracy（メディアの支配という意味）とも呼ばれるようにマスメディアの影響力が拡大し、テレビなどマスメディアの論調によって選挙のたびに投票行動が大きく変化する傾向がますます強くなっているからである。従来型の選挙運動や広報活動によっては有権者の関心すらなかなか引き寄せられず、現代日本のように首長（知事や市町村長）選挙において、政党のメンバーであってもあえて政党組織の支援を受けないことで「市民派」を標榜する候補者が続出している状況は、国政レベルにおいても既存タイプの多くの政党にその存立の根拠を疑わせるものとなっている。こうした状況を鑑みると現在世界の政党は、そのあり方を根本から再検討するような新しい知的戦略の構築を迫られているといえる。

「政党」は、「自発的結社としての性格をもち、国家権力の作用に影響を与えることを中心的目標とする政治集団」と定義することができ、議会政治の主役としての立場を確立しているようにいわれるが、かつては派閥・徒党などと同義であり、むしろ政治的にはマイナスイメージが強かった。たとえば、アメリカにおいて政党組織の発達が遅れた一つの要因は、ワシントン、ジェファーソンをはじめとする独立・建国の指導者たちの多くが、英国流の政党政治を無意味な対立を政治に持ち込み国家を危うくするものであると嫌悪したことにある。

これに対して第三章でふれたように『フランス革命の省察』を著したバークは、英国議会に典型的に存在する政党を「国民共同の利益のために特定の原理に基づいて結合した集団」であると定義して、社会の共通善を図るための組織であるとその積極的な役割を評価しようとした。このバークの古典的な定義で強調されるのが、政党（party）は全体性と部分性をともにもつこと、つまり全体の利益にかかるとともに、あくまでも部分（part）としてその政治社会のなかに存在することを前提とする視点である。政党に対するこの視点は、第一に、政党政治が「国民代表」の原理に成り立つものであること、つまり個々の議員は地域の利益代表ではなく常に国民全体の代表であることを要請するものであり（したがってバークは、「代表なくして課税なし」というアメリカ独立運動の主張を断固として是認しなかった）、第二に、政党政治における政治的多元性の確保、わかりやすくいえば複数政党制の存在を真正な政党政治のあり方として要請するものであり、政党と派閥を区別せずそれを特殊利益のごり押しを図るものとして否定的に捉え、複数政党の存在を政治に混乱をもたらすものとみなす一党主義と対立するものである。

政治社会のなかで果たすべき政党の機能としては、議会内外における討論を通じて争点を形成し、また代表者を提示していくいわゆる代表機能だけでなく、広い範囲から候補者を開拓することで、政治的リーダーを補充し門閥的秩序の打破を図る役割（ただし日本では近年殊のほか世襲議員が多く、この政党による政治家のリクルート機能は一部の政党を除いてはあまり見られない）や、国民の多様な民意を政策や公約として整合的に示し、それを公共政策に転換していく役割などが期待されている。ただしこの民意の公共政策への転換に関しては、議会における審議過程の問題（法案提出やその審議の枠組みをどのように設定するかという制度論と、与野党間の協議をどこで行うかという実質的な政治過程に関わる多くの論点がある）と、後述する官僚制や利益集団の役割も含めて考察する必要がある。

政党はその組織形態によっていくつかに分類することができる。選挙法改正が実現する前までの英国議会のトーリー、ホイッグに代表される古典的な政党は、議員たちが結成した議院内組織であり、政党といってもその組織はそれぞれの議員が名士として地域社会にもつ隠然たる影響力に基盤をおくもので、このような政党のことを「名望家政党」と呼ぶ。ところが、選挙法改正が進み古典的な政党が想定していた財産と教養をもつ市民という有権者像が崩れ、大衆が有権者の多数を占める状態になると、政党はこの大衆をいかに組織するかが重要な問題となってくる。そこに登場したのが「大衆政党」である。この大衆政党という形態は、第一次世界大戦前のドイツ社会民主党（SPD）に代表される社会主義政党の台頭に危機感を覚えたブルジョア政党が、労働組合組織に基盤をおき多くの党員を抱えた社会主義政党に倣い、自己の組織を拡充しようとしたもので、二〇世紀には幅広い党員の参加による社会統合をめざす政党組織の一般モデルともなった。このような大衆政党は、院外組織の拡大が進むにつれて議会内政党の規律も強化される経過をたどることに特徴が見られる。これに対して複雑に絡み合った利権構造と政治家が結びつくクライエンテリズム（clientelism　顧客政治）を基盤とする政治運営が広く見られる政治社会においては、「幹部政党」と呼ばれるように、党員は少なく、有力な幹部のもつ政治的資源（人脈・資金力など）に依拠して政党の運営が行われてきた。その特徴は多数の党員や強力な院外組織がともに不在であることと、柔軟性に富む組織形態であり、幹部同士の離合集散によっては政党組織そのものがしばしば改変されることである。

　これまで見てきたような組織形態の違いではなく、第二次世界大戦後成立した新しいタイプの政党に「包括政党」（catch-all party）がある。これはイデオロギーの終焉が叫ばれ、イデオロギー的基盤を背景とした政党間抗争に代わり、経済成長の推進政策など経済社会政策の「手法」が選挙の主要な争点となるにつれて、階級固定的な支持基盤にこだわらずすべての階層からの投票獲得をめざすタイプの政党が出現したことによる。この包括政党は経済成長の果実を各階層に幅広く配分するうえでは適合的であったから、日本で俗に「利益政治」と呼ばれたような開発政治と似通った構造をもち、世界経済が順調に発展した時期には多くの政治社会において主要な政党の包括政党化の傾向が見られた。

これに対して包括政党化を全面的に否定し、政党のあり方をイデオロギー的に転換しようとしたのが、一九八〇年代のイギリス保守党のサッチャー政権であった。サッチャー政権は、これまで各政権共通の課題とされてきた完全雇用、失業者の削減などを政府の責任ではないと否定し、失業者や貧困層を激しく批判する政策を展開した。この戦略は全階層から幅広く支持を取り付けようとすることを止め、むしろ厳しいイデオロギー的な対立のなかで既存の政治運営に不満をもつ各層に訴えて強い支持を獲得しようとするものであった。現在ではグローバル化などに伴う経済情勢の変化、国民意識の変化などによって、包括政党を生み出すような政治状況は終焉を迎えたと考えられている。

▼現代世界の政党政治

現代の世界各国における政党には、その組織の安定性などをめぐりかなりの相違がある。それらは主としてその政治社会の歴史的経緯によって説明することができるが、アメリカの政治社会学者S・M・リプセットとノルウェー出身の政治学者S・ロッカンは、ヨーロッパにおける主要な政党配置にかなり共通する要素が見られることを指摘した。かれらの議論では、ヨーロッパにおける政党制は、宗教改革（教皇権からの独立）、市民革命そして産業革命という変革期を経て、「周辺（被支配）―中心（支配）」「土地所有―近代工業」「教会勢力―国家（政府）」という三つの対立軸のなかで成立し、それに二〇世紀初頭以後社会主義運動の隆盛に伴う「労働者―ブルジョワ」の対立軸が付け加わったなかで形成されたとする。そしてこの対立軸のなかで、一九二〇年前後に形成された政党配置は基本的に安定しており、戦争や経済成長を経た二〇世紀を通じてその基本構造には大きな変化は見られないとする。すなわち、経営者・農民・教会などを支持基盤とする右派系政党群と労働組合・都市生活者・社会的弱者などを支持基盤とする左派系政党群の対立がその基本的構図となってきたとする考え方である。しかし、この議論の妥当性は、二〇世紀末から二一世紀初頭にかけて大きく揺らいでいると考えることができる。それはこの章の最初にふれた無党派層の増大や、環境保護政党の出現など新しい政治的争点の誕生によって、既存の政党組織の足場が大きく揺らぐ事態が発生していることによる。

世界のいわゆる先進国の政党には、その組織の強固さによっていくつかの類型がある。第一は、イギリスやドイツに代表される強力で安定した組織を誇る政党である。議会政治発祥の地であるイギリスでは、名誉革命後に成立したトーリーとホイッグの二つの党派がそれぞれ主として地主層を代表する保守党と商工業者を代表する自由党となり、二大政党による政権交代を繰り返して安定した。選挙権の拡大を受け二〇世紀初頭に労働組合運動とフェビアン協会を基盤に労働党が成立すると、三党が鼎立《ていりつ》する時期を経て、第二次世界大戦後には労働党・保守党の二大政党体制が成立した。しかし、自由党と労働党から分かれた勢力を糾合した自由民主党も一貫してかなりの得票率をもち続けており、地域政党の存在なども考慮すると、政治的多元性はかなり高いといえる。一方、ナチス体制のもとですべての政党が破壊されたドイツでは、第二次世界大戦後、ビスマルク時代からの伝統をもつ社会主義政党の社会民主党に、農民層やカトリック勢力に基盤をもつキリスト教民主・社会同盟と経済界に支持基盤をもつ自由民主党が成立して典型的な三党政治を展開してきた。ドイツの政党はそのいずれもが大衆政党の性格をもち、さまざまな社会生活の局面にも影響力を発揮する強固な組織を作り上げていることに特徴がある。ただし現在では環境保護政党などさまざまな政党も伸長し、ドイツにおいても政治的多元化が進行している。

第二は、アメリカに代表されるきわめてゆるやかな組織原理をもつ政党である。すでに述べたようにアメリカでは政党の結成に対する否定的な考え方が根強く、一八三〇年代にジャクソンらが民主党を結成したものの、大統領選挙ごとに政治的多数派が事実上形成される時期が長く続いた。一八五〇年代に成立した共和党がリンカーンを大統領に押し上げたことから南北戦争が勃発し、戦後は北部の産業資本を基盤とする共和党がほぼ政権を独占し、民主党は敗戦した南部諸州に基盤を維持するに留まった。またヨーロッパ各国と異なり社会主義政党は安定した基盤を築くことができず、やがて消滅した。

こうした情勢が大きく変化したのが大恐慌を受けた一九三〇年代で、民主党のF・ルーズベルトが南部だけでなく都市労働者、黒人、カトリック勢力、ユダヤ系など従来のマイノリティーを糾合して大統領に当選したころから、この「ニュー・ディール連合」を基盤に今度は民主党が一九七〇年代までほぼ一貫して議会での多数派を形成した。ただし、アメリカの政党政治が完全な二党制の固定化のなかで、大統領の強力なリーダーシップに政権運営が委ねられることと、後述する利益集団の活発な活動とも相まって、議員に対する政党の統制力が弱く、たとえば共和党側が提出した法案に民主党から賛成票が投じられる（あるいはまったくその逆）いわゆるクロス・ボーティング（交差投票）もしばしば見られる。また民主党が圧倒的多数を占めている州議会や市議会のもとで、共和党の知事・市長が誕生する場合のように、そのときの政治状況によってその都度多数派が形成されることにも特徴が見られる。

第三は、現在のフランスなどに代表される、不安定でイデオロギー的な対立から分裂や合同を状況によって繰り返す政党である。フランス、スペインやイタリアなどはイデオロギー的分極化の傾向が激しく、イデオロギーに基盤をおいた小政党が林立する傾向が強い。これらは選挙の際には多数派獲得をめざして提携・協力を行うが、政治状況によってはすぐに分裂しやすく、それに伴い政党組織そのものも安定しにくい。フランス第五共和政はこうした政党政治の不安定性を大統領の強力なイニシアティブによって補完しようとするものであった。こうした国々の政党は社会生活の各局面に強い影響力をもつのではなく、むしろ新しい政治運動の盛り上がりとともに結成・発展・衰退を繰り返す傾向をもっているといえる。

これらに対して、日本の政党政治は、藩閥政府に対抗した自由民権運動に起源をもつ民党の系譜と伊藤博文など藩閥側が議会勢力を取り込んだ組織（政友会）の対立関係に端を発し、大正デモクラシー期以降藩閥や官僚組織ではなく政党に基盤をもつ政権の誕生が常態となることもあったが、政治社会のなかに確固とした基盤を築く以前に戦時体制下に崩壊した。戦後の政党政治の再編期から、一九五五年の自民党結成と社会党統一でいわゆる「五五年体制」が成立するが、期待された周期的な政権交代は実現しない擬似二大政党制であって、以後自民党支配体制が確立する。一九九〇年代にはいり自民党政治が溶解し始め、新しい政党システムが模索されているが、それがどのような形態となるかについてまだ確定的なことはいえない状況である。ただし日本の政党は、これまで一部を除いて強固で安定した組織をつくりあげることに成功しておらず、国民からさまざまな意見を取り上げ、それを政策に転換していく能力を十分にもっていない。政党間の競争によって政権交代を繰り返し、政策を転換していく経験を積んでいくことが日本の政党政治における大きな課題である。

▼政党システム論

これまでいくつかの政治社会について見てきたように、現在世界各国の政党システムはきわめて多様だが、それらは一党独裁・二大政党制・多党制に大別することができる。この政党システムをめぐる議論の焦点は、議会政治において政権与党がどのような形態で形成されるかにあり、この点をめぐっては二党制と多党制のいずれがより実効性のある政権を樹立できるかをめぐって古くから論争がある。伝統的な政党政治に対する一般的見解としては、イギリスに代表される二大政党制こそが議会政治の安定と実効力ある政権を生み出しうるとするものであるが、ヨーロッパ各国で広く見られる多党制を支持する考え方も根強くある。それは、選挙制度の改変などを通して強引に二大政党化を図っても、政治社会のなかにさまざまな亀裂が存在する以上それは安定せず、多党間の協議によって政権を樹立することでむしろ多くの政治勢力が統治に責任を分担する体制作りにつながるとする考え方である。

政党システムのあり方と選挙制度が大きな関連をもつことはいうまでもないが、この政党システムと選挙制度との関連性に関して、政治理論のなかでは数少ない「法則」として知られるものが、フランスの政治学者Ｍ・デュヴェルジェが提唱した「デュヴェルジェの法則」である。この「デュヴェルジェの法則」は、選挙制度に小選挙区制を採用すると、政党システムの二元化すなわち二党制に向かう傾向が見られ、比例代表制は逆に多党制に向かう傾向をもつとするものである。この法則の実証性については、たとえばインドは長年小選挙区制を採用していながら多党分立傾向に大きな変化がなく、またオーストリアは比例代表制のもとで長年典型的な二大政党制であったなど、いくつかの例外的な政治社会の存在はあるもののおおむねその正しさが認められている。ただし、なぜ選挙制度が政党システムのあり方に大きな影響を与えうるのかについてはさまざまな考え方がある。たとえば小選挙区制が二大政党制を生み出すのは、有権者が当選の確率の高い候補者に投票したがることや、より当選の可能性の高い政党へ移動しようとする候補者の合理的選択、議席率と得票率に大きな乖離が生じやすい小選挙区制の機能的帰結など、さまざまな論点が可能であり、そのどれが決定的なものなのかは判断しがたい。

この二党制と多党制の比較に焦点をおいたデュヴェルジェの政党論に対して、より精緻な政党システム論を展開したのがイタリア出身の政治学者Ｇ・サルトーリの『現代政党学』である。かれは政党システム論の構築において、そこで取り上げる政党の数を政治的に「有意味な」（relevant）政党の数に限定しようとした。そこでいう有意味な政党とは、議席数の大小で判断するのではなく、政権を担当する可能性をもつか、あるいは政権には参加しないが政治社会において大きな抑制力をもつ政党であるか否かによって判断される。たとえば、議会内に一定の議席を有していても政権に参与する意思をまったくもたない地域代表政党などは、この場合政党数としては勘定しなくてもよいことになる。

こうした議論を踏まえて、サルトーリは現代世界の政党システムを以下の七つに分類する。まず一党制に三類型があり、第一に、複数政党制を容認しない狭義の「一党制」（一党独裁制）。これはかつてのソヴィエト共産党や現在でも事実上の軍事政権などに、その例をいくつか見ることができる。第二に、複数政党の存在は認められているが、制度上も事実上もヘゲモニーをもつ政党が存在する「ヘゲモニー政党制」。たとえば、急速な経済成長を達成したシンガポールでは政権党に対する批判が事実上封じ込められ競争的な選挙が行われているとは言い難い状況にある。また現在の中国は、共産党以外の政党がいくつか存在し議会（全人代：全国人民代表大会）にも議席をもっているが、実際に政策形成に大きな影響力を行使しているのは共産党で、さまざまな組織においても共産党員でなければ実際上枢要な地位に就くことは難しい。第三に、制度上は競争的な政党システムが存在するものの政権交代が事実上行われない「一党優位制」。これはかつて日本の自民党が四〇年近く政権を独占し、経済成長を背景に利益配分過程を掌握し、さまざまな利益集団や行政機関を自己の配下に治めることで、与党であるがゆえに与党であり続けるメカニズムを再生産していった例や、独立運動の担い手という遺産をもとに優位政党であり続けたかつてのインド国民会議派などにその例を見ることができる。ただし、その優位性は制度的には保障されていないため、大きなスキャンダルなどによってこの構造が崩れる可能性を有しているが、野党は与党が組織しえない社会の周辺的部分に基盤を求めざるをえないため、容易には政権獲得の機会を得にくい。

次に二党制。この二党制は二大政党制とも呼ばれ、アングロ・サクソンの政治文化をもつ英米の政党制に典型的に見られるもので、すでに述べたように政党政治の標準モデルと目されるものの、その実例はきわめて少ない。この政党システムは、選挙で勝利した政党が単独で政権を維持することを制度原理とするものであり、有権者が政権そのものを事実上選択できる点にその最大の利点があるとされるが、実際上はかつてのイギリスの例にあるように第三党を巻き込んだ連合政権になることもあり、のちに見る多党制との差はそれほど明確なものとはいえない。アメリカのように第三党の成立を事実上完全に排除した二党制はもちろん例外的なものである。ただしこの政治システムを支えているのが、第三党以下の諸政党にとって高い参入障壁となる小選挙区制という選挙制度であることは間違いなく、ニュージーランドのように選挙制度の改変によってたちまち二大政党制が崩れ多党制に変化した例も見られる。

サルトーリの政党システム論の特徴は、とくに多党制論の再検討にある。かれは多党制に三類型を示し、それらを、第一に政治的多元性が限定され三から五の有意味な政党によって構成される「穏健型多党制」、第二に六つ以上の政党から構成される「分極型多党制」、第三にアフリカ諸国などに典型的に見られる部族社会の多元性をそのまま反映し、多くの擬似政党ともいえる政治グループが林立する「原子化政党制」、の三つに分類している。ここでとくに重要なのは、穏健型多党制と分極型多党制の区別である。同じ多党制であっても、各政党のイデオロギー的な距離が大きく政党間の連携が容易には成立しないかつてのイタリアなどの分極型多党制とは異なり、穏健型多党制は政党システムが求心的な構造をもつ、つまりすべての政党が政権に参与する姿勢をもっていることに特徴が見られる。それはすでに見た現在のドイツの政党政治に典型的に示されているように、与党だけでなく野党も現在の与党にとって代わる政権の枠組みを常に志向する点では、二党制と同じような構造が見られることをサルトーリはさまざまな事例をあげて説明しようとする。その意味では穏健型多党制は、分極型多党制よりはむしろ二党制に類似し、しかも二党制以上の政治的安定性と柔軟性を兼ね備えることのできる政党システムであるとサルトーリは高く評価する。このようにサルトーリは、多党制に関する実証的で精緻な検討を踏まえて、高い経済成長を実現したとされる一党優位制や安定した政党政治につながるといわれる二党制よりも、穏健型多党制が政党システムとしてもっとも良いパフォーマンスを発揮していることを指摘するのである。

サルトーリが指摘した、政党システムにおける二党制と穏健型多党制の差異よりもむしろ穏健型多党制と分極型多党制の差異の方が大きいという論点は、連合政権が安定するかどうかは、与党内の勢力（議席に占める与党議員の数）よりも政権を構成する政党間の政策的・イデオロギー的距離に大きく関係するという議論につながっていく。連合政権の形成と政党システムはもちろん密接な関連をもつが、もっとも安定した連合政権がいわゆる少数内閣（過小規模連合）や挙国一致内閣などに見られる過大規模連合ではなく、過半数を少し上回る最小勝利連合であるのは、与党と野党が常に緊張関係を維持しながらもそれぞれ連携を維持しうる条件を備えていることが重要であることを示すものといえる。

先に見たデュヴェルジェの法則がある程度普遍的なものであるとしても、それぞれの政治社会における政党システムの形成・変容を、選挙制度の要因だけで説明することはできない。リプセットとロッカンの議論にもあったように、政治システムの基本構造を決定するのは歴史的・社会的要因であって選挙制度がすべてを決定するわけではない。一つの政治社会における政党システムの変容は、その政治文化や社会変動との関係を含めたあくまで相関的なものとして考える他ないであろう。

▼投票行動分析と政党支持

政党システムの構造を考える際に、有権者が各種選挙においてどのような投票行動をとるかという視点から分析することはきわめて重要である。この投票行動をいかに説明するかに関してもさまざまな議論が存在する。その第一は、社会構造的要因を重視する考え方である。有権者の社会的属性（たとえば人種・階級・宗教・性別など）を基盤とした投票行動の分析が可能であるとする立場であり、たとえば、近年のアメリカ大統領選挙において黒人有権者の約九割は一貫して民主党候補に投票してきたことなどがその事例としてあげられる。ただし、現代社会の特徴は個人のアイデンティティが多層的な構造をもち、職業や居住地域、学歴などの社会的属性によっては必ずしもそのアイデンティティを確定できない点に見られるため、近年ではこの分析方法にはかなりの限界があるといえよう。

第二は、社会心理学的要因を重視する考え方である。この考え方に属する古典的な投票行動分析に、一九五〇年代の大統領選挙を題材に米国ミシガン大学の研究グループが行った『アメリカの投票者』がある。この研究では、アメリカの有権者の投票行動に長期的影響を与える要素として「政党帰属感」という概念が抽出された。この「政党帰属感」とは特定の政党（民主党または共和党）に対する強い心理的な愛着や忠誠心をさし、この帰属感が強いものほど強い政治的関心を示し、投票率も高いことが示された。この政党帰属感の概念に関する分析からは、第一に、それが人々の政治認識や「情報」評価に対して一定の方向性を与えること、つまり自己の基本的な価値観に適合的なものが政治的「問題」（issue）として取り上げられる要因となることが示された。第二に、政治的社会化のところですでにふれたように、政党帰属感は青年期にほぼ形成されその後大きく変化することはないため、「世代」による政治意識の大きな差を説明するとともに、家庭を媒介として政党帰属感が継承される傾向があることが明らかにされている。ただし、この政党帰属感が安定したものであるとすれば、すでに見たような、たとえば圧倒的に民主党支持者が多い地域で共和党市長が誕生するような事態は説明できない。

この点に関して『アメリカの投票者』では、投票行動に際して、多くの有権者は重要な争点に対して正確な情報をもたず、不安定なイメージ（たとえば、共和党はリンカーンが創設した党だから黒人の味方であるといった漠然としたもの）に基づいて決定を行うため、安定した帰属感が必ずしも一定の投票行動には結びつかないことを指摘している。さらに『アメリカの投票者』では選挙で争点となるものとして、実績に対する評価、将来への期待、ある特定の争点に対する意思表示などをあげているが、これらは選挙を通して安定的な政党帰属感に変化を及ぼすかどうかによって選挙をいくつかに類型化するためのものであった。

第三に、いわゆる合理的選択理論モデルからの投票行動分析がある。これは有権者が最大の効用を生むように合理的な行動をとると仮定し、たとえば支持政党の候補者の当選可能性と反対の候補者に対する嫌悪度、投票に出かけることの「機会効用」（それをしなければ得られるであろう利益、具体的にいえばボーリングに行く時間を削って投票に行くかどうかというようなこと）を総合的に考慮し、有権者は投票行動を決定するとする考え方である。ここで示された政党間の機会効用差という概念は、とくにアメリカのような完全な二党制をとっている政治社会には適合的なものといえよう。

これまで見てきたような投票行動分析においてもっとも基礎的な資料となるのが「政党支持」調査である。この政党支持は先に見た政党帰属感と同様に、政治意識のなかでもっとも安定的、中核的なものとされるため、古くから継続的に社会調査が行われてきた。たとえば日本の全国紙は、内閣支持率とともにこの政党支持率調査をほぼ毎月行ってきている。ただし近年は支持政党なし層が増大するとともに、政党支持の方向性が曖昧になってきている。つまり、政党支持の安定性が脆弱なものとなり、特定の政治問題如何によって支持率が急騰・急落を繰り返すことが見られる。また政党支持のなかでも強い支持の割合が減少し、強いていえばという程度のゆるやかな支持になってきている。利益集団が投票行動に与える影響力の低下とも相まって、これまで代表制デモクラシーの主役となってきた政党政治は、事実上の溶解過程に入っているとする見解も存在している。現代の政党が再び政治世界における中心的な役割の担い手となるためには、その組織形態を含めた抜本的な再編成を迫られていると考えることができるだろう。

二　選挙制度

選挙は民主政を機能させるうえでもっとも基本的な制度であり、その公正かつ円滑な運営はデモクラシーの安定にとって不可欠の条件であるとされる。現代世界の選挙制度には普通・平等・秘密・直接の四つの原則があるとされるが、これらの原則は議会政治の発展のなかでしだいに確立していったものである。ただし、現代でもすべての選挙にこれらの原則が適用されるわけではなく、たとえば部族社会の秩序が根強く残るアフリカの諸国などでは、秘密投票ではなく事実上誰が誰に投票したかがわかる仕組みになっているし、アメリカ合衆国の大統領選挙はすでに見たように選挙人の獲得数で決まる間接投票であるため、二〇〇〇年のように全米の直接投票総数では対立候補を下回った候補が大統領に当選することもある。

近年とくに選挙制度への関心が各国で高まってきている理由には、政治社会の構造や政治文化に規定されその改変は容易には実現しないと考えられてきた選挙制度が、じつは政治の仕組みのなかでもっとも人為的に操作しうる興味深い対象であることがさまざまな形で実証されたことも関係している。たとえば政治腐敗の大規模な摘発を契機に選挙制度の改変が行われたイタリアなどのように、その改変によって政治システムなど多くの要素を大胆に転換させた国がいくつか生じたため、これまでほとんど固定的であった各国の選挙制度が再検討されることになった。

日本でも一九九三年の政界再編ののち衆議院の選挙制度が、それまでの中選挙区制から小選挙区比例代表「並立制」に変更された。ただしこの小選挙区比例代表並立制は、有権者が小選挙区と比例代表でそれぞれ別個の方式で投票し、当選者を決めるものであるから、二つの方式の選挙結果をそれぞれ他の方式に影響させること、たとえば小選挙区の惜敗率で比例代表の順位をつけることなどは、制度原理としては不合理である（また、現在の制度では比例名簿の第一位になっている候補も、重複立候補している小選挙区の得票率が低いと当選できないことになっており、とくに少数政党にとって重複立候補の可能性を閉ざす不合理なものといえる）。しかし、小選挙区と比例代表に重複立候補した候補が小選挙区で落選し、比例代表で当選することを「復活当選」とあたかも敗者復活であるかのように新聞などが表現しているのは、小選挙区と比例代表それぞれで選出される議員が事実上対等に扱われていないことを示すものであり、現在の日本の選挙制度における問題点に関しては、政党だけの責任ともいえない部分があるだろう。

現在日本の選挙制度は、衆議院がこれまで述べてきた小選挙区比例代表並立制、参議院が都道府県単位の大選挙区制と比例代表制、県会・市町村会が政令指定都市を除き大選挙区単記投票で行われている。現在日本の選挙制度における最大の問題は投票率の低下であるが、とくに衆議院の選挙制度が小選挙区比例代表並立制になってから、それまでの中選挙区制に比べて大きく投票率を下げていることには留意が必要であろう。

▼選挙制度の諸類型

選挙制度を区分する基準となるのは、第一に、得票数（率）の議席数（率）への「翻訳」が比例しているかどうかであり、第二に、誰が候補者をコントロールするか、つまり最終的に当選者を決めるのは有権者か所属政党かという問題である。たとえば後に詳しく述べるように「非拘束名簿式比例代表制」であれば、第一の基準ではできるだけ比例を図り、第二の基準では政党ではなく有権者に当選者決定の権限を与えようとする選挙制度であり、立候補者個人への投票という形式をとりながら、比例代表で各政党に議席を配分する仕組みである。実際に各国で採用されている選挙制度は、ここで示した二つの基準に照らしたときにさまざまな制度原理の混合形態であることが一般的である。

現在世界で行われている選挙制度を原理的に見れば、「小選挙区制」と「比例代表制」の二つに区分することができる。「小選挙区制」は、勝者がすべてを獲得する制度原理であり、個人候補者への投票の形をとる。小選挙区制には制度としての多様性はあまりなく、問題は「多数」が絶対多数であるか相対多数であるかによる。現在世界では立候補者のなかで最大得票者をそのまま当選者とする「相対多数」で当選者を決定することが多いが、過半数以上の得票で初めて当選者を確定する「絶対多数」をめざすと、多くの場合は二回投票制になる。小選挙区制は、僅かな得票率の差が大きな議席占有率の差になってあらわれやすい選挙制度で、勝利した政党は過半数を占める可能性が高いので、有権者はその選挙区の議員だけでなく、同時に政府（政権）を選出する機能をもつことが期待される。

これに対して「比例代表制」は、勝利を共有する制度原理であるといえる。比例代表制はその種類がきわめて多いが、各選挙区で最多得票数に基づき二人以上の勝者を生み出す選挙制度は、いずれもこの比例代表制の一種と考えることができる。比例代表制における大きな論点は次の二つである。第一は、得票を議席に変換する「比例」方式がどのようなものであるか。第二は、通常は候補者名簿に対する投票となるが、その候補者名簿が拘束式か自由式かである。

第一の点に関して、得票を議席に変換する比例方式の「比率」はほぼ完全な比例から不完全なものまで広範にわたる。代表的な比例配分方式には「最大残余方式」「サン・ラゲ方式」「ドント方式」「ヘア・ニューマイヤー方式」などがあり、それぞれ特徴があるが、現在日本で採用しているドント方式は大政党に有利であるとされる。しかし、比例代表制が比例的かどうかを決定する最大の要因は、じつはこの比例配分方式の選択にあるのではなく選挙区の「規模」にある。つまり、一つの選挙区の定数が多いほど比例代表制はより比例的なものとなり、定数が減るほど比例からは遠ざかる。たとえば現行の日本の衆議院と参議院の比例代表選挙を比較すると、全国を一一のブロック（選挙区）に分ける衆議院よりも、全国を一つの選挙区とする参議院の方がより比例的であり、また少数政党にも当選の可能性が出てくる。

第二の点に関しては、政党があらかじめ名簿に順序をつけその順番に当選者が決まる拘束名簿式となることが一般的だが、有権者が順番をつける場合や、政党がつけた順番の一部を変更できる方式、さらには拘束名簿を作らず個人名で投票された総数をその候補者の所属政党の得票とする方式なども存在している。このように比例代表制はその多様性に大きな特徴をもっている。

▼多数代表原理と比例代表原理

これまで見てきたように選挙制度は「小選挙区制」と「比例代表制」に大きく区分できるが、それはそれぞれの政治社会において選挙制度が果たすべき役割に対する考え方に大きな違いが見られることに起因する。つまり、選挙制度は「人民」の意思を投票の形で示し、何が多数意思であるかを確定するために存在するという「多数代表原理」と、選挙制度は「人民」の意思をできるだけそのまま議会に反映させるために存在するという「比例代表原理」の対立である。小選挙区制は多数代表原理にそって議会を構成するためにもっとも適切な方式と考えられており、比例代表制は比例代表原理に従っていわば世論分布の縮図ともいうべき状況を議会に生み出すためにとられる方式である。

この二つの原理の対立に関して、イギリスで一時期小選挙区制から比例代表制に選挙制度を変更しようとする議論がかなり行われたが、小選挙区制の弊害よりも多数代表原理の安定性を維持することが優先すべきとされ、結局選挙制度改革は見送られた。日本の衆議院選挙で長くとられてきた一選挙区から三〜五名を選出する中選挙区制は、制度原理としては比例代表原理に近いものであった。なぜなら、たとえ過半数を上回る得票率をもつ政党があっても、その選挙区の議席を独占することはまずありえず、逆に少数政党でも一定の得票率さえあれば確実に一議席を確保できたからである。なお、現在ドイツの連邦議会選挙で採用されている小選挙区比例代表「併用制」は、日本の並立制と似ているように見えるが、議席配分は比例代表投票で確定し、獲得議席数から小選挙区での当選者数を差し引いた議席を各党が候補者名簿から埋めていく方式であるから、完全な比例代表原理に立つものである。

選挙制度として興味深いのが日本の戦後第一回の総選挙でも採用された大選挙区「制限連記」投票（たとえば定数八の選挙区で四人まで記名できる方式）で、これは原理的には小選挙区と同様に多数代表原理に立つ完全連記投票と、比例代表原理に近い単記投票の間に立つ両者の折衷的な制度であり、有権者の投票行動が予測しにくいという点でもおもしろいものであった（一般に政治家は有権者が「浮気」をする可能性のある連記投票を嫌う傾向がある）。

選挙制度にさまざまな選択の可能性があるのは、小選挙区制は「多数代表原理」を実現するものであり、比例代表制は「比例代表原理」をめざすものであることは間違いないのだが、両制度とも別の原理を取り込むことがありうることによる。まず比例式投票を前提とする多数代表原理の方式としては、比例代表選挙で第一党となった政党にボーナス議席を配分する「多数プレミア制」が存在する。この制度は、政治社会の多元化の傾向が著しく、比例代表制しか実現の可能性がない状況において、極度に分裂した政党システムに連合を促す効果を期待して設計された。しかし、選挙制度としての公正性の観点や政権交代を難しくして容易に権威主義的体制を支える要因になりうる点で、問題も多い。また比例代表制による小党分立と過激な主張をもつ政党が議会に進出することを防ぐために、議席獲得のための最低要件得票率を定めること（たとえば、ドイツの連邦議会選挙では得票率五％未満の政党は議席を獲得できないというかなり厳しい「阻止条項」をもっている）もゆるやかな多数代表原理といえる。

次に、小選挙区制のなかに比例代表原理を取り込む方式と考えられるものに「小選挙区二回投票制」がある。この二回投票制は、一回目の投票で過半数を得た候補者がいないときに二回目のいわゆる決選投票を行うもので、ほとんどの国で大統領選挙において採用されている。これを議会選挙でも行う小選挙区二回投票制は、普通選挙の導入によって労働者政党に議席を独占されることを警戒したブルジョワ政党の要請で、かつてはかなり多くの国で採用されていたが、現在この方式をとっている代表例はフランス国民議会選挙である。第一回投票で規定の得票率を獲得した候補のみ第二回投票に進むこの方式の特徴は、一回目の投票の後、各政党間で政策協議や選挙協力が行われるとともに、有権者自身も情勢を熟慮したうえで二回目の投票に進むことにあり、とくに一回目で脱落した少数政党の支持者をいかにして取り込むかが勝負の分かれ目となることである。この小選挙区二回投票制は、極度に分裂した政党システムを二段階の投票によって統合していこうとするもので、選挙制度に求められる二つの代表原理をうまく接合しようとする試みともいえる。その意味で政治学者のなかには「二回投票制はそれ自体完全な真の選挙制度」（サルトーリ）として高く評価するものもいるが、この方式が積極的に取り入れられる条件を満たす政治社会もまた稀であるともいえる。

選挙制度には、かつて日本の参議院選挙で存在した全国区のように、政党の組織には必ずしもとらわれない高い識見をもつ無所属の当選者を生み出すことを意図する制度もある。実際上、参議院全国区は経済団体・労働団体・業界団体などが組織内候補を立てて選挙に臨むことが多く、ある種の職能代表のような機能をもっていたが、そのほか学者・作家・ジャーナリストなどいわゆる文化人が候補となることも多く（一時公明党が党組織や創価学会と直接関係ない学者を候補とするなど）良識の府としての参議院の存在意義を示そうとしていた時期もあった。ただし現代においてこうした選挙制度が有効に機能するかどうかは、先に述べた知識人の影響力低下などの問題とも関わって議論が分かれるところであろう。さらに、議員の選出を選挙ではなく抽選にすべきだとする議論も存在する。たとえば二院制のうち一院を抽選で選出する議員抽選制は、デモクラシーの原理から考えればあながち暴論ともいえず、議員の年齢や性別の偏りをなくすことができるという観点に立てば、その是非を検討することはデモクラシーの原理を再確認する意味からも有意義であろう。またこれとは逆に、現在ほとんどが無所属議員になっている地方議会を活性化させるために、地方選挙に首長選挙と連動した政党対抗型の選挙制を導入する案も存在する。このように選挙制や代議制のあり方をめぐっては、制度の根幹に関わる原理の見直しを含めた幅広い議論が存在している。

▼選挙制度を評価する基準

これまで選挙制度にはさまざまなものがあることを見てきたが、選挙制度が真にデモクラシーを円滑に機能させるものになるための諸条件について考えてみる。第一は、選挙制度における有効性と信頼性の兼ね合いである。選挙制度は民意を適切に反映した結果を生み出さなければ、正統性（信頼性）を獲得できない。たとえば、二割程度の支持率の政党がまったく議席を得られないような選挙制度は信頼性を獲得できないであろう。その意味では小選挙区制は、多くの死票（当選につながらない投票）を生み出し、与党の固定化につながる可能性をもつこと、また選挙区の範囲が狭いためその地域における名望家的秩序が再生産され、特定の家柄が長年議員を独占して事実上競争の契機を排除してしまう可能性をもっていることに注意が必要である。

選挙制度における信頼性の問題でよく日本で議論になるのが、議員定数不均衡いわゆる「一票の価値格差」問題である。この問題に関しては「法の下の平等」に反するとしてしばしば訴訟が起こされ、最高裁判所でも定数配分が違憲状態にあると判断されたこともある。

ただし参議院における定数不均衡の解消は、都道府県を選挙区の単位とする限り事実上不可能である。地域代表としての都道府県という単位の意義を国民の多くが了解して定数の不均衡を是認するのでない限り、かつて議長からの試案として提案された、選挙区と比例代表を統合しブロック単位の比例代表とするなどの抜本的な改革案が要請される。そのためには、現在衆議院に関して設けられている学識経験者からなる選挙区割りに関する委員会など、議会の外部から選挙制度について意見や勧告をする公的機関の設置が必要であろう。

比例代表制は定数不均衡など公平性に関する問題は少なく、少数政党にも議席を与えることができる選挙制度ではあるが、得票と議席を完全に比例させせようとする制度は合理的なように見えて、じつは選挙の実質的有効性の面では課題ともいえる。なぜなら選挙制度には、国民の選択を通して政府の形成や政策の決定に寄与する機能も求められており、その意味ではある程度勝ち負けがはっきりすることこそが選挙の意義として必要という考え方も成り立つからである。ただし、人口減少と高齢化に見舞われている日本に典型的に見られるように、政策転換にあたり漸進的な改革と広範な合意の取りつけが求められる状況下で、二大政党間の定期的な政権交代といった政党政治モデルがはたして適合的かという問題は指摘できる。このように選挙制度における信頼性と有効性のどこで均衡を図っていくか、つまり多数代表原理と比例代表原理のバランスをどのように考えるかは、正解の存在しない問題で、選挙制度を設計していくうえでの最大の争点である。

第二は、社会的地位に関する公平化と選挙制度の関連について。社会的地位の公平化に関連して現在各国の選挙制度に取り入れられ始めているものに「クォータ（quota）」制度がある。これは各政党が候補者名簿を作成する際に、たとえば男女比を半々にするなどの枠（クォータ）をあらかじめ設定するものである。この制度の意義は、政治家になるために必要な社会的資源（職業的経験、人脈、動かせる資金）などに、たとえば男女間でかなりの格差が存在する現状のなかで男女を問わず有能な指導者を選び出すことにある。この制度を取り入れている国では、政党の比例代表候補者名簿が基準に達していないと政党交付金を削減するなどのペナルティを科している例もある。しかしこの制度には賛否両論があり、男女あるいは宗派といった社会的属性と有能な政治家か否かの判断はまったく次元を異にするものであり、有権者の選択の幅を逆に狭める不合理な制度であるとする批判も根強い。ただしこのクォータ制を導入している国は、政治家だけでなく企業や行政機関でも女性の社会進出が著しく、クォータ制度導入と女性の社会進出との間に因果関係が存在するかどうかは今後の研究課題である。

さらに、社会的なマイノリティ集団に議員選出の機会を与えるものとして特別な選挙区を設ける手法が存在する。この手法は、元来自党に有利となるように不正な選挙区割をする「ゲリマンダリング」をさすが、現在はネイティブ・アメリカン（いわゆるインディアン）からの議員選出の可能性を高めるために、かれらの居住区を強引に一つの選挙区とする方法として考えられている。ただし、本来的に少数集団が議席を確保するための手法は比例代表制であり、この手法は比例代表選挙がなく、すべて小選挙区制であるアメリカ合衆国で編み出された独自の方法と考えるべきであろう。

第三は、投票率の上昇を図るための手法に関して。現在世界の多くの国に共通する課題は投票率の低下である。これを解消するための手法に「義務投票制」がある。これは各種選挙における棄権者には罰金を科すもので、すでに導入しているオーストラリアの多くの州などではきわめて高い投票率を実現している。ただしこの制度の是非については、高い投票率が民主政を機能させる必要条件なのかという根本的な疑問が提示されている。しかし、低い投票率は結果的に一部の集団の特殊利益を突出させることにつながることも事実であり、投票を納税などと同じように政治社会の構成員にとって必要なコストと考えることもあながち不合理とは言い切れないだろう。

第四は、選挙運動の自由化と積極的政治参加の促進。この問題はとくに現代の日本において大きな課題であろう。すなわち、公職選挙法に規定されている現行日本の選挙制度は禁止事項が多く、自由な政治活動が阻害され、結果的に高い知名度と多くの社会的資源を有する候補者が圧倒的に有利であるとする批判である。ただしこうした点よりもより大きな問題だと考えられるのが、公民権の実質的な保障である。すなわち、現在の日本社会では政治活動への制度的保障がほとんどなく、たとえばサラリーマンが市議や県議の選挙に立候補しようとすれば、当落に関係なく立候補の段階で退職しなければならない企業がほとんどである。選挙期間および議員在職中は職種にかかわらず自動的に休職扱いとすることや、他国にあまり例を見ない高額な供託金制度の見直しなど、選挙への参入障壁をできるだけなくしていく仕組みを公的につくりあげなければ、政治家のあり方を大きく変えることは不可能であろう。現在日本では議員報酬を減額することを是とする論調が見られるが、こうした動きは地方議会の定員割れなどの問題を引き起こし、政治を私たちから遠ざける要因ともなっている。ごく普通の職業人が生活し、また政治活動を行っていける報酬を議員に保障することはデモクラシーにとって不可欠のコストであり、国民の積極的な政治参加にも寄与するものとなるはずである。

第8章 官僚制と利益集団
■現代政治過程の動態

官僚をどのようにコントロールするかは、世の東西を問わず昔から大きな課題とされてきた。すでにふれた古代インドの帝王学『アルタシャーストラ』においても、「水中を泳ぐ魚が水を飲んでも知られることがないように、職務に任じられた官吏が財を蓄積しても知られることはない」と述べて、王に対しスパイの活用や煩雑な人事異動による官吏の監査を求めている。中国の清朝期の地方長官の訴訟記録である『鹿洲公案《ろくしゅうこうあん》――清朝地方裁判所の記録』からは、当時の中国における官僚の職務の実態がうかがわれて興味深い。歴代皇帝のなかでも名君として名高い雍正帝の治世のもとで抜擢され、広東省湖陽県の知事に任ぜられた藍鼎元という人物の手になるこの書物には、「実際にあってもいい話」として訳者である中国史家宮崎市定による次のような「小説」が載っている（引用は一部省略）。

「藍鼎元が湖陽県の県知事に任命されたことが廷抄という官報に載ると、かれの下宿は急に賑やかになった。ある日、藍鼎元は湖陽県出身の林　某という貿易商の訪問を受け、一通の封書を受け取った。『これは何かのお役に立てたいと思って認めました。ただし極めて秘密に御覧願いたい。これは貴殿の将来のみならず、私の生命にも関わることでございます。貴殿をしかと見込んだればこそ、これをお渡し申し上げるのです。』客が帰ったあと、藍鼎元が封書を開くと、それは一通の名簿であった。そこには綽名とともに見知らぬ人の名前が数十人列べてある。藍鼎元は抽出しから秘密の帳簿を取り出して、この名簿を細字で引き写し、原の名簿は火鉢にくべて焼いてしまった。翌日藍鼎元の下宿には別の訪問客があった。この男は次のように述べた。『御聞き及びのように、私の故郷の湖陽県では、過去四代の県知事が未決監に繋がれているというていたらくです。これには確かに彼等の落度もあったことでしょう。しかしまた彼等としてやむを得ない事情もあったとして認めてやらなければならぬ点があったに違いありません。見知らぬ土地に新たに赴任されては、何事につけて不案内のために戸惑いなされることが多いと存じます。そのためにはよい参謀、よい助言者が必要であります。幸い私の知人に氾仕化というものがあって、御着任のおりには万事、この者に御用を申し付けられましたならば、滅多に粗忽はせぬと存じます。』客が帰った後で藍鼎元は抽出しを開けて秘密の手帳を取り出した。先に林某がくれたブラック・リストの中に氾仕化という名が直ちに見出された。そして既にその上に色々な符号が四つも五つもついていた。彼はさらにその上に新たに三角の符号を書き足した。」

この「小説」に続く本編では、まるで水滸伝の世界を思わせる魑魅魍魎《ちみもうりょう》のような人間がうごめく実話が次々と出てくる。科挙制に基づく支配官僚が間接的に地方行政を掌握しようとしていた旧中国社会の実態を記した書物としてこれほどおもしろいものはないといわれるが、そこで藍鼎元が名判官としていかなる活躍をしたかは、『鹿洲公案』を実際に読んでのお楽しみにとっておくことにしたい。

一　官僚制と政党政治

現代は行政国家とも呼ばれ、行政機関の果たすべき役割がきわめて増大している一方で「お役所仕事」といった言葉に示されるように行政機関に対する国民の不信感も拡大している。また官僚組織のあり方に対しても、「役人天国」「天下り」などの言葉に象徴されるように批判の声が喧しい。効率性に欠け不合理な決定ばかりをして自己の保身に汲々とする組織、というマスメディアなどが主張する現代（とくに日本）の官僚制像は、実態に即したものなのだろうか。また行政機関を動かしている官僚組織に私たちが期待するものは何であり、それを実現するための諸条件をどのようにして作り上げていったらよいのだろうか。

▼現代行政と官僚制

現代の行政機関や官僚制に対する批判の大きな要因に、煩雑な行政手続きの存在がある。形式的できわめて非効率的な手続きを要求され役所中をたらい回しにされた経験をもつ人は多いだろう。もちろん「大国を治むるは、小鮮を煮るが若し」（『老子』下篇、小魚を煮るのにつつきまわしてはならないのと同じく、政令は煩瑣であってはならないという意味）という言葉があるように、行政組織が肥大化せず、そこから出される命令などができるだけ簡潔であることが望ましいのはいうまでもない。とくにかつて日本の植民地であった旧満洲国において、関東軍（旧満洲を支配した日本軍の名称）が抗日ゲリラを匪賊と呼んだのに対して、現地人が日本人は法匪であると憤慨したように、わかりにくい法令を乱発しそれを恣意的に適用して合法性を隠れ蓑に暴力的抑圧を行うことは専制的支配以外の何ものでもない。しかし、巨大な官僚機構と膨大な法令・命令等の存在は、現代行政国家の運営に必要不可欠なものであることも事実である。

官僚制をめぐる古典的な議論は、ウェーバーの官僚制（bureaucracy）論に見ることができる。ウェーバーは家産官僚制（中国における「宰相」の本来の任務は皇帝の身の回りの世話をし、家の財産を守ることであった）と区別される近代官僚制を、必ずしも行政機関に限らず企業などあらゆる巨大組織に共通する組織形態としたうえで、その特徴を次のように整理している。第一に、各機関が規則に裏づけられた明確な権限をもっていること。第二に、官僚階層制（ヒエラルヒー）が存在し、官庁間の上下関係が明確であること。第三に、文書による職務執行。第四に、官僚は専門職として位置づけられ、法律等の知識の習得と継続的訓練が要求されること、などである。このような官僚制の特徴のなかでとくに重要なのは、恣意的な業務遂行を排除し、法令に忠実に事務を執行することが要請される点である。この官僚制の特徴はややもすると人間味を欠いた取り扱いとして批判の対象になることもあるが、すべての人に対して開放的で平等な取り扱いをすることやコンプライアンス（法令遵守）が求められる現代の組織においては避けられない側面ももっている。

したがって、現代の行政組織と官僚制をめぐる問題で中心となるのは、組織としての官僚制そのものの問題というよりも、むしろそれらを政治組織全体のコントロールのなかで十全に機能させていくことができるかどうかである。この問題について考えを進めていくためには、官僚組織と政党ないし政治家がどのような関係に立つべきなのか、国民が直接行政機関の活動をコントロールする仕組みはどこまで可能なのかといった論点について見ていく必要がある。

▼政治家と官僚制の役割分担

政党や政治家と官僚制がどのような関係に立つべきなのかを考察するためには、まずそれぞれの政治社会において官僚（行政官）がどのように位置づけられているかを見ておく必要がある。官僚制の伝統をもたなかったアメリカ合衆国では、とくに初の西部出身の大統領であったジャクソン政権のもとで、門閥的秩序を打破し官職を広く国民に開放することこそがデモクラシーであるとの考え方のもとに、行政官の政治任用が進められることになった。この仕組みを spoils system「猟官制」と呼び、行政長官から郵便局長にいたるまですべての政府官職が選挙運動の報酬として、政権についた者によって自己の支持者に配分される仕組みが確立した。この方式の特徴は「行政と政治の未分化」にあり、両者が混在していることである。現在ではすべての官職がこの仕組みで任用されているわけではないが、大統領や州知事が交代すると連邦政府や州政府の主要な幹部職員がいっせいに交代することが一般的である（ケネディは大統領当選後、一二〇〇の官職が書かれた「緑色の本」を渡され自由に任命できると聞かされると、次々に斬新な人事を行って新しい体制を築いたと伝えられる）。この猟官制には，任用をめぐる腐敗，行政の継続性や専門性の軽視などの弊害があることが指摘されているが，アメリカ政治においてはこうした弊害を利益集団の活発な活動や議員の積極的な立法活動への参与などで補っているとされる。

これに対して，厳格なヒエラルヒーに立つ教会組織（カトリック）を範とする強力な官僚制の伝統をもつヨーロッパにおいては，職業的な行政官の養成が進められてきた。そこではかつて官職が貴族の特権とされ，その地位が金銭で売買されたことを反省して，公職任用の基準を職務遂行能力の有無に求める「資格任用制」（merit system）が発達した。日本における公職任用もいわゆる各種公務員試験によって採用候補者を確定する（したがって，国家公務員試験の合格はただちに採用を意味するものではなく，官庁訪問で「内定」を得なければ実際には採用にいたらない）ことからもわかるように，資格任用制で行われている。日本や欧州でとられているこの方式の特徴は，「政治と行政の分離」にあり，仮に政権が交代しても政府の幹部職員がいっせいに交代するわけではなく，行政の継続性や専門職としての官僚制の意義が強調されている。ただし，この政治と行政の分離の程度は政治社会によって異なり，政権が交代すると与党議員やその支持組織から大量に官職への任用が行われることもあるが，猟官制とは異なりあくまでもその専門性が重視される（たとえばドイツにおいて見られるのは，労働組合の幹部職員が雇用問題担当の審議官になる，商工団体の職員が経済担当の大使館付け書記官になるなどの形態である）。

政治と行政との関係について，現代行政学の一つの中心であるアメリカ行政学では伝統的に両者の関係に関して「政治・行政二分論」と「政治・行政融合論」の対立がある。前者は，アメリカ行政学の父ともいわれ，のちに学界から政界入りして大統領となり，第一次世界大戦後国際連盟の提唱など理想主義的世界像を模索したウィルソンらが主唱したもので，行政の合理的で責任ある運用には政党政治から一定の距離をおき，行政固有の領域を確保することが必要であるとする考え方である。これに対して後者は，ニュー・ディール政策以後の連邦政府の権限拡大を背景に、行政は政治から分離しえず、むしろ両者の役割は融合的でその働きは循環的なものであるとする考え方である。この二つの考え方の対立は、要するに理想とすべき行政作用とは何かをめぐるものであるが、第二次世界大戦後は行政活動に経営学的なマネージメントの要素を重視すべきとする考え方が強くなっている。さらに近年は官僚制組織の効率的・合理的運用だけに問題を留めるのではなく、さまざまな行政改革の手法を受けて、業務の外部委託や行政機関の独立行政法人（エージェンシー　agency）化など、官僚制や行政組織のあり方そのものを見直す動きも出始めている。そうした動きをめぐる議論で焦点となるのは、行政活動が果たすべき公共性とは何かを見定めることであろう。

現代政治における政策形成において、専門的知見をもつ官僚制と、国民から信託を受けまたさまざまな公約を提示している政治家は、それぞれどのような役割分担を行うべきなのであろうか。いわゆる「政―官モデル」と呼ばれるこの問題に関しては、選挙での勝利をめざす政治家は従来取り上げられていなかった新しい争点に対応しようとするのに対して、法令などによってその活動範囲を限定されている官僚制は既存の組織との安定的関係を維持しながら問題の処理を図っていくとする見方が一般的である。しかし、両者の緊張関係は一概には規定できず、とくに政策の提示、調整、実施のそれぞれの局面において大きく異なってくるであろう。また、政治家の方が支持組織を確保するために既得権益擁護に動いて官僚制化し、現状の問題点をよく認識している官僚組織が政策的なイノベーションをめざして大胆な提案を行うこともしばしば見られる。日本政治の歩みのなかでも、たとえば旧東京市長・満鉄総裁などを歴任した後藤新平のような政治化した官僚が出現することもあれば、かつての自民党に見られたように当選回数を基準とする年功序列でポストについていく官僚制化した政治家が生み出されることもあった。この「政―官モデル」をめぐる問題に関しては、政治家、官僚制とそれぞれひと括りにするのではなく、政治家と官僚制との相互関係の多様性に着目することが、とくに現代のような複雑に入り組んだ利害調整が公開性のもとに求められる時代には必要である。

▼官僚優位論と政党優位論

日本において官僚制をめぐる議論がかつて行政学の中心的課題であったのは、官僚組織こそが日本を動かす最大の権力機構であるとする見解が広く通用していたからであった。たとえば、行政学者辻清明は『日本官僚制の研究』のなかで、日本の官僚組織は戦後改革による組織改変にもかかわらず、自生的権力集団として政策形成にもっとも強い影響力を継続的に行使してきたことを明らかにしようとした。そこで注目されたのは、戦前と戦後における官僚制の影響力の継続性であって、戦前の軍部や内務官僚のイニシアティブに代わり、戦後は大蔵省、通商産業省など経済官僚のリーダーシップが高度経済成長を支えたことを強調した。これらの研究は、高度経済成長期の自民党支配体制における官僚制支配への依存を主張するもので、日本政治の政策形成過程における官僚制の役割を政党よりも大きなものとするいわゆる「官僚優位論」の根拠となった。

ところが一九八〇年代以降、日本の政策形成過程における主導権が官僚制から政府与党に移ったとする「政党優位論」が、多くの政治学者によって提唱されるようになる。たとえば、行政学者山口二郎は『大蔵官僚支配の終焉』のなかで、これまで予算編成の実権を握ることで絶大な権力を維持してきた大蔵省とくに主計局の権限が実質的に後退し、最終的な予算編成の権限が大蔵省から政府与党に移ったことを、詳細な政策決定過程の例をあげて解き明かそうとした。たとえば、予算編成決定の最終場面が大蔵大臣と各省庁の大臣間の復活折衝からその後首相官邸で行われる自民党三役折衝に移ったように、政策決定における官僚制の自律性が大きく損なわれ、政権与党の政調会などが実質的な決定権を行使する場面が増加したことが示された。この「政党優位論」は、自民党支配体制のなかで党内における「族議員」が増大し、かれらが業界団体などを巻き込んで官僚制に依存しなくても政策調整を行う力をつけたこと、また官僚機構も政権交代の可能性がほとんどなくなるなかでその影響力を確保するために、積極的に政権与党の政策立案に関与しようとしたことなどがその理由として指摘できる。

ただしこの「政党優位論」はあくまでも自民党の長期政権のなかで生まれた構造であって、一九九〇年代以降自民党支配体制が溶解していくなかではその理論的前提が大きく揺らいでいるといえる。なお、官僚制の強い伝統をもつヨーロッパやイスラーム世界では、それぞれ形態は異なっていてもかつての官僚制優位に翳《かげ》りが見え始める一方で、行政組織は肥大化しているといわれるが、それはエリート支配と近代化に伴う社会構造の変化に関わる大きな問題であり、これまで述べてきた日本政治における「官僚優位論」と「政党優位論」の対立をめぐる議論も、より大きな理論的射程のなかに収めることが可能であろう。

現代の日本政治においては、初めに述べた官僚批判の大合唱を受けて、政策形成過程における「官僚主導から政治主導へ」という動きが各方面から主張されている。しかし問題なのは、その中身がきわめて不明確なことである。これまで政策形成過程において重要な役割を果たしてきた官僚機構をその中心から除外したとして、現在の政党や政治家にはそれに代わりうる政策立案能力があるのか、また利益配分過程から一定程度切り離された官僚制の自律性に代わって、政党政治は長期的な展望にたった公共性を担保しうるのか、さらに学者や評論家などをメンバーとする各種審議会等は官僚制に代わる責任ある政策形成の主体たりうるのか、といった問題点の整理はまだこれからの課題である。

近年の喧しい公務員制度改革や行政改革をめぐる議論の焦点は、国民が官僚制に何を期待しているのかの問題でもある。官僚制の果たすべき役割をめぐり、官僚制は独自の判断を行うことなく政治の決定にそのまま従うだけでよいとするのならばともかく、官僚制は専門知識と実務経験をもつ集団であり、重要な公共政策の担い手であると考えるのであれば、それらにどのような役割を担わせ、またその活動をどのようにコントロールするのかはデモクラシーの運用における重要な論点となるはずである。行政活動を調査し、市民の苦情を処理することを目的とした機関である「オンブズマン」（スウェーデン語の ombudsman）も、今後重要な役割を担っていくことが期待される。複雑化し、また国際的な政策調整が求められる場面が増加している現代の政治過程において、精緻な政策提示に不可欠な「専門性」をいかなる手法によって（どこに、どのような手続きによって）確保していくのかは、政治の質にも関わり今後大きな課題となっていくであろう。

二　利益集団と政治体制

現代の政治過程において、官僚制と並んで重要な公共政策の担い手となるのが「利益集団」（Interest Group　圧力団体とも呼ぶ）である。この「利益集団」は、選挙という現代政治における公的制度によって選ばれた代表が、国民代表の原理に基づきながらも実際上は（とくに小選挙区制の場合）地域代表の側面をもつのに対して、非公式ながら地域を超えた全国的な国民の意思を表示するものとして大きな役割を担っている。現代日本における代表的利益集団としては、経済団体（日本経団連、日商など）・労働団体（連合・全労連など）・業界団体（日本医師会など）・農業団体（ＪＡなど）・宗教団体などがあり、とくに経済・労働・農業団体は、単位組織を束ねる全国組織を擁して大きな影響力を行使してきた。また、各種業界団体は地域社会に根を張った組織の力による高い集票能力で、とくに政権与党に影響力を行使し政策要求を実現してきた。こうした職業利益を中心とする伝統的な利益集団に加え、現在ではＮＧＯなどの新しい組織も、規模は小さいながらもその専門性を生かして政策決定に大きな影響力を行使することがある。

利益集団と政党政治との関わりは決して一様なものではなく、たとえば日本の宗教団体のなかでも選挙活動にまったく関与しない団体もあれば、事実上政党を支援して多くの構成員を議員として送り出している団体もある。またその組織形態も、経済団体のように自由な結社の形のものもあれば、労働組合のようにその活動が法的保護・規制の対象になっているものもある。利益集団の活動目的には、特定の政策実現をめざすものと、広く支持政党の勢力拡大を支援してその影響力を高めようとするものがあるが、活動の原動力となる団体の組織力は構成員の有効性感覚によって左右されるから、政治活動への積極的関与が支持されるためには、その必要性が構成員に十分理解される必要がある。利益集団が現代政治過程にどのような影響を及ぼしているかを見るために、以下のようにいくつかの政治社会における利益集団と政治体制の関連性を類型化した理論モデルを示して検討していくことにしたい。

▼アメリカにおける多元主義モデル

アメリカ政治は、利益集団の活動がもっとも活発であることをその特徴の一つとしている。アメリカにおいて利益集団活動がきわめて活発である要因としては、多くの移民流入と居住地変更を厭わない傾向、さらに世襲的な職業観が希薄であることなどに基づく社会的流動性の高さと、政党組織・官僚制が未発達であることがあげられる。つまり、全米に広範に散らばった諸利害を政策過程に反映させるために、選挙による公的政治過程以外で利益を媒介とする諸集団の活動が要請され、それらが拡大していったと考えられる。アメリカにおける利益集団の活動はその活発な「ロビー活動」に特徴をもつ。このロビー活動は、元来その活動が議会のロビーで行われたことに由来するが、各利益集団から委託を受けたロビイスト（lobbyist）が法案の提出・成立に力を発揮する議員に直接接触して、法案の制定・成立阻止などに強力な影響力を行使しようとするものである。ただし、このロビー活動に象徴される利益集団の強力な活動は、アメリカの政策決定にある種の膠着性を生み出すなど大きな弊害にもなっている。たとえば、第二次世界大戦時の連合国軍司令官でのちに大統領となったアイゼンハワーは、退任演説のなかで、軍部と軍需産業との密接な結びつきが軍需に依存する歪な経済構造を生み出していること、そして膨大な国防予算の分配過程に多くの議員を巻き込んでいることを指摘して、それらを「軍産複合体」と呼び、その悪影響に警鐘を鳴らした。軍人出身の大統領があえて苦言を呈したように、アメリカでは国防総省を中心とした連邦政府に、軍需産業をはじめとする産業界、研究予算の獲得をめざす大学などの学会が「鉄の三角形」(iron triangle) と呼ばれるブロックを形成し、多くの議員を動かしてその構造を再生産させる役割を果たしている。インターネットなど軍事技術の民間転用も進められてはいるが、継続的に膨大な軍需経費を消費することを前提としている現代アメリカ経済は、国際政治のうえでも大きな課題を抱えているといえる。

アメリカ政治において利益集団の活発な活動が進められている背景には、さまざまな利益集団の活動によって公的政治過程では取り上げられにくい国民の多様な意思が整理された形で表出されるとともに、利益集団同士の激しい競争によって、一部の特殊利益が突出することなく一定の均衡状態を作り出すことができるとする考え方がある。アメリカの利益集団は階級や宗教によって固定化された集団ではなく、その集団の活動に対する評価によって構成員が変化する可能性があり、その活発な競争過程によってデモクラシーを活性化させ、市場メカニズムにおける均衡価格のように、政治社会のなかに最善の利益配分を生み出すことができるとする。しかし、この「多元主義」モデルには、それぞれの利益集団が求める「特殊利益」をどのようにして公的政策に転換するのか、また未組織の多数者は自己の主張を政治過程に表出することが難しく、容易に操作される対象となりがちではないかという大きな問題が存在する。つまり、現実のアメリカ政治において見られるのは、「多元主義」モデルが想定するような開かれた競争過程ではなく、少数者の特定化された利益のみが組織化され、多数の人々に関係する利益はほとんど組織化されていないとする批判である。たとえば、全米ライフル協会は銃規制に反対しアメリカ国民の「武装する権利」を擁護する団体であるが、少しでも銃規制に関わる主張をする候補に対してはきわめて強力な反対・妨害活動を執拗に展開し、全米では銃規制支持の声が高いにもかかわらず、アメリカにおける銃規制がいっこうに進まない原因ともなっている。このように「多元主義」モデルが想定する市場メカニズムをイメージした利益集団と政治体制との関わりには、必ずしも現実には適合しない要素が含まれていると考えられるだろう。

▼欧州におけるコーポラティズム的秩序

ヨーロッパにおける利益集団は、政治社会における社会的亀裂の大きさ、社会的流動性の低さ、階級対立の伝統などを受けて、明確なイデオロギー的・宗教的基盤をもつ政党と強い結びつきをもっていることに特徴がある。つまり、利益集団は特定の政策要求を実現するための結社という性格よりも、国民国家における一つのサブカルチャー（たとえば、オランダの「柱」zuil、オーストリアの「陣営」Lagar など各国にはそれぞれ独特の言葉がある）を担保するための砦とでもいうべき役割を担うことが多い。ブロードウェイのミュージカルをオードリー・ヘップバーン主演で映画化した『マイ・フェア・レディ』で象徴的に描かれているように、階層が違えば、言葉、服装、娯楽などがすべて異なる階級社会のなかで、それぞれが生活文化に確固とした基盤を築くために、教会、労働組合、商工団体、農民組織、各種職能団体などの利益集団はきわめて重要な位置を占めている。そこでは中世のギルド制の伝統も踏まえ、種々の団体が相互に作り上げている権利義務関係によって社会的秩序を形成・再生産しようとするコーポラティズム（団体協約主義）の考え方が依然として機能する場面が見られる。

現代のヨーロッパにおける利益集団と政治体制の関わりについて注目されるのは、伝統的なコーポラティズムの考え方を現代の国民経済の運営に生かしていこうとする「ネオ・コーポラティズム」をめぐる議論である。このネオ・コーポラティズム論は、ヨーロッパとくに北欧諸国などにおける労資協調型の福祉国家路線を利益集団の積極的な政策関与の側面から注目したもので、具体的には完全雇用政策と所得政策を組み合わせた（マクロとミクロの政策を融合した）経済社会政策を、政策協議会など政・労・資の協議を中心として実現していこうとする体制作りのことをさす。このネオ・コーポラティズム論が一九八〇年代に俄然脚光を浴びたのは、一九七〇年代の「石油危機」以後のスタグフレーションの進行のなかで経済危機克服が北欧諸国などでいち早く進み、その後も順調な国民経済の運営に成功している背景に、こうした労資協調型の社会的パートナーシップの考え方の存在があるのではないかと指摘されたことによる。ただしこうした政策協議は、従来非公式な形で行われてきた集団間の利益媒介過程を半ば公的なものに転換しようとするものであったから、公的政策形成過程である議会政治と整合性を保ち、政治的正統性をもちうるかどうかについては議論がある。

　こうした社会的パートナーシップの考え方は、階級妥協的な意思決定の方式であり、イタリア・フランスなどのように厳しい階級対立的政治秩序が残存している国々、またアメリカ合衆国のように国家と市場の分離を主張する政治秩序が根強い国、あるいは日本のように労資協調が各企業内における労使協調に留まる経済社会秩序を形成している国などにおいては、その実現が困難であった。またネオ・コーポラティズム論で注目された国々が、いずれも人口規模が小さく、国際競争力のある輸出産業や国際政治上の安定した地位に恵まれていたことから、この議論を政治体制の一つのあり方として定式化することには大きな留保が必要ではないかとする指摘もなされた。さらに一九九〇年代以降、経済のグローバル化の進行とＥＵ統合の進化によって、国民経済の自律性は大きく低下しつつあり、国民経済の単位で協調体制を作り上げようとするネオ・コーポラティズム的秩序の再生産はきわめて困難になっている。しかし、個人主義的価値観の亢進と新自由主義的経済秩序が世界的に大きな影響力をもちつつある現在でも、ネオ・コーポラティズム論で注目された国々の諸集団は高い組織力を維持しており、その政治的役割はきわめて大きい。

▼日本における「官庁クライエンテリズム」型

日本における利益集団と政治体制との関わりは、これまで見てきた「多元主義」「コーポラティズム」のいずれのモデルにも該当しない独特なものであった。日本では明治以降の天皇制国家のもとで社会的亀裂の顕在化が遅れ、また政党組織が未発達であったのに対して、近代化の推進力として官僚制がいち早く強固に整備されてきた。そして戦後の高度経済成長期にも政権与党は官僚制支配に依存して政権運営を行ってきた。そのことが官僚制と利益集団との強い結びつきに特徴をもつ「官庁クライエンテリズム」型という独特の体制を作り上げることになった。

このモデルの特徴は、護送船団方式と呼ばれる金融機関に対する大蔵省（現、財務省）の強力な統制に象徴されるように、官公庁が許認可権限や行政指導などを通じて業界団体を実質的にコントロールし、各種利益集団も形式的には政治的中立性を担保されているはずの官公庁の決定を通じて利益配分過程に与ることに、その活動の重点をおいたことに示されている。そして多くの与党議員は「族議員」としてこの中央官庁を舞台とする利益配分過程に参入し、それらを牛耳ることでその政治的影響力の確保を図ってきた。

この「官庁クライエンテリズム」型の特徴は、予算配分などをめぐる利益誘導過程であっても、多元主義モデルとは異なり、その利益媒介の仕組みが閉鎖性でまったく不透明であるところにある。議会における政党政治を舞台とするものと異なり、官公庁を舞台とするそうした利益媒介の仕組みは討論や公開性の局面をもつことなく、「裁量主義」と呼ばれるきわめて恣意的な判断によって行われてきた。長年にわたり政権交代がなく、事実上官僚制と政権与党が一体化する傾向にあったことが、こうした独特の構造を生み出してきたといえる。しかし、日本でも一九九〇年代以降自民党支配体制が崩れるとともに、継続的な経済成長を前提とした利益配分構造の維持は困難となり、「官庁クライエンテリズム」を支える基盤は大きく揺らいでいる。そしてこうした官公庁を舞台とする利益配分過程に参与することで組織を維持してきた多くの利益集団にとっては、組織の存続そのものが大きな危機を迎えることにもなっている。日本における利益集団の政治的影響力低下の背景にはこのような状況の変化が関係している。

▼マスメディアと政治腐敗

利益集団と政治体制をめぐる議論に関連して、ここでマスメディアと政治体制との関連について簡単にふれておくことにしたい。現代においてマスメディアは、ある意味では政治過程における最大の圧力団体といえるかもしれない。それはさまざまな報道を通して争点を作り出し、事実上世論を誘導して一定の方向性に向かわせる力をもっているからである。マスメディアの影響に関する古典的な議論としては、社会心理学者ラザースフェルドの「コミュニケーションの二段階の流れ」仮説がある。これはマスメディアからの影響は、直接個人に達するのではなく、オピニオンリーダーを介して、かれらが日常的な接触において影響力をもつ人々に流れるとするものである。しかし、現代ではインターネットをはじめ各種情報へのアクセスが飛躍的に多様化しており、こうした仮説の見直しが必要であるかもしれない。ただしここで検討したいのは、そうしたマスメディアの政治的効果に関することではなく、政治家の汚職・腐敗とマスメディアとの関連である。

現代における利益媒介過程がしだいに公開性を帯びるようになってきたことは、デモクラシーの観点からは歓迎すべきことであろう。ただそのことは、利益媒介に伴う買収饗応などが表面化する可能性が高まることでもある。もちろん、公共政策の策定・決定がもっぱら理性的な討論と合理的選択によって行われるのが望ましいのはいうまでもないが、利益集団が活発に活動することからもわかるように、政治過程を動かすものは必ずしもそうした合理性だけではない。利益集団と政策決定過程をつなぐ政治家の活動に対して、マスメディアがそうした汚職腐敗の疑惑を重点に情報を拾い上げようとするならば、かえって利益媒介過程が水面下に潜り歪んだ形になる危険性も存在する。一九九〇年代初めのイタリアにおける汚職追及運動がイタリアの政党政治を一変させたように、政治腐敗の摘発は捜査当局のみならず国民全体の責任であり、マスメディアも大きな役割を果たすことが期待される。

しかし、第二章の権力論のところでも述べたように、巧妙な権力行使は「非決定の決定」に見られるのであり、収賄事件などよりもっと大きな、権力の私物化による不合理な政策決定こそ問題としなければならないが、こうした構造的な問題の追及はマスメディアの得意とするところではない。政治家が自分の選挙区に公共事業や補助金などを優先的に配分させ、そこから生まれる利益を政治的資源として当選を重ねることなどは、汚職腐敗の問題よりも根の深い構造的な政治問題である。このことは収賄や買収などを行う政治家を擁護するということでは決っしてなく、政治腐敗の追及それ自体は政策形成過程の改善・合理化を担保するものではないことを国民全体が理解する必要性を示している。優秀な政治家を育てていくとは、地元に公共事業などで利権をもたらす政治家や、マスメディアに登場して広く注目される政治家を作ることではなく、真に政策立案・実施能力をもつ政治家をきちんと国民が評価することであり、マスメディアにはそうした評価に資する適切な情報提供という役割が期待される。

第9章 集権と分権

■地方分権と政治空間の多層化

二〇世紀を代表するフランス語詩人の一人であるアンリ・ミショーの傑出した旅行記『アジアにおける一野蛮人』は、かれが一九三〇年から翌年にかけて、当時のインド、シナ、日本、マレーを旅した折の報告記であるが、この書物は著者の意図を超えて西洋と東洋という二つの精神の邂逅の書になっている。このなかでミショーは、アジア文明のもつ野蛮さ・醜さを見据えつつも、そこにヨーロッパにはない精神の働きを認め、その筆舌は逆説的に恐るべき文明批評となっている。

日本人の手によって書かれた旅行記のなかで、こうした日本社会に対する辛辣な批評と考えられるものに、幕末の旅行家・探検家であった松浦武四郎の手になる一連の報告記がある。この松浦武四郎の生涯については、哲学者花崎皋平の手になる評伝『静かな大地　松浦武四郎とアイヌ民族』に詳しい。松浦武四郎は元来紀州藩に属する下級武士であったが、青年時代から旅の魅力に取り付かれ、一八四五年に初めて蝦夷地を訪れたのをきっかけに、何度も蝦夷地をほとんど徒歩で縦横に踏破し、遠く樺太や千島列島にまで足を伸ばして多くの旅行記・報告書を書いている。松浦はアイヌ語にかなり精通し、実際にかれらと寝食をともにして多くの聞き取りを行っているが、そこに記されているのは、和人によるアイヌ民族に対する虐待の実態と、抑圧のなかで呻吟するアイヌの叫びである。とくに松浦が口を極めて批判するのは、蝦夷地を支配していた松前藩が導入した場所請負制度によるアイヌの酷使であった。この制度のもとでアイヌ民族は生業の手段を奪われて、多くの男性は浜に労働力として引っ立てられ、女性は和人の番人の妾にされ、老人や病人は見捨てられて（元来アイヌがいかに老齢者を大切にしていたかを、松浦は『アイヌ人物誌』で繰り返し述べている）、人口の激減が生じていたことが、松浦の詳細な報告によって明らかにされている。幕府に提出されていたアイヌの「人別帳」がいかにでたらめであるかを糾弾したこれらの報告は、スペインによるインディオの虐待の実態を法王庁に訴えた聖職者ラス・カサスの『インディアスの破壊についての簡潔な報告』を髣髴させるものである。また松浦と同じように千島を探検した後、日清戦争前の宮古・八重山諸島に転じて『南島探験』を著した元津軽藩士笹森儀助も、これらの島々に課されていた人頭税に呻吟する人々の暮らしを報告し、圧政を告発している。

松浦はアイヌ民族の魅力に魅せられ、かれらの窮状を救い、和人の虐待をやめさせるため松前藩の政策を糾弾する報告書を幕府に対して提出しているが、それらはいずれも日の目を見ることはなかった。しかし、かれは記録者としてアイヌ民族の受難に遭遇していくなかで、自己変革を遂げ、さらに文明批評の視点を得ていくことになる。かれの旅行日記のなかでもっとも注目すべき次のような一節がある。アイヌの棲む地から石狩に戻り「四二日振に結髪、沐浴、撲被して臥したるに、却て人間の真味を失ひしが如く」という文章である。普通の文明人であれば四二日ぶりに入浴し、着替えをしたならばさぞかし爽快な気分になるであろう。しかし、松浦は身体の汚れを取った途端、自分が再びあの和人の世界に戻ってしまったこと、そして清らかなアイヌとの真の人間らしい生活に戻れないことを痛感したのである。筆者はかつてこんなにすばらしい眼差しをもっていた日本人がいたことを誇りに思いたい。松浦は明治政府成立以後、多くの招請にもかかわらず二度と蝦夷地に渡ろうとはしなかった。蝦夷地を北海道と改称したのはかれの提案がもとになっているといわれるが、かれには開拓に邁進する「北海道」を自分の目で確認したいという気持ちはさらさらなかったに違いない。地方の時代という言葉が喧しく叫ばれる現代であるが、私たちはどのような「地方」を作ろうとしているのか、松浦が懸命に記録に残そうとした事柄の意味を含めて、もう一度原点に立ち戻って考えてみる必要があるように思う。

一　地方分権の構造と課題

かつて日本の地方自治制度は「三割自治」と呼ばれていた。それは「自主財源も権限も地方には三割しか与えられていない」という自治体からの自嘲でもあったが、無理に政府から権限や財源を地方にもっていっても、多くの自治体にはそれを適切に処理する力量がないではないかという主張が中央官庁からなされることも多かった。現在の日本で進められようとしている地方分権改革にはいかなる課題があり、またそれは現在世界で進行している政治社会の構造変化とどのように結びつくものであろうか。

▼地方自治の構造

地域自治とは、一定の地域に居住する住民による自己統治（自律性）の原理であるが、その自律性の起源をめぐっては、それは本来住民がもつ国家成立以前の自生的で固有の権限であるとする固有説と、元来国家がもっていた統治権に由来すると考える伝来説との対立がある。地方自治にはそこに内実を付与する原理として「住民自治」と「団体自治」の二つの要素があるといわれる。住民自治は自治政への住民参加を意味し、団体自治は地方自治体の独立性の原理であり、他の団体からは独立した自主的な運営を行うことをその要件とする。現在の日本の地方自治制度では、住民自治を実現する制度として、首長・議員の選挙、直接請求権等の直接民主政的手続きなどが保障されており、団体自治を支える制度としては自治体が固有の組織、財源をもつとともに、条例などを制定し、独自の判断でさまざまな政策を実現することができる仕組みが設けられている。現在の地方分権改革でとくに問題となるのは、この団体自治の範囲と限界をどのように設定するかであり、地方自治体と国家権力との相克（中央―地方関係）をいかに調整するかの問題である。

地方自治は「民主主義の学校」と呼ばれるように、小規模で密接な人間関係をもったコミュニティをその担い手とするものではあるが、自治体の規模と権限をどのように設定するかは政治社会によって大きく異なっている。日本では明治新政府の成立以来、都道府県と市町村の二階層制を地方制度の基本としてきた。この二階層性は新憲法成立に伴う地方自治制度の抜本的改革のなかでも維持されてきた。ただし過去数回にわたって進められた大規模な市町村合併によって、現在では基礎的自治体としての市町村の位置づけには大きな変化が生じている。とくに二一世紀にはいってからの半強制的な合併推進には、たとえば歴史的地名の変更など大きな問題があることが各方面から指摘されるなど批判も多い。これに対して律令制のもとでの令制国に起源をもつ都道府県制は、明治初年以来大きな変化がなく、その地理的区分としての位置づけは国民に定着しているが、人口規模の格差、交通網の整備、生活空間の拡大に伴う広域行政化の要請から、近年では都道府県制に代わる「道州制」導入の議論もある。ただしこの道州制に関しては、たんに現在の都道府県の規模を大きくするのか、一定の独自財源を確保した自律性をもつ組織とするかなど、議論はまだ錯綜している。このような自治体の組織のあり方をめぐる議論の焦点は、自治都市の伝統に乏しく、地方公共団体が「地方政府」と称して主体的な統治の担い手となることを忌避してきた明治以来の日本の統治体制のあり方が見直されるか否かにかかっているように思われる。

▼地方分権改革

近代国家はこれまでいずれも中央集権化を進めることで、統治機構の整備や産業振興を図ってきたと考えることができる。地方分権改革はこの近代化推進力としての中央集権の弊害を是正しようとする動きである。中央集権と地方分権という二つの原理にはそれぞれ要請される価値が存在する。中央集権は、行政の統一性、公平性を担保するとともに国家の強い指導性に価値を見出すものである。これに対して行政の迅速性、総合性を重視し、その多様性を確保するとともに住民との親密な意思疎通に価値をおくのが地方分権である。ただし、この二つの原理が志向する諸価値は必ずしも相反するものとはいえず、相互に補完しあう要素がないともいえない。要は、二つの原理のどこに最適な均衡点を見出すかという政治的判断の問題である。

現在、世界各国で進められている地方分権改革は、とくにこれまで強力な中央集権体制を維持してきた国家における地方分権の推進にその特徴を見ることができる。たとえば、大革命後のナポレオン時代以来強力な中央集権体制を堅持してきたフランスでも、一九八二年から社会党のミッテラン政権下で、かなり大胆な地方分権改革が進められることになった。そこでの焦点は自治体の組織などの制度改革ではなく、伝統的な強力な国家の「後見性」(tutelle　元来は未成年者に対する保護者の監督権を意味する) を見直す動きであった。具体的には官選知事制度が廃止され、自治体に対して大幅な権限委譲が行われることになった。この地方分権改革の意義は、フランスにおける従来のテクノクラート (グランゼコールと呼ばれるエリート養成大学校出身の高級技術官僚) 支配の構造を打破して、住民に身近な場面で主体的な決定を行うことが地域の活性化やデモクラシーの進展につながるとするものであったが、権限拡大に対応した地方財政改革が大きな課題として残されることになった。

日本でも一九九三年以降の政界再編、自民党支配体制の変容を受けて、一九九五年に分権型社会の創造を目標に掲げる地方分権推進法が施行されて以来、さまざまな地方分権改革の試みが行われてきた。とくに一九九九年の地方分権一括法の成立によって、「機関委任事務」の廃止等が行われ、また所得税から住民税へ税収の移譲を柱とする財源の地方への移譲が進むなど抜本的な改革に着手されるようになった。しかし、財源の移転による自治体間の財源格差拡大などの問題は事実上先送りされたままである。地方創生を旗印に創設された「ふるさと納税」が、地域間の財政格差是正という本来の政策意図とは大きく異なった効果しか生み出していないことに示されているように、統治機構の改革と結びつかない分権化の試みは、逆に租税の原則そのものを揺るがすような歪を生み出す可能性をもっている。また、義務教育制度の国庫補助のあり方をめぐる国家（文部科学省）と地方（知事会）との対立などに象徴されるように、全国的な教育水準の維持のためには強力な統制と結びついた補助金の分配が不可欠であるとする中央集権の考え方と、自由で多様な教育行政の推進のためには何よりも煩雑な統制を排除すべきだとして補助金制度の廃止を主張する地方分権の考え方との間では、どちらを重視すべきかについて必ずしも広範な合意が成立しているとは言い難い状況にある。また、これまで公共事業による産業・雇用の確保に依存し（とくに地域振興の名目で多額の補助金が投入されてきた原子力発電所の所在地や沖縄県など）、中央からの企業誘致をめざしてきた日本の多くの自治体にとって、地方分権が地場産業の振興や住民組織の活性化など真の地域発展に寄与するものとなるかどうかは今後の課題である。

▼集権と分権の日本的構造

従来の日本における中央―地方関係の特徴は、国家（中央官庁）がその幅広い許認可権を根拠に、行政指導と補助金制度を活用して地方の行政を事実上コントロールする仕組みであった。ただし、かつての機関委任事務に典型的に示されていたように、本来国家固有の業務が地方自治体に委ねられる傾向も強く、とくに都道府県は国家と市町村の間に立ち、中央官庁からの指示や予算を市町村に分配しその活動を監督する政府の出先機関的な役割を果たすことが多かった。また自主財源に乏しい多くの市町村は、地方交付税交付金と国庫支出金（補助金）に頼る形で財政運営を行うほかはなかったが、自治体の規模に関係なく多くの業務を担う仕組みであった。つまり、これまでの日本における中央―地方関係は、権限・財源の集中と機能の分散という独特の性質をもつものであった。

こうした日本における中央―地方関係に対する異議申し立ての第一の動きは、一九六〇年代後半から一九七〇年代前半にかけて大都市部を中心に各地で誕生した「革新自治体」の自治体改革であった。「市民参加」をスローガンに従来の政党政治における保革対立の枠を超えて成立した革新自治体は、首長（知事・市町村長）の強いイニシアティブのもとで、従来の地方自治体の役割を再検討し、地域福祉の充実などを中心にさまざまな施策を積極的に行っていった。その際に個々の具体的な諸改革がめざす全体的な政策指標として提示されたのが「シビル・ミニマム」論であった。この「シビル・ミニマム」論は政治学者松下圭一によって提唱されたもので、ヨーロッパの福祉国家において追求されたナショナル・ミニマムに対比する形で、都市型社会における市民の最低限の生活権を自治体の責任において充足させていこうとする考え方であり、それは福祉国家の未成熟という状況のなかで、社会保障や都市計画などの社会資本の整備を、地方自治体を担い手として進めていこうとするものであった。

しかし、この革新自治体による自治体改革は、自民党政権に対して社会保障政策の見直しなど政策転換を迫る要因とはなったが、財政基盤が弱く中央政府からの補助金に依存しやすい自治体には拡大しなかった。一九七〇年代後半以降地方財政が困窮していくなかで、地方自治体への統制を強化することで、自民党政権は革新自治体を追い落とすことに躍起となり、むしろ地方自治体の中央への従属は強まることになった。一九八〇年代に入ると多くの都道府県で中央官庁との強いパイプを強調する官僚ＯＢの知事が誕生することになった。

中央―地方関係を見直そうとする第二の動きは、すでにふれたような一九九〇年代半ば以降の地方分権改革である。この動きは政府の財政危機と自民党支配体制の溶解を契機とするもので、従来の公共事業を柱とした補助金を手段とする利益政治が大きく揺らいでいったことを背景に、財政面での国家の責任部分を減らし地方自治体に財政責任を負わせることを中心的な狙いとするものであった。地方分権一括法の成立以後、地方交付税交付金の見直しや補助金の削減が相つぎ、また行政の効率化を図るために市町村合併が強力に推し進められることになった。とくに戦後のシャウプ勧告以来の地方交付税交付金制度（国税のうち所得税、法人税、酒税の一定割合を財政能力に応じて地方自治体に配分する制度）は、財源の垂直的移動を図り、地域間格差の是正を図るものであったが、改革以後、各地方自治体はより自前で税収の確保をめざす方向が示された。しかし、人口の高齢化と経済のサービス化に伴う地場産業の衰退のなかで、多くの自治体にとって自主財源を確保していくことはきわめて厳しい状況になっている。基礎的な行政サービスや教育・福祉といった公共財を提供していくためには、各自治体の努力だけではなく、必要な財源を公平な基準に基づいて配分していく新たな枠組みづくりが必要である。

これまで見てきたように現在進められている地方分権改革は、同床異夢とでも表現すべき状況になっている。つまり、権限の拡大と自主財源の増大をめざす地方自治体と、財政責任の軽減と一定程度の統制力の維持をめざす中央政府との間にある思惑の違いはきわめて大きく、また道州制などを主張している経済界も規制緩和を求めているだけで、自治体財政の再建に寄与しようとする動きはほとんど見られない。その意味では地方分権改革の真の狙いとその問題点の克服に向けての検証がこれから必要になってくるであろう。現在とくに問題となっているのは、高齢化社会の到来を受けて、介護保険制度の導入以後、社会保障制度の運営責任をしだいに地方自治体に担わせる傾向が顕著になってきていることであって、こうした傾向は地方分権のかけ声のもとでの地方切り捨てであるとの批判が各方面から強く出されている。

このように考えていくと日本における集権と分権をめぐる政治過程の中心的な課題は、自治体組織の再編や財源問題にあるよりも、地方自治体と国家権力の相克をどのように克服していくかにあるように思われる。空港、高速道路やダムの建設などこれまで国家的プロジェクトとして中央政府が進めようとしてきた事業のあり方に対して、地方自治体が異議を唱えることは今後どの程度可能になっていくのであろうか。たとえば、現在政府と自治体との間で法令の解釈等に争いが生じても、自治体は政府の公権解釈に従うほかはないが、今後はあくまでも中央政府と地方政府の間の関係として合理的に解決策を見出すような仕組みが求められるだろう。また在日米軍の再編にかかる特別補助金（この補助金は自治体が何に使ってもよいが、どこに・どれだけ・いつ配分するかはまったく政権の一存であり、自治体の協力を引き出す手段以外の何ものでもない）のように、政府の政策目標のために一方的かつ恣意的に自治体をコントロールしようとすることは、地方自治制度の根幹を揺るがすものである。現在世界で進行している地方分権改革の主題は、あくまでも住民の身近な場面での政策決定の促進であって、日本の分権改革もこの流れに沿ったものでなければ国民生活の安定に寄与するものとはならないであろう。

二　政治空間の多層化

分権と集権をめぐる現代世界の大きな議論のなかで、地方分権と並んで大きな動きとなっているのが地域統合の進展である。ヨーロッパにおけるＥＵ統合の動きに代表される地域統合は、国家主権を相対化し、政策形成の主体を地方政府、主権国家、地域的共同体の三層構造に移行させようとしている。ここでは、こうした地域統合が生み出す諸問題について考察するとともに、近年強まっている主権国家における多様な政治文化の創造の試みについて検討していくことにしたい。

▼地域統合の進展

ヨーロッパにおける地域統合の構想自体は古くから存在した。しかし、実際上は独仏間の長年の確執克服を一つの主要な目的とした経済協力であるＥＣＳＣ（欧州石炭鉄鋼共同体）を母体としたＥＥＣ（欧州経済共同体）とＥＵＲ

ATOM（欧州原子力共同体）を一体化したEC（欧州共同体）の設立（一九六七年）に始まる。ECの当初の加盟国はフランス、ドイツ、イタリア、ベネルクス三国の六カ国であったが、EECに対抗したイギリス中心のEFTA（欧州自由貿易連合）を圧倒し、EC加盟国は漸次拡大していった。当初ECは域内共通関税の実現をその主要な役割としていたが、一九八六年には通貨統合の促進を謳う単一欧州議定書が調印され、ECは域内統一市場の完成に向けて前進していくことになった。そして一九九二年にEC各国は、経済・通貨同盟、共通の安全保障政策、域内における司法政策・社会政策の共同化の推進などを掲げた「マーストリヒト条約」（欧州連合条約）の調印によって、EU（欧州連合）を設立し、より本格的な地域統合を推進していくことになる。

このようにヨーロッパにおける地域統合は、当初の関税同盟から経済通貨同盟さらには主権の一部譲渡を含む政治統合へと段階的に統合の度合いを深化させながら進んできたということができる。EUはその後加盟国を東欧諸国に漸次拡大するとともに、二〇〇二年以降イギリスを除く主要加盟国が単一通貨ユーロ（Euro）に移行することで、より完全な経済統合の道を歩みつつある。またヨーロッパにはOSCE（欧州安全保障協力機構）など、NATOをはじめとする冷戦構造の枠組みとは異なる地域的国際組織も以前から存在している。

ただしイギリスのEUからの離脱をめぐる混乱に典型的に示されたように、地域統合が必ずしも各国でコンセンサスを得ているとは限らず、またスコットランドのイギリスからの分離問題の再燃など、基本的な政治的単位に関してその方向性が明確になっているとはいえない。経済的・社会的な合理性と文化的アイデンティティの相克にどのような決着をつけるかという問題には政治的な叡智が必要である。

アメリカに匹敵する経済力と多くの国民国家をその加盟国に抱えるEUの運営は、きわめて多層的な制度原理によって行われている。すなわち、事実上の最高意思決定機関である欧州理事会（各国首脳が出席）などの協議機関、さらにEUの立法活動に関与する欧州議会（加盟国市民の直接選挙で議員を選出）や欧州司法裁判所など多数の機関が存在し、また欧州中央銀行などの専門機関や多くの専門職員を抱えた事務局がさまざまな役割を果たしており、それらの機能も条約等の変更によって漸次変化しつつある。ヨーロッパ統合に関しては、各国の独自性が失われるとする警戒感や、加盟国市民が直接関与できるのは限定的な立法機関である欧州議会選挙などに限られ、エリート官僚間の独善的な協議によって事実上すべてのことが決定されているとするエリート主義統治に対する批判が絶えない。またＥＵとの統合を悲願としてきた東欧諸国などでは、逆に統合が労働力の流出と外国企業の流入による経済危機を招いているとする見方も根強い。

しかし、こうした批判にもかかわらずＥＵは、主権国家レベルでは対処が難しい諸問題に対して欧州共通の政策の網をかけることによって、そうした問題の解決に貢献しているという評価だけでなく、自己のアイデンティティをヨーロッパ人とみなす市民の増大など着実にその足場を固めつつあるといえる。もちろんＥＵ内でも加盟国間で政治体制は異なり、統合よりも国家主権の維持を優先すべきだとする意見も見られ、一部の国家ではＥＵ統合に伴う外国人の流入に対する政策などへの不満が極右政党の台頭を招く要因になっているとの見方もあるが、こうした地域統合は、グローバル化への一つの対応のあり方としても大きな意義をもっている。

このようなＥＵ統合の進展を受けて、他の地域でも経済協力関係を柱とする地域統合を進めようとする動きもあるが、それらは必ずしも成功していない。たとえばアジア・太平洋地域にはＡＰＥＣ（アジア太平洋経済協力会議）やＡＳＥＡＮ（東南アジア諸国連合）などのゆるやかな協議体はあるが、東アジア地域にＥＵのような地域統合を実現することには多くの困難が伴うことが予想される。確かに日本、韓国、北朝鮮、中国、台湾などには文化的共通性と密接な経済貿易関係が存在するが、これらの国々（地域）はいずれも周辺の国々との強い政治的対抗関係のなかで国家の独立を形成・維持してきた歴史をもち、地域統合に伴う主権国家の相対化は、国家や民族文化の喪失につながるという強い警戒感を容易には払拭しえないであろう。朝鮮の独立運動家で初代韓国統監であった伊藤博文を暗殺した安重根は、その著作『東洋平和論』のなかで、東洋諸国が広い連携関係を作り上げて平和を実現するために、日中韓の三カ国において二言語を習得させる教育を行うことや共通の通貨を創設することを提言している。こうした議論は地域統合論のさきがけとはいえるが、歴史認識をめぐり依然として各国間で合意が成立していない現状のもとでは、従来の冷戦構造とは異なる地域的安全保障の仕組みをどのようにして作り上げていくかがこれらの地域における大きな課題である。地域統合をめぐるこうした状況の差異は、政治生活の基本的単位が必ずしも画一化される必要はなく、地政学的な諸条件のなかでさまざまな可能性を見出すことの重要性を示していると考えることができる。

▼連邦主義と補完性原理

ＥＵに象徴される地域連合の進展にも関連して、現在政治社会の基本的枠組みをめぐり分権化社会のなかで統治の多元性を確保するものとしての連邦主義への関心が高まっている。日本・フランス・イタリアなどは「単一国家」の伝統をもつのに対し、アメリカ・ドイツ・カナダなどは「連邦制」をとり、州政府と連邦政府をもち、憲法上連邦政府の権限とされている事項以外は州政府が権限をもつ。ＥＵは独立国家の連合体であり連邦ではないが、連合規約によってＥＵで作成されたさまざまな分野に関わる共通規則を国内法として立法化する義務を負っている点では、連邦制に近い要素をもっている。この連邦制の原理は、民族・言語・宗教文化などの多様性を容認し多集団の自治権を尊重しつつ、共通の規則や制度の形成を通して統治の効率性を図ろうとするものであるが、その形態はそれぞれの政治社会における歴史的背景の違いから大きく異なっている。たとえば、アメリカ合衆国における独立当初の各州の強い独立性は南北戦争以降大きく崩れ、現在では連邦政府は金融政策や社会保障などの権限を含め巨大な中央政府ともいうべき位置づけに近づいている。また単一国家の形態を維持してきたイタリアにおいて、政党システムの大変革なども受け、豊かな北部諸州から連邦制採用の主張が強くなされるなど、既存の政治経済体制の見直しのなかでこの連邦制の導入が主張されることもある。連邦制の利点は統治責任を連邦政府と州政府が分けもつことにより、地域の実情に応じた弾力性のある政策実施が可能になることであるが、政策決定が多層的になることに伴う複雑性、財源の水平的移動（連邦政府からの配分ではなく州政府相互間の調整）の困難性、さらに場合によっては連邦国家が解体してしまう可能性などが懸念される。

この連邦政府と州政府が責任を分担し合うという連邦制の原理に関連して、現在ヨーロッパ共同の行政・政治原理としてEU規約のなかにも正式に取り込まれているものに「補完性（subsidiarity）原理」がある。この補完性の原理とは、「公的責務は、市民にもっとも身近な団体が優先的に行使する」ことを定めて、具体的には「地域」―「国民国家」―「地域連合」（EU）の順に、積み上げで公共機能の配分を行っていこうとする原則のことである。マーストリヒト条約にこの補完性原理が定められたもともとの理由は、EU統合の行き過ぎを警戒する加盟国に配慮してEUの活動に一定の歯止めをかけるためであったが、現在ではどのレベルの「政府」がその問題を処理するのにもっとも適しているかを判断し、それぞれの「政府」にどのような権限を与えるべきかを決定する際の重要な原理となっている。この補完性原理はまったく新しい考え方ではなく、教会組織をはじめヨーロッパに存在した各種団体が、組織内における意思決定の多層性を解決するために伝統的に用いてきた考え方を、政治・行政組織にも応用したものである。ただしこの原理そのものはきわめて抽象的なものであり、運用の仕方によってどのようにでも解釈できるものであることから、大きな議論の対象となることがある。しかし、主権国家の絶対性を支えていた基盤が揺らいでいる今日、連邦制の原理と同様に統治の責任を分担し最善の方策を見出そうとするこの考え方は、広い適用範囲をもつものと考えられるであろう。

▼エスニシティと多文化主義

政治空間の多層化に関連して、現在世界各地で公的政治空間の領域内に多様性を認めていこうとするエスニシティ（ethnicity）概念をめぐる議論の対立がある。このエスニシティの概念が何を意味しているかを考えるために、まずこの概念とナショナリズム（nationalism）との異同についてふれておくことにしたい。ナショナリズムは二〇世紀の政治を動かしてきた大きな政治的イデオロギーであり、その定義には諸説あるが、ここではイギリスで活躍した人類学者・哲学者E・ゲルナーにしたがって「ナショナリズムとは政治的単位と民族的単位は同一であるべきだという政治原理である」と考えておくことにしたい。かれによれば、ナショナリズムは政治的正統性の理論であり、近代化の産物と考えられ、（伝統的な階層社会では望みえない）国民としての凝集力を確保して「国民＝民族」の意識を高めることを目的として形成される。ただし産業化のよりいっそうの進展による業績主義の高まりのなかでは、こうしたナショナリズムは衰微する傾向も見られる。たとえば、現在多くの国家において徴兵制の維持が困難になっている背景には、豊かな社会のなかで大きな軍隊組織を維持するコストの問題だけでなく、国民意識の変化によって「国民」という括りによってすべての人々を均質化することはもはや不可能な状況になっていることが考えられる。

現在のナショナリズムをめぐる議論のなかで、ゲルナーが強調した社会構造的な側面ではなく、社会意識に着目した研究として注目を浴びたのが、アイルランド国籍で東南アジア研究者であるB・アンダーソンの『想像の共同体』論である。かれのナショナリズム論の特徴は言語的ナショナリズムへの着目にある。一九世紀以降の植民地化の趨勢のなかでそれに抵抗する動きのなかから、各地でそれまでの日常語から「書き言葉」に昇格した「口語俗語」が「出版語」となり、国民国家を支える言語となったことに、かれは着目する。たとえば、明治以降の日本において二葉亭四迷をはじめとする言文一致運動などさまざまな試行錯誤を経て「国語」と呼ばれる一つの言語体系が形作られ、それが標準語として学校教育により、また新聞や雑誌などの出版物によって、国民に広く流布していったことをさす（ただし戦前の日本において「文体」の統一は容易ではなかった。このことは夏目漱石の新聞小説と軍隊や行政機関の公文書、候文で書かれた手紙などを比較してみれば明らかである。判決文、取扱説明書から週刊誌の記事までがほぼ同一の文章で綴られるようになったのは戦後になってからである）。

そしてアンダーソンは出版資本主義が「国民」という新しい「想像の共同体」（imagined community）を創出したと考える。つまり、出版物の刊行によって「国語」をもちえたことがナショナリズムの形成を決定的なものにするのであって、ゲルナーが主張するようにナショナリズムは社会構造の変化によって自然に生み出されてくるものではなく、歴史的に形成された集合的意識の産物に他ならない。こうしたアンダーソンの議論は、たとえばそれまではオランダ領東インドを地理的に指し示す概念でしかなかったインドネシアが、独立以後（圧倒的多数の話者をもつジャワ語ではなく、元来ほとんど話者のいなかった）インドネシア語という「国語」教育によって地域的多様性を克服し、共通の文化的遺産をもつ民族であるとの意識を育てていった事例などをよく説明するものといえよう。ただし大東亜共栄圏を標榜したかつての日本が、広い支配地域において「日本語」教育をめぐる困難に逢着したような事例もある。すでに述べたように当時の日本語にはさまざまな形態・文体の違いがあり、現地の学校でどのような「日本語」を教育すべきかの方針は明確化されなかった（作家中島敦は日本統治下の南方に赴き「国語」教科書の編纂に携わっている）。このことは支配地域において同化すべきとされた日本文化や「日本語」の不均質性や複雑性が露呈していたことを示すものである。

しかし、現在では「想像の共同体」論で強調された言語的ナショナリズムが、グローバリゼーションのなかで、神秘的な実体の同一性に訴求する非合理的なナショナリズムとなって台頭する可能性も出てきている。たとえばアメリカ合衆国に住むポーランド系住民が、数々の政治的変転を経た現在のポーランドには真のポーランド民族は存在しておらず、移民としてアメリカで生活してきた我々のなかにこそ真のポーランド文化は保持されていると考えて街頭で示威行動をするような動きに示されている。これらはある意味でパレスティナ出身の比較文学者E・W・サイードの指摘する『オリエンタリズム』（「西洋」が「非西洋」を他者として見下ろすためにつくりあげた知的枠組みの体系をさす）の裏返しの現象と捉えることができるだろう。

ナショナリズムをめぐるこうした議論を受けて登場したのが、エスニシティの概念である。エスニック集団を基盤とする運動は、かつてのナショナリズムとは異なり、政治的独立や自分たちの運動にこそ政治的正統性が存在する（もっとも強い政治的統合のシンボルとなる）と主張するのでは必ずしもなく、現に自分たちが居住している国民国家内における一定の自立的権限の獲得をめざすものが多い点に特徴をもつ。それは強い政治的希求力をもったものというよりも、自己のアイデンティティ確立（日本語にはこのアイデンティティという言葉の定訳が存在しない。その理由は、これまで日本では自己を規定する基準は「日本人であるか否か」だけであり、アイデンティティが問題とされることはほとんどなかったからであると考えられる）をめざすきわめて根源的で粘り強い要求に基づくものと考えることができる。したがってその概念は必ずしも明確なものではなく、フェミニズムや地域主義の運動など他のアイデンティティ確立をめざす運動と重なり合う部分と互いに排斥しあう要素をもつものと考えられる。エスニック集団の成立要因としては、国民国家内における社会構造上の差別や不平等がエスニシティに対する強烈な「こだわり」を作り出すとする見方もあれば、少数集団が一つの合理的選択として一定の利益や目的を追求するためエスニック集団を組織すると考えて、それを利益集団の一つとして捉える見方もある。

このようなエスニック集団のアイデンティティ確立要求を受けて、政治社会のなかで多様な文化を互いに尊重しあうことをめざす考え方を「多文化主義」と呼んでいる。現在世界各地におけるこのエスニック集団と多文化主義の主張に関して、その存在を公式・非公式に容認し、それに保護を与えるか否かをめぐっていくつかの考え方が存在する。第一は、自由主義的多元主義とでも呼ぶべきもので、エスニック集団の存在を非公式に許容することである。この考え方はエスニック集団に特別の保護を与えることは原則としてしないが、民族・言語教育などにおいてエスニック集団に一定の自律性を認め、かれらのアイデンティティ確認を妨げない政策を実施することを特徴とする。たとえばヨーロッパ各地に点在するロマ（いわゆるジプシー、元来は人間の意味）集団に対して、現在各国ではかれらに対する偏見と定住化政策の弊害が指摘されて、その文化の独自性を尊重し、かれらの生業を極力妨げない政策とは何かが議論され始めている。

第二は、集団的多元主義と呼ぶことができるもっとも積極的な多文化主義政策である。この政策の特徴は、エスニック集団に対する公的権限付与・便宜供与にあり、具体的にはエスニック集団の民族・言語教育に公的性格を与えこれを保護する、公職に関するクォータ制などの実施、さらにはさまざまな文化政策を通してエスニック文化の継承・発展を図る政策の実施などに見られる。よく知られているアメリカ合衆国におけるアファマティブ・アクション（Affirmative Action　積極的な差別是正のための政策）はこの一例である。こうした多文化主義の考え方がもっとも典型的に示されているものに、一九八八年に成立した「カナダ多文化主義法」がある。この法律では「カナダ憲法は、カナダ人の多文化的遺産を維持し高揚することの重要性を認める」ことを謳い、具体的には英語・フランス語の二言語を公用語とし、カナダ先住民のもつ固有の文化を維持することや、先住民や移民などすべての起源のカナダ人が連邦機関等で雇用される平等な機会をもつことを確保することを定めている。ただしカナダ・エスキモーと呼ばれる先住民は、定住化政策のなかで住居や教育、医療などを保障されるようになったが、大きな生活様式の変容を経験し、すでに雪の家や犬ぞり、皮を噛んでなめした服などとともに狩猟を中心とする生業を失った人も多いという。独自の生態系のなかで維持されてきた文化を現代の消費文化との接触のなかで維持していくことは、多文化主義政策がとられるか否かにかかわらず、きわめて難しい状況におかれている。

第三は、エスニック集団の存在を許容しない徹底した「同化主義」である。これは単一にして不可分の共和政原則を掲げていたかつてのフランスや、朝鮮・台湾などの植民地や沖縄で徹底した皇民化政策を行った大日本帝国などにその例を見ることができる。フランスでは同化主義の原則に変化はないものの、近年多文化主義の考え方がかなり取り入れられ地域言語の復権などが行われているが、日本では戦後でも「日本人」という概念は日本国籍を持つ者という以上の意味内容を有することがしばしばあり、たとえば在日朝鮮人学校などに長年正式な学校としての認可を与えず、アイヌ民族に対する同化政策も見直されることはなかった。

また、歴史的に異民族も皇帝の主宰する秩序原理に組み込まれるとする「天下」の体系を維持してきた中国では、現在とられているチベットや新疆ウイグルなどの自治区制度も、各民族が中華民族の一員として連合すべきとされ、多民族国家の正当性を揺るがさない範囲内の「自治」にとどまるものである。

現在多文化主義をめぐる議論でとくに問題になっているのは、長年その政治社会に住み着いて定着している少数集団ではなく、近年大量に流入した移民・外国人労働者の問題である。労働力の不足を補う外国人労働者の流入は、すでに見たようにヨーロッパ各国で排外主義を掲げた極右政党の台頭を招く要因にもなっている。近年のグローバリゼーションにともなう格差の拡大は、他者に対する寛容を失わせ、民族的アイデンティティに対する求心力を生み出しやすくなっている。

これまで見てきたようなエスニシティと多文化主義をめぐる議論の焦点は、アイデンティティの承認とは何か、それが公的秩序とどのような関連性を有するかの問題にある。近代国民国家はその構成員に対して他と同様の市民権を保障することでかれらを権利の主体としてきたが、他との違いや個人としてのアイデンティティ要求を受け止める制度枠組みは整備されているとは言い難い。政治空間におけるアイデンティティをめぐるせめぎあいは難問であり、旧ユーゴスラビアの内戦やアフリカ諸地域の紛争に示されたように、そもそもその輪郭が不明確である「民族」や

「人種」の概念が集団間の激しい憎悪や殺戮につながることもある。また現在では信仰や宗教の領域も共同体から切り離され、個人の選択とされる場面が多いこともアイデンティティの問題が深く政治・社会秩序と関わる要因である。公的領域と私的領域の区分が相対化しつつある状況のなかで、こうした自己確認やその承認をめぐる政治の世界をどのように構築していくかは、今後多層的な政治空間をどのように構想するかに関わる重要な論点である。

第10章 政策的思考とは何か

■公共政策論

「九州や北海道に新幹線は本当に必要なのか」「オリンピックの誘致は都市開発にとって有意義なものなのか」「建物は立派でも所蔵作品のほとんどない美術館が、なぜ次々にできるのか」こうした現代の公共政策のあり方をめぐる議論は、高度経済成長以後の日本政治とは何であったのかを改めて考えさせるものでもある。自民党支配体制を代表する政治家の一人であった田中角栄は、経済成長に取り残された地域の開発のため、雪に埋もれた越後（新潟県）の村と東京を直接結ぶ高速道路と新幹線の建設に奔走した。これに対して民俗学者宮本常一は、越後の村々を周回道路で結びつけることこそが必要だと繰り返し主張した。

宮本は山口県の周防大島に生まれ、生涯がそのまま民話といえるような祖父とともに暮らし、大阪で教員をしたのち、財界人渋沢敬三（私財を傾けて民俗文化の収集に努めた。日銀本店に掛かっている歴代総裁の肖像画のなかで、かれのものだけが終戦直後の焼け跡を背景に描かれている）の食客となって上京する。以後「歩きはじめると歩けるところまで歩いた。そうした旅には知人のいることは少ない。だから旅に出て最初によい人に出会うまでは全く心が重い。しかし一日も歩いているときっとよい人に出会う。そしてその人の家に泊めてもらう。その人によって次のゆくべきところがきまる」とのちに述べたように、ほとんど休みなく日本中の村々を訪ね歩き、膨大な記録や写真を残している（ちなみに宮本は、明治初年に東北から北海道を旅したイギリス人女性イザベラ・バードの旅行記『日本奥地紀行』の解説書も書いている。このバードの記述は前章で取り上げた松浦のものと並んで、当時のアイヌ民族を知る貴重な記録である）。戦後各地の離島が抱えた深刻な状況を訴えて全国離島振興協議会の事務局長となった宮本は、経済成長に奔走し始めた日本社会が見落としていくものを離島や山村に生きる人々の目線から懸命に拾い上げていこうとする。

宮本の代表的著作の一つ『忘れられた日本人』に収められた「村の寄り合い」と題された一節では、日本各地における村の寄り合いにおいて、村人の対立や疑心暗鬼をうまく調整して懸案事項を解決していくためのさまざまな知恵があったこと、そしてこの寄り合いが、意思決定の場としての機能だけでなく、単調な村の生活のなかでややもすれば行き詰りがちな人々の気持ちを、人々の集まりによる人間のエネルギーの爆発によって救済する役割ももっていたことなどが描かれている。日本の村々を貧しく遅れた社会とみなし虐げられた民衆の住処とみなす視点ではなく、そこで営まれていた個性的な生活文化のなかからこそ未来を切り開く力が得られるのだとする宮本の視座には、かつて多く聞き取りをした、旅を通して幅広い見聞をもち、時代を切り開いていく知恵をもった「世間《しょけん》師《し》」と呼ばれる古老たちの姿があった。そこには東京から膨大な補助金を取ってきて公共事業を行うことこそが「政治」であるとした田中角栄とはまったく異なった視点がある。もちろんそこには限界もあり、もはや日本社会には宮本が訪ね歩いた民俗文化の世界はほとんど残存していない。しかし、柳田國男の民俗学の成果を継承しようとした政治学者神島二郎が、「市民」概念では捉えきれない「常民」を担い手とする政治学をつくりあげることを提唱したように、日本の地域社会に伝統的に培われてきた集団の意思形成に関するさまざまな知恵を現代に生かすことは、従来の利益誘導志向を超えた政策的思考を求められている私たちにとって依然として大きな課題である。

一　公共政策の基本構造

▼公共政策とは何か

現代社会において「政府」が公共問題を処理していくさまざまな政策のことを「公共政策」と呼ぶが、現代における公共政策の担い手は、いわゆる狭義の政府だけでなく広範に及ぶ。それは前章で見た「政府」の多層的な構造、つまり中央政府だけでなく地方政府や地域的共同体などが存在し、政府間関係が複雑になっていることに加えて、政府内においても中央官庁だけでなく議会や裁判所などさまざまな機関がそれぞれ政策遂行の主体となっていること、さらに、企業やＮＧＯ（非政府組織）そして国際組織も政府との協力関係のなかで直接・間接に公共政策の担い手となりうることがあげられる。公共政策は二〇世紀以降、立法国家から行政国家へと呼ばれるように行政機能の拡大に伴ってしだいにその規模を拡大させてきたが、現在の一般的な分類ではその主要な領域を、「秩序政策」・「経済政策」・「社会政策」（福祉政策とも呼ばれる）に大別することができる。

公共政策とは、政府が公共問題を処理するときに、その行動を規定し導く方法的基準であって、言語で記述され言語形態で社会的に伝達され、行動単位の活動をコントロールしようとするものである。したがって、政策にこめられたメッセージがどのように理解されるかによって、政策の実施主体が当初予期した効果とは大きく異なる結果を生み出すこともあれば、期待以上の効果を上げることもありうる。たとえば、景気の後退を懸念した政府が大幅な所得税減税を実施しても、国民が政府による減税の実施を今後さらなる景気後退と所得減少の事実上の予告と受け止め減税相当額のほとんどを貯蓄に回すならば、景気刺激策としてはほとんど効果を生まない。逆に特別の財政措置を講じなくても、景気は堅調な回復過程にあり株価は上昇するであろうとの政府・日銀首脳などの発言（いわゆる口先介入）を国民が信用し、積極的な消費や設備投資を行うならば、結果として有効な政策となりうる。政策分析の難しさはこうした予測・期待と結果との間に大きな乖離が生まれる可能性を排除できないところにある。

政策は「可能性の技術」と呼ばれるように、ある主体が現在与えられている諸条件のなかでとりうる手段を最大限に活用してその目的を達成しようとするものであり、あえて図式的に示せば以下のようになる。

$$P = f(X, Y, Z)$$

政策：P、現在の環境諸条件：X、現在動員しうる手段：Y、主体の目標：Z

「可能性の技術」としての政策をできるだけ合理的に策定しようとする一つの試みに「ゲーム理論」の考え方がある。このゲーム理論は有名な「囚人のジレンマ」（相手の行動によって自己の利害が大きく左右される条件のなかで、相手の行動が予測できないため自己の選択が直面するジレンマのこと）などに典型的に示されているような、利害対立状況における合理的行動の原理を数学的に解明しようとするものであるが、ゲーム理論を政策分析に応用する際には次の二点に留意しなければならない。第一は、政策の選択では必ずしも合理性が行動の基準とはなりえない場合が少なくないことである。のちほどふれる「政府の失敗」をめぐる議論などがその代表的な例である。第二は、「不確定性」の問題である。政策の実施が思わぬ結果を生む原因に不確定性の存在が関係する場合はきわめて多い。ただしこの不確定性には、ある程度予測可能な不確定性と予測がほとんど不可能な不確定性がある。前者は「危険」と呼ばれ、これに対しては「保険」をかけることで、小さな「固定費用」に転換することが可能である。たとえば、個々の交通事故の発生そのものは予測できないが、統計的に事故発生の頻度は測定できるため自動車保険などの制度を設けることで、事故に伴う社会的損失をある程度は補完することが可能となる。したがって、こうした危険は政策策定にあたってもある程度の準備をすることが可能であろう。しかし後者の「不確実性」はまず予測が不可能であり、政策の合理的な策定を大きく損なうものとなりうる。たとえば、政治家の突然の病気、事故による政権崩壊や、地域紛争の勃発に伴う国際情勢の大きな変化などは政策の実施主体がまったくコントロールしえないものである。ところがきわめて重要な公共政策の実施が求められるのは、こうした不確実性が発現した場面である。つまり刻々と変わる情勢のなかで、合理的な政策策定に必要な情報や手段が必ずしも得られない状況のなかでの政治判断が求められる。こうした本来予め準備することができないものまで「危機管理」しようとすることはきわめて権威主義的な抑圧的政治体制を生み出すことに注意が必要である。

▼政策分析をめぐる諸議論

政策分析は社会科学全般にわたる幅広い領域をもつものであるが、ここでは政策分析と政治学との関連について見ていくことにしたい。政治システム論の提唱者の一人G・A・アーモンドは、政策科学を目標到達のための適応性をめぐる応用政治学として提唱した。ここで提唱された政策科学は、機能主義的な政治システム論と政策分析を融合させようとするところにその最大の特徴が見られる。アーモンドの機能的政策体系論は、かれの政治システム論における四つの入力機能（政治的社会化の機能、利益を表出する機能、利益集約化機能、政治的コミュニケーション機能）と三つの出力機能（これらは事実上立法、行政、司法に相当する）を接合させて処理する政治システムがもつ「能力」と政策体系をリンクさせようとするものである。そこで示される政治システムがもつ能力は以下の四つとされる。第一に、統治領域の物的・人的資源や価値を支配する抽出能力。第二に、社会関係や成員の行動を有効に整序する規制能力。第三に、動員した資源・価値を社会に配分する配分能力。第四に、象徴・情報を効果的に操作する象徴能力、である（『現代政治学と歴史意識』）。

すでに見たように政治文化論を中心とする比較政治学者であったアーモンドは、政治システム論をその能力の進化を柱とする政治発展理論として提示しようとした。そこでは政治システムがまず抽出能力をもつシステムとして成立し、その後規制能力、配分能力、象徴能力と順次さまざまな能力をもつシステムに発達していくとされ、そうした政治システムの「発展」を受けて、公共政策も秩序政策中心から社会政策、ついで経済政策、さらには文化政策へと段階的に発達していくことが想定されていた。ここに簡潔に示したアーモンドの政策分析は、あまりにも抽象的ですべてが政治システムの安定性を確保するために作用することが前提とされているという批判にさらされてきたが、政策分析を個々の政策に対する評価の面ではなく、政治体制の維持や変動の問題と結びつけて考察しようとしたことは大きな意味をもつものであった。ただし、現在では政治発展の理論モデルを支えていた基本的な考え方、つまり政治発展とは、高い統治能力をもつ平等で役割分化の進んだ政治体制への発展である、とする見方そのものに対する異議申し立ての議論も出ている。

現在の公共政策にはこれまで見てきたようにさまざまな領域があるが、そうした政策領域に共通する政策過程の一般的モデルをあえて図式的に示せば次のようになるだろう。すなわち①政策課題の形成、②政策の原案策定、③政策の決定、④政策の執行、⑤政策評価、である。政策分析はこうした政策過程それぞれの局面における各主体の行動に焦点をあてるものであるが、現在とくに注目されているのは、政策問題を具体的な政策課題へと転換する局面（アジェンダセッティングと呼ばれ、どの案件を実際の審議過程に載せるかどうかが選択される）、政策決定の局面、そして政策評価の局面である。そのなかでこれまでの政策分析のなかで大きく研究の進んだ政策決定論について少し検討することにしたい。

政策決定論に関する古典的な研究として、一九六二年に発生した「キューバ危機」における政策決定過程を分析したアメリカの国際政治学者G・T・アリソンの研究がある。キューバ危機は冷戦下最大の国際緊張と呼ばれたものので、アメリカによるトルコへのミサイル配備に対抗しソ連邦がキューバにミサイル基地を建設しようとしたことをきっかけに、アメリカがキューバを海上封鎖し、米ソが全面核戦争の危機に直面した。ケネディ大統領とフルシチョフ首相が最終的には相手の行動を信頼することに賭けてミサイル基地撤去が決定され（この危機以後ワシントンとモスクワの間に直通電話回線が開設された）、かろうじて軍事衝突の回避に成功した出来事である。

このキューバ危機の政治過程を主要な題材としてアリソンは『決定の本質』を著し、国家の対外政策決定における三つの理論モデルを提示した。その第一は「合理的決定者モデル」で、国家を単一の合理的行為者とみなし、国家は選びうる選択肢のなかからもっとも合理性の高い政策を選択するものとされる。第二は「組織プロセスモデル」で、これは経営学的な組織研究を政府に適用しようとしたもので、国家は単一の行為者ではなく半ば自立的な諸組織の複合体と仮定され、それぞれの組織があらかじめ確立した標準的な作業手続きに従って行動し、その集約として政策が決定されるとする。第三は「官僚政治モデル」で、国家は複数の官僚制的組織から構成されており、そこでの政策決定は官僚組織のトップがそれぞれの組織の利害を代表して行う駆け引き（政治）によって実質的に決定されるとする。アリソンがキューバ危機の事例を取り上げて詳細に検討しているこの三つのモデルは、その後さまざまな形で修正されつつも内政と外交の関連にも応用され、政策決定に関するさまざまな研究成果を生み出している。

二　現代公共政策の諸課題

現代の公共政策に関してはこの章の初めでもふれたように、無駄な公共事業が多いとか、その決定過程が不透明であるなど多くの批判がなされている。ここでは現代の公共政策と政治過程をめぐる構造的な問題と、今後求められる政策的思考のあり方について考えてみることにしたい。

▼政府の失敗と公共選択論

多くの公共政策は、市場経済では提供されえない公共財の提供や、市場メカニズムの欠陥を克服する目的で行われる。これらは経済理論において「市場の失敗」と呼ばれる現象への対応と考えることができる。広義の「市場の失敗」には二つの種類があり、一つは市場メカニズムの歪みによって資源の効率的配分に失敗する場合であり、そのなかには独占（寡占）市場の問題、売り手と買い手との間の情報不均衡に関する問題（消費者が欠陥商品を買わされてしまう場合など）、いわゆる外部性の効果（公害などマイナスの影響を経済社会に与える外部不経済と地域開発によって企業に思わぬ利益がもたらされる外部経済がある）などがある。いま一つは市場そのものが成立しない場合で、たとえば道路や下水道の整備、治水など公共財の供給がこれに該当する。また上水道や、公共交通機関などの公益事業は競争市場をもちにくい点で準公共財と呼ばれる。多くの公共政策はこうした公共財の提供や市場の失敗の克服のためのものであるが、公益事業等の経営から生じた赤字分は最終的には国民、住民の負担で決済されることになるから、公益企業にどの程度まで赤字を容認するかは政策判断による。たとえば過疎の山村地域に住民の買物や通院のための村営バスを走らせることに関しては、バスの運行によって得られる便益と、バス利用者と住民全体が負担するコストとのバランスを勘案してその是非を慎重に決定すべき問題である。

現代の公共政策の策定に関しては市場の失敗に対比されるものとして、非合理的な公共政策の決定や執行をさす「政府の失敗」という概念が提示されることがある。この政府の失敗は第一に、政策執行機関の組織的特性に由来するもので、たとえば会計年度末になると予算消化のため必ずしも必要性の高くない工事等が行われること、また官庁間の縄張り意識によって類似した政策が競合する、あるいは特定の領域が空隙となるなど、いわゆる官僚組織の弊害等がこれに該当する。政府の失敗の第二は、非効率的な公共政策の決定がなされることで、日本における整備新幹線の建設計画や地方の空港整備などに典型的に示されているように、費用と便益の対比ではとうてい建設が容認できない事業であっても、政治的な圧力によって建設が強引に決定されるような場合をさし、典型的な現代民主政治の病理という批判もある。

近年新しい政治経済学の一つとして、こうした「政府の失敗」を是正し、公共政策に市場経済の原理を導入すべきだとする「公共選択」(public choice)の考え方が主張されている。この公共選択論は、政治的(非市場的)決定システムの経済学的分析であり、たとえば食糧管理制度がとられていたかつての日本における米価の決定のように、市場メカニズムによらず政治的に決定される政策形成過程を研究対象とするものである。この理論の要諦は、現代公共政策の決定にあたっては政治家、官僚組織、利益集団の行動が相まって、既得権益が温存され公共支出が肥大化しがちであるから、こうした政府の肥大化を抑制する新たな枠組みが必要だとする考え方にある。したがって公共選択論は、経済理論における合理的な経済人(ホモ・エコノミクス)のモデルが公共政策の決定においても有効かつ最善の選択につながるものと考えるから、必然的にいわゆる「大きな政府」を批判し、公営企業の民営化や市場メカニズムによる諸課題の解決を志向するものとなる。

公共選択論は、公営企業と民間企業の効率性の格差などを実証的に指摘する研究などを示して、新自由主義的な経済運営が各国で取り入れられ始めた一九八〇年代後半以降大きな影響をもち始めた。しかし、公共選択論が議論の対象とするのはきわめて限定された範囲内における合理性の問題だけで、公共政策の決定においてはより広い合理性の観点が必要ではないかとする批判も根強い。たとえば公共選択論の立場では、刑務所を民営化すれば運営コストが軽減し地域社会にも新たな雇用を生み出すことが可能であることが立証できるとする。しかし刑務所の運営にとってより重要な論点は、運営コストの問題よりも刑事政策上の効果であり、治安の維持や受刑者の社会復帰をいかにすすめていくかの問題であるが、公共選択論ではこうした問題の存在は等閑視されているとする批判である。

▼政治的政策思考

公共政策の決定が常に大きな議論の対象となるのは、公共政策の選択にいわゆる標準解は存在しうるのかという根本的な論点が存在するからである。たとえば現在日本の大都市部に建設される集合住宅（マンション）の場合、与えられた土地の条件のもとで安全法規や容積率などの基準の枠内で、購買対象者の家族構成や年収に合致し分譲販売が可能なものを建設しようとすれば、その大部分がほぼ類似した構造、間取りをもつのは、まさにそれが「標準解」だからであり、その標準解から大きく離れることはよほど特殊な条件に恵まれない限り不可能である。一方、公共政策の選択は通常「政治的」に決定されるものであり、与えられた諸条件の何を最優先するか、つまり限られた社会的価値をどのように配分するかはまさに政治的な問題であり、誰が決定してもほぼ同じ結論に到達するような性質のものではない。しかし、公共政策の決定にはそもそも標準解が成立しえないと考えることは、政策分析における合理性の追求を大きく損なうものでもあり、この点は政策評価の基準をどこに設定するかの問題にも関連した難問である。

経済学における費用便益分析を活用した公共政策の選択に関する議論もあり、「パレート最適」（誰かの暮らし向きを悪くすることなしには誰の暮らし向きもよくすることができない、つまりこれ以上の改善は不可能であるという最適な状態）を達成するための必要条件を導き出す理論的厚生経済学を応用した費用便益分析（いくつかの状態を、分析が進められている計画と比較して検討を進めていく）も試みられてはいる。しかし、こうした費用便益分析も公共政策では、所得や財の配分に応じて無数に存在しうるパレート最適状態のなかから何を選択するかがもっとも重要である点において、やはり公共政策の選択における決定的な手がかりとはなりえないであろう。

公共政策の選択に関する議論の難しさは、政策問題の抜本的改革をめざすことが、政治体制そのものを崩壊の危機に陥らせる可能性をもつことにも存在する。たとえばすでにふれた荻生徂徠は、柳沢吉保のもとで幕政改革に関与し、危機に瀕していた幕藩体制の立て直しのため、小手先の財政再建策に留まらず都市政策や人材登用論など抜本的な諸改革を提言した（『政談』）。しかし、そうした社会秩序の再構築は幕藩体制の根本問題に手をつける危険と隣り合わせのものであり、結局改革案が日の目を見ることはなかった。また近年でもソ連邦の指導者となったゴルバチョフが取り組んだペレストロイカ（ロシア語で改革の意味）は、経済再建や対外関係の見直しに留まらず、共産党支配体制そのものを動揺させる大きな変動を生み出すことがしだいに明らかになっていったが、ゴルバチョフ政権はもはやそれを押しとどめる力を失っていた。こうした例にも見られるように公共政策の選択は、政権の安定度と政策執行能力によって異なることがしばしば見られる。かりに政策問題の存在とその解決への道筋が示されたとしても、あえてそれが選択されないことはよく見られる現象である。政治的政策思考の直面する問題点の一端がそこに示されているといえよう。

政治的政策思考とは何かを考えるときに忘れてはならないのは、政治による問題の解決は、ほとんど常に「ありあわせの財」による「まにあわせの解決」なのであり、決して「最終的解決」ではありえない点である。政治的政策思考において最終的解決を志向することが危険であるのは、ナチスドイツが提唱したユダヤ人問題の最終的解決と称する政策がジェノサイド（genocide　集団殺戮）を引き起こしたことからも明らかであろう。政治的政策思考において大切なことは、この章の初めでふれた「世間師」が体現していた経験的英知の集積とでも呼べるような、常に全体を見渡し部分的な合理性の追求に陥らないようなバランスの取れた政策の選択を、歴史的経緯等にも配慮しながら行っていくことである。ある政治社会で成功している政策パッケージをそのまま他の政治社会にもってきて適用しようとしても、臓器移植には必ず拒絶反応が見られるように、さまざまな軋轢を生み、逆に事態を悪化させることもありうるからである。

したがって、さまざまな分野における抜本的改革の主張にはその成果とされるものに対する慎重な検討が必要であろう。たとえば、自治体が経営していた病院を民営化し抜本的な病院運営改革を行えば、コストの削減と医療サービスの向上の二つが両立するという主張があるが、医療サービスの質とコストは一定の相関関係にあり、マクロで見れば経営形態にかかわらず（よほどの放漫経営かきわめて安価な労働力を使わない限り）大きな差異は生じえないはずである。つまり、医療機関の民営化論と公営化論をめぐる議論は、医療機関の果たすべき役割のうち何を重視すべきかという政策判断の問題であって、医療の質そのものを決定する問題ではありえない。また教育政策の要諦は限られたコスト（時間と財源、労力）をどこに投入し、どのような能力・技能の育成を図っていくかに関する国民的合意を形成していくことであって、たとえば戦後の日本において行われた、教師は聖職者か労働者かといった議論はたんなるイデオロギー的論争に過ぎず、教育政策の選択とはかけ離れたものであった。そして社会全体の教育にかけるコストの問題を真剣に議論することなしに抜本的教育改革を志向することは、結局学生・生徒に過重な負担をかけ教育機関を機能不全に陥らせ、教育政策を袋小路に入れてしまうだけである。これまで述べてきたように、政治的政策思考はイデオロギー的論争に距離をおき、また抜本的改革への安易な期待を戒める賢明な熟慮のなかから生み出されてくるといえるだろう。

三　新しい公共性

現代における公共政策がめざすべき政策体系について考察するためには、公共政策の策定において追求されるべき「公共性」とは何かを検討することが必要である。すでにふれたようにかつて自治体改革のなかでめざすべき政策指標の体系として「シビル・ミニマム」という概念が提示されたことがあったが、現代社会において追求されるべき政策指標の体系はどのように定式化しうるであろうか。

▼現代社会における「公共性」とは何か

現代社会における「公共性」をめぐる議論にはさまざまな論点が存在するが、ここでは二つの論点を取り上げて検討することにしたい。第一は、公共性と公共財との結びつきの変化である。従来、公共財の管理や運営の必要性は公共性を担保する一つの大きな要素となってきた。しかし現代では、公民館活動などの社会教育の終焉が叫ばれるように、地域的コミュニティなどの社会環境に大きな変化が生じ、たとえば地域社会の住民にとって公共財の確保という意味での「公共性」概念はきわめて希薄なものとなっている。現在でも図書館など地域住民に共用される施設等の重要性が否定されるわけではないが、そうした利益と負担の共用性は必ずしも「公共性」を担保するものとはいえない。さらに現在では、もっとも基礎的な公共財と考えられてきた学校教育や警察などの公共サービスに関しても大きな変化が生じている。地域の公立小中学校に通わずに私立学校に通うことを希望する家庭にとって、近年の教育改革論議は公立学校の問題に特化され、学校制度全体の枠組みの問題を無視した歪な構造をもつものと考えられるであろう。また、高い仕切りをめぐらし二四時間警備員が常駐して外部からの出入りを監視する高級マンションに居住する人々にとって、構成員の同質性を前提とし、公園や公民館など公共財の活用と結びついた地域社会に足場をおくことはかなり違和感を生じさせるものであろう。

第二の論点は、先進資本主義諸国における共同社会の脆弱性である。すでに正統性論をめぐるハーバーマスの議論でもふれたことであるが、現代資本主義世界は商品化の徹底した社会であって、そこでは公共の問題について議論する場そのもの、つまり公共空間の喪失が顕著となっている。さらに消費文化の浸透によって生活空間の「植民地化」が進行し、私たちの生活全体が直接見えない相手によって統制される傾向が強く見られる。自分たちの生活を自分たちでコントロールできない状況（たとえば、現代の日本で既製品ではなく自分で料理や衣服を作ろうとすることは、意外に「贅沢」なことである。また都市郊外に叢生する大型ショッピングセンターは私たちの生活を金太郎飴のように均質化しつつあるとする見方もある）は現代世界で大きな歪《ひず》みを引き起こしている。こうした状況では社会における共同性の側面よりも消費文化のなかでの差異化に人々の関心が集中するようになる。

しかし、一方ではグローバリゼーションに伴う「国民文化」希薄化への危機感から、伝統的な文化の再発見を主張し、それらをかけがえのない価値をもつものとして称揚する動きも生まれている。こうした動きはすでにふれた神秘的で非合理的なナショナリズムと結びつくもので、公共空間の喪失に対して、「公的なるもの」の担い手は国家以外には存在しないとして、公共性をめぐる諸概念のすべてを、国家を軸とする議論の回路のなかに取り込んでいこうとするものである。このような「公的なるもの」＝「国家」という図式はきわめて短絡的で危ういものであるが、こうした議論が登場した背景には、個人主義的価値観の亢進と社会的コミュニケーション能力の減退による社会的引きこもりなど新しい社会的危機の深刻化があることも事実であり、現代における共同社会の脆弱性克服が容易な課題ではないことを示している。とくに社会的引きこもりや事実上の職業生活からの逃避傾向とも呼べる事態が増大している日本社会では、これまでの狭義の職業訓練の範疇に留まらない、共同社会への参画を促進するさまざまな政策の策定が強く要請される。

これまでの論点の考察からも明らかなように、現代の公共政策の策定にあたって考慮すべきことは、公共性という概念が議論される空間そのものの変容を視野に入れて、個人と国家という二項対立の図式に吸収されない新しい公共性の概念を、従来の社会構造の枠組みにとらわれない形で創造していくことの必要性といえる。日本の近代国家形成においては、さまざまな中間集団が、構成員に対する前近代的ともいえる拘束機能を残したまま、中央集権的な国家機構の下部組織として接合されるという経緯をたどった。したがって個人の主体性を確立しようとする要求と共同性の構築は二律背反的関係にあり、共同性とは主体意識を放棄した集団への埋没であって、近代的な意味での公共性は中間集団にも国家にも求めえないという意識が広がりがちであった。一九八〇年代末から急激な社会変動に見舞われ、従来のムラ秩序（地縁社会、企業社会）が大きく崩れていった日本社会おいて、従来の枠組みに代わる新しい公共空間を構想していくためには、社会の構成原理そのものを根底から問い直していく知的営為がまず必要であろう。

▼新しい社会運動と「市民社会」論

ここでは、新しい公共性の概念を創造していくために必要ないくつかの議論の道筋について考えてみることにしたい。すでにふれた「一九六八年」の反乱の前後から、環境保護、フェミニズム、マイノリティーの権利、生活空間の安全（たとえば反原発）などを主張する「新しい社会運動」と呼ばれるものの叢生が世界各地で見られるようになった。これらの新しい社会運動は、従来の労働運動・農民運動、消費者運動などと異なり、すでに述べた「脱物質主義」的価値を重視するとともに、その担い手として労働者、農民といった職業ではなく「市民」であることにこだわり、またネットワーク型の組織形態を作り上げようとする点に特徴をもっていた。こうした新しい社会運動が志向したものは、従来の政治過程における利益集団間の利害調整では容易に解決できないような問題への対処であり、ひいては豊かな産業社会を成立させてきた基本的枠組みの自明性を再検討しようとする動きにもつながるものであった。そこで提起されていったのが新しい「市民社会」像である。

この新しい市民社会とは、「欲望の体系」（ドイツの哲学者ヘーゲルの用いた用語で、完結した政治社会としての国家に対比され、自由な個人が自己利益の追求に邁進する場と想定され現在の消費社会に近いもの）と呼ばれたような従来の市民社会像とは異なり、非強制的で自由な人間によって主体的に構成されるアソシエーション（association）空間の総体をさすと考えられた。この「非強制的な人間の共同社会を成り立たせる空間を満たす関係的なネットワーク」としての市民社会という概念が注目をされた一つの大きなきっかけは、一九八〇年代末の東欧における一連の政治変動であった。東欧諸国においては共産党（名称は必ずしも共産党ではないこともあった）がヘゲモニーを握り、政治的多元性が制限され、他の政党や労働組合、教会組織などの活動は厳しい制限下におかれていた状況のなかで、多くの市民が必ずしも政治的目的とは限らない多くのアソシエーションを、家族、信仰、利害などを守っていくために形成した。こうしたアソシエーションのネットワークが、やがて大きな政治変動を引き起こしていく社会的基盤となっていった。たとえば一連の東欧革命のなかでもっともスムーズに政権の移譲とその後の改革が進行したとされるチェコスロヴァキア（チェコとスロヴァキアは一九九三年に分離する）では、音楽や文芸のサークルをはじめとする多くの市民組織の存在とそのネットワークが、そうした社会革命を支える基盤になったとされる。

ただしここで注目されている市民社会論には留意すべきこともある。市民社会は、権力関係を内在させた国家機構とは原理的に異なる公共空間を志向するものの、市場経済の存在を前提とする限りそこには根本的に不平等な関係が内在している。さまざまな公共政策を展開していくためには市民の自発的な参与だけでなく、不平等な社会関係に介入してそれを是正するメカニズムが不可欠であり、具体的には租税徴収による再分配機能などの整備が必要である。こうした役割を担うのはやはり権力を備えた国家・行政機構であり、市民生活の全般を国家機構が統制しようとすることは、近年の世界的パンデミックの発生状況に鑑みても不可能であり、またその弊害も大きいが、安定した財政基盤をもった統治機構が担い手となる働きが必要不可欠なのも確かである。その意味では今後構想することが要請されるのは、さまざまな政策課題を達成していくために、市民社会と国家がともに支えあうような共同社会の構築である。

これまで述べてきたような新しい市民社会は、アソシエーションだけでなく市場を含むさまざまな要素からなる広範な枠組みとして理解され、非強制的な人間の共同社会としての空間を模索するものである。しかし、そうした市民社会を存続させていくためには市民の強い積極性と信頼性が必要であると考えられる。ただし現在の市民社会論において提唱されているのは、伝統的な共和政論における「公民の徳」の概念とは異なり、あえて名づければ「市民性」とでも呼べるようなものである。ここで示した「市民性」の概念は法的に規定された市民権概念のようにはっきりと定義することは難しいが、市民社会を構成する成員間に成立するある種の連帯性のようなものと表現できるだろう。デュルケームが述べているように「われわれが道徳的に温まれる唯一の熱源は、われわれの仲間の社会が形成しているそれだけである。われわれを扶養し増殖できる唯一の道徳力は、他人が貸してくれるそれである」（『宗教生活の原初形態』）ことは、他者と意味を共有することを忌避し、自己の世界に埋没しがちな現代社会において決して見失ってはいけない点であろう。また新しい市民社会は、かつての成員間の同質性を原理とする共同体とは異なり、異質なるものを包含していくなかで自らの秩序を作り上げていくことが不可欠である。この点に関してイギリスの社会人類学者メアリ・ダグラスは次のように述べている。

「雑草をことごとく除去してしまえば地味は痩せてしまう。庭師は引き抜いた雑草を土に戻すことによってともかくも豊饒性を保たねばならない。ある種の宗教が異例なるものないし忌むべきものを特別に扱い、それらをして善きものを生むための能力たらしめるのは、雑草を鋤き返し芝を刈って堆肥を造るのと同じことなのである。」（『汚辱と禁忌』）

秩序からはみ出したものを排除し純粋性を追求することは、大きな矛盾を抱え込み、さまざまな差別を生み出すことにつながる。非強制的な人間の共同社会をめざすためには、異例なるものを受け入れる寛容さが不可欠である。その意味でもこの「市民性」を涵養していくためには、のちほどふれる哲学者J・デューイが指摘しているような「経験の分有」（shared experience）を通しての相互交信の拡大が必要であろう。新しい市民社会の構築は、多くの組織的戦略と国家組織の再編が不可欠なさまざまなプロジェクトを含むものであって、そうした過程においては「新しい公共性」に対する感性を市民が相互に関わりあうなかで作り上げていくことが大きな課題となるであろう。

終章

二一世紀デモクラシーの諸条件

日本映画の黄金時代に作られ、世界の映画史に燦然と輝く黒澤明監督作品『七人の侍』（一九五四年）は、野武士の襲撃を恐れる百姓に雇われた七人の侍の活躍を描いた長編時代劇である。壮絶な戦闘シーンに目を奪われるだけでなく、宮口精二演ずる剣に生きる久蔵、志村喬演ずる名軍師勘兵衛、稲葉義男演ずる滋味あふれる髭面の五郎兵衛など、この映画で俳優が演ずる侍たちの魅力は筆舌に尽くしがたい。しかし、ここに登場する俳優たちの姿にかれらの戦争体験が大きく反映されていたことはあまり知られていない。たとえば、菊千代を演じた三船敏郎の虚勢のなかにある哀しみにはかれの復員体験があったし、七郎次を演じた加東大介の淡々とした演技の背景には飢えと病で多くが命を落としたニューギニア戦線での兵士たちの影があった。

戦争の愚かしさやそれに巻き込まれた人間の悲惨さを描いたものは枚挙に暇がないが、漫画家水木しげるの『ゲゲゲの鬼太郎』もかれ自身が体験した南方の戦線での地獄絵を題材にしたものである。人間が妖怪や魔女に仮託したものとの関連について、ここでは一八世紀に生まれたスペインの画家ゴヤがその晩年に描いた「黒い絵」を取り上げてみたい。ゴヤの生涯をその練達の筆で描き出した堀田善衛の長編『ゴヤ』によれば、この「黒い絵」と呼ばれる一四枚のシリーズは、聾者となったゴヤが大病から回復したのち、新しく得た別荘の壁面に直接描かれたものである（現在はマドリッドのプラド美術館で目にすることができる）。このシリーズの一枚一枚はそれぞれ別の主題をもっているが、そのなかでもっとも有名な「わが子を喰うサトウルヌス」は、老サトウルヌスがおのれ自身の仕業、課せられた宿命に恐れ戦きながら、男根を勃起させつつ（現在は補修によって消されている）、目の黒球を飛び出させて自分の子どもを食いちぎっているすさまじい情景をリアリズムに溢れるタッチで描いたものである。自身に迫りくる老いや死への恐怖が「黒い絵」をゴヤに描かせたであろうことは、そのなかの一枚「聖イシードロの巡礼」などが暗示している。

しかし、ゴヤにこれらの絵を描かせた一番の動機は、自らが経験した戦争とその渦中に巻き込まれた人間の狂気ではなかっただろうか。かつてゴヤは、ナポレオン軍のスペインへの侵攻を有名な「巨人」や「一八〇八年五月三日」で描き、またそれに抵抗した民衆ゲリラとの死闘を版画集「戦争の惨禍」で描いた。そして晩年に至って「黒い絵」で戦争や殺戮を生み出す人間の狂気や運命そのものを取り上げ、誰からの依頼でもなく自分自身の課題に応えるためだけに、これらの絵を自宅食堂の壁面に三年の歳月をかけて描き続けたのであった。かつて「理性の眠りは妖怪を生む。理性に見捨てられた想像力は不可能な妖怪を生む。それが合体すればこそ、芸術の母となる」という詞書《ことばがき》を書きつけたゴヤは、自身の絵と人間の悲惨さとの関係をどのようなものとして捉えていたのであろうか。

ゴヤが「戦争の惨禍」や「黒い絵」を描いてから約一二〇年後、スペインは再び共和国政府とフランコ反乱軍の間で血みどろの内戦を経験する。画家ピカソの代表作「ゲルニカ」はこのスペイン内戦を舞台に、フランコ側を支援するドイツ軍の空爆実験の場所とされた小都市の惨劇を契機として生まれたものである。総力戦の世紀と呼ばれた二〇世紀は、膨大な戦争被害とともに、新兵器の開発を梃子としたさまざまな科学・技術の発展による豊かで快適な暮らしをもたらした。元来軍事技術であった原子力やインターネットの利用はその典型である。しかし、そうした巨大技術の負の遺産もまた巨大なものであり、私たちがコントロールしえない怪物のようなものを多く生み出してもいる。被爆体験を原点として制作された日本の映画「ゴジラ」はそのことを象徴している。巨大な権力や圧倒的な暴力に翻弄され呻吟する人間の実相は決して過去のものではない。むしろ二一世紀に入り情報化社会のなかでフェイクニュースが世界を駆け巡り、ヴァーチャル空間と現実との境が曖昧になり、戦争の悲惨さすらも権力に都合のいいように加工され人々に見えにくくなっている。

一　グローバリゼーションと二一世紀の政治課題

▼現代世界の構造変化

二一世紀のデモクラシーを取り巻く諸状況について考察するために、ここではまず現代のグローバル化した世界における構造変化を見ておくことにしたい。二〇世紀後半の世界は、持続的な経済成長が続き、先進国では多くの人々が豊かさを実感するとともに、デモクラシーの成熟による円滑な政治運営が行われ「黄金の時代」と呼ばれた。この「黄金の時代」を支えたのは、二つの世界大戦を経たことによる社会階層の平準化、平和の実現による秩序の安定化、安価な原油を大量に消費する経済構造などであり、それらを基盤として国民国家を単位とする所得再分配を行う福祉国家体制が成立した。しかし、二度の石油危機を経た一九八〇年代以降、こうした「黄金の時代」を成立させた諸条件はなくなり、経済成長は鈍化し、国家の財政赤字が深刻化した。そのなかで登場したのが、従来のケインズ主義的財政・金融政策に代わる市場原理主義的な経済政策の推進を唱える新自由主義路線であった。イギリスのサッチャー政権、アメリカのレーガン政権に代表されるこうした主張は、福祉国家的諸制度を解体し（アメリカはもともと福祉国家的諸制度が未発達であったが）、市場メカニズムと競争原理の貫徹による経済の活性化を唱えた。

新自由主義的経済政策の主眼は、従来の国民国家を単位とする労使協調体制による国民経済の均衡ある発展のモデルを放棄し、国民経済の枠を超えて企業の活動をグローバルに拡大することで、できるだけ安価な資源や労働力が得られる地域とできるだけ高い利潤が得られる市場を結びつけ、新しい成長の糧を見出そうとするところにあった。国民国家という枠組みにおける労働・流通・環境などに関するさまざまな規制の軛《くびき》を離れて、世界大に経済活動の範囲を拡大し持続的経済成長をめざすグローバル資本主義と呼ばれるこの潮流は、アフリカの奥地にまでその地位的範囲を拡大するにとどまらず、IT革命によるヴァーチャルな空間の拡大によってさらなる成長を志向し、マネーゲームによるバブル経済をしばしば引き起こしている。ただしこうした空間的な市場拡大がほぼ限界に達するなかで、現在のグローバル資本主義は、テクノサイエンス資本主義とも呼ばれるように、人間の身体（美容・健康）までも商品化の対象とすることで、生命をめぐる価値観にまで大きな影響を与えようとしている。

こうした一九八〇年代以降進行したグローバリゼーションによって、かつて途上国と呼ばれた国々にも高層ビルが林立するなど世界経済は拡大したが、一方では一人の大富豪の年間所得が最貧国五〇カ国の国民所得合計を上回るほどにまで格差は拡大し、世界大での環境破壊や地域社会の荒廃や深刻な状況を生み出している。とくに一九八二年にメキシコ政府が「支払い停止宣言」を行う事態に進展したことで一挙に表面化した累積債務問題は、多くの途上国で進められた輸入代替、輸出指向型の産業開発が軒並み挫折し、膨大な債務（借金）だけが残り、長期にわたって財政を圧迫し、激しいインフレーションを引き起こすなど国民生活を圧迫している問題で、現代世界の大きな課題の一つとされる。こうした国々においては債務返済に充てる外貨獲得のため、国内で食料が不足しているにもかかわらず、換金商品として穀物を海外に輸出している場合も多く見られる。こうした「飢餓輸出」と呼ばれる状況に示されているように、多くのアフリカ諸国などで現在も発生している深刻な飢饉は、独裁政権のもとでの不安定な政治状況が生み出す内戦と、グローバルな経済秩序によって構造的に作り出されたものともいえる。

この飢餓輸出に象徴されるように、飢饉を作り出すものが自然環境の圧力よりも「政治」であることを示す例は枚挙に暇がない。戦争（とくに内戦）が多くの難民を生み出し、ナイジェリアのビアフラ危機や、一九八〇年代のエチオピア大飢餓のような深刻な飢餓を生み出すことは珍しくない。また戦争ではなくても、一九五〇年代末に中国では急速な人民公社化などをめざした大躍進運動の結果、二千万人以上の餓死者が発生したといわれる。少し歴史を遡っても江戸時代後期の天明や天保に奥羽（東北地方）で「牛馬猫犬鹿は勿論、草木の根を食い尽くし、道に倒れている餓死者の肉まで喰った」といわれる大飢饉がしばしば発生したのは、天候不順よりも幕藩体制の綻びという政治的な要因からであった。つまり、各藩が財政危機のなかで収奪を強化したことと、飢饉直前に短期的な米価の値上がりに幻惑して備蓄米を換金することもあったこと、商品経済の進展のなかで雑穀から米・大豆など商品作物の生産奨励が進んだこと、そして飢饉に際しても各藩の領域を超えて食料の流通が行われなかったことなどが大飢饉の原因であった。現代世界でも大飢餓に見舞われるのが多くの人口を抱えた首都ではなく、食料を生産しているはずの農村部に多いのは、貧困や飢餓が政治によって作り出されることを象徴するものといえるだろう。

さらに現代では国家権力の問題だけでなく、GAFAに代表される多国籍企業による根源的独占の進行も大きな問題である。たとえば多くのエイズ感染に苦しんでいるアフリカ諸国が必要とするエイズ薬の価格が特許料によって値下がりせず、入手困難になっている問題に象徴されるように、商品だけでなく技術や特許（知的財産権）を独占し、そこから莫大な利益を得ていることも深刻な事態を生み出す大きな要因となっている。

また、現代世界における「貧困」は途上国だけでなく、いわゆる先進国でも見られる深刻な事態である。たとえば、世界でもっとも豊かといわれるアメリカ合衆国でも百万人を超えるホームレスが存在し、低所得者に支給されるフード・スタンプ（食料購入クーポンで公的扶助の一種）に頼る貧困所帯の多くは、ファースト・フードの大量摂取による肥満、健康被害に苦しんでいる。また全米総人口の一％が常に刑務所に収監されているか保護観察の状態にあることも構造的差別ともいうべき貧困との関連が大きい。かつて治国の策を問われた孟子は、人間は生活の保障がなければ定まった操をもつことはできず（「恒産なければ恒心なし」）、それを捕まえることはエサをまいて魚を寄せ網で取るようなもので、為政者にあってはならない（「民を罔《あみ》することをなすべけんや」）と述べている（『孟子』滕文公）。この孟子の箴言《しんげん》は、「政治」の範囲を狭め「社会問題」を自己責任の問題に置き換えようとしている新自由主義的な言説に対して多くのことを考えさせるものである。

新自由主義的言説が登場した一九八〇年代以降の政治空間に見られる変化の特徴は、「豊かな社会」の実現を背景とした包括政党の成立に象徴される「合意の政治」から、イデオロギー的対立を前面に押し出した「対立の政治」への転換である。かつての「黄金の時代」においては政党間のイデオロギー的対立にもかかわらず、たとえば景気変動の幅を小さくし公共投資によって失業率の上昇を抑えようとする完全雇用政策などに関しては与野党を問わず広範な合意が成立していた。しかし、現在では個人主義的価値観の亢進のなかで、失業を経済社会の構造的要因として捉えるのではなく、個人の意欲や能力の問題と捉え市場モデルの競争原理で解決を図るべきであるという考え方が影響力を増大させている。またすでに述べた、ヨーロッパにおける極右政党の台頭に示されるように、市民社会から外国人等の少数者を排除することが、多数者の意志に基づく政策決定というデモクラシー本来のあり方として主張されてもいる。こうした主張は、二〇世紀のデモクラシーがめざしていた「包摂型社会」から特定の利益を共有するもの以外を政治社会の構成員から取り除こうとする「排除型社会」への転換と捉えることができる。こうした転換は、政治的分極化を亢進させ、イデオロギー的対立を激化させて政党政治の安定性を揺るがすだけでなく、粘り強い議論によって一定の合意を作り出すというデモクラシーを支える政治文化を大きく阻害するものでもある。

さらに現代世界のもう一つの大きな構造変動は、これまで世界のほとんどの地域において個人の生活を支え共同性を担保してきた家族制度が、グローバリゼーションによる消費文化と生活様式の変化によって激変しつつあることである。自然環境・生業形態・宗教規範と結びついた伝統的家族に対して、近代産業社会のなかで成立発展した近代的家族は、親族集団ではなく核家族に代表される小規模家族において経済的独立と親密な人間関係を充足させることを目標としてきた。しかし、現在進行しつつある高度にシステム化されたグローバル空間は、家族の軛《くびき》から個人を解放し消費の主体として独立させることで、あらゆる問題を個人化しようとしている。こうした構造変動は、これまで自明視されてきた規範を変化させ、個人の利益を最大限にする選択こそがもっとも合理的とする考えを流布させる要因となっている。しかし、このことは婚姻率や出生率の低下という問題だけでなく、政治空間にとっても大きな問題を惹起させる可能性をもっている。第四章の「公共の利益」をめぐる論点でもふれたが、自分が生きている間のことさえ考えればという観点からは、さまざまな政治的争点が抜け落ちてしまうことになる。二〇世紀に発展した代表制デモクラシーは、未来の世代の権利を隠蔽することを「多数」の意思として正当化してきたともいえる。しかし長期的視点を欠いた政治的意思決定は、社会の存続可能性を損なうだけでなく、政治的決定の根本的劣化を引き起こす可能性をもつ。政治は個人の自由のためにする行為であるが、その個人の自由を守るためにはその自由を犠牲にしなければならない場面も生まれるという原理を理解することは、人間の一生をより長い時間の流れのなかに位置づけて理解することなしには難しいだろう。

これまで述べてきたように、二〇世紀末から二一世紀初めにかけての世界の構造転換はさまざまな領域に及び、冷戦の終焉時に喧伝されたような平和の実現と多くの地域における貧困からの解放といった目標を達成するに程遠い。それだけでなく、政治的議論の基盤を大きく変化させ、二〇世紀の「黄金の時代」に達成された政治的成果の多くを喪失させる可能性ももっているといえる。

▼デモクラシーを取り巻く状況変化

二一世紀の世界においてデモクラシーが十全に機能するための条件を考察するために、二〇世紀末から二一世紀初めにかけてデモクラシーを取り巻く諸状況にいかなる変化が生じているかを、いくつかの観点から整理しておくことにしたい。

第一に、経済成長に伴う豊かさの拡大が終焉し、デモクラシーの順調な発展を支えてきた広範な中間層の存在という条件が失われていることである。第二次世界大戦という総力戦を経験したことによる社会階層の均質化と、持続的な経済成長による所得の伸びは、福祉国家的な所得再分配効果とも相まって、一般的な労働者や農民を含む多くの国民に従来中産階級にしかなしえなかったマイ・ホームの取得や自家用車の保有、さらには子女の大学など高等教育機関への進学を可能にさせた。しかし、二〇世紀末からのグローバリゼーションに伴う所得格差の拡大によって、マイ・ホームの取得などが事実上不可能になる階層が拡大している。しかし、親世代よりも子ども世代の方が豊かな暮らしを実現できるという経済成長期の神話が崩れるこうした事態は、多くの人々にとって認識レベルでは容易には受け入れがたいものであり、出生率の低下や離職率の上昇などの要因ともなっている。グローバリゼーションにより世界大で豊かさは拡大し、自分たちも高学歴になっているにもかかわらず、なぜ親世代にできたことを自分たちは享受できないのかという不満や、安定した将来が描けないという不安は「政治」に強いストレスを与えている。

第二に、国民国家の自律性が低下していることである。グローバリゼーションにより国民経済の枠組みを超えた経済活動が一般的となるなかで、従来の金融・財政政策による国民経済のコントロールがますます難しくなっている。外国為替相場を例にとっても、かつては各国政府・中央銀行の市場介入によって、相場をある程度操作することが可能であったが、現在では外国為替市場の規模が拡大しそれはほとんど不可能になっている。イギリスのＥＵからの離脱をめぐる議論に典型的に示されたように、国民国家単位のデモクラシーによる意思決定によってコントロールできない政策領域が拡大していることは、多くの国民に強い不満を生み出すことになり、そうしたグローバリゼーションの現状に対する不満のはけ口が、移民や外国人労働者などに対する攻撃的言説を生み出す背景となっている側面は否めず、デモクラシーにおける少数派保護の原理の後退が懸念される。

また途上国においては、グローバリゼーションによって専門職などの人材が高い収入を得られる先進国に多数流出していることも大きな問題である。高いコストをかけて養成した労働力が期待された成果をもたらすことなく喪失してしまうことは、産業・教育政策の面からだけでなく、デモクラシーの発展・定着の観点からも将来その国の政治的・社会的エリートとなりうる人材の流出という意味で深刻な事態である。近年途上国において独裁的な体制が生まれ存続している一つの背景には、本来それに対抗する勢力が国内での改革を志向するのではなく、独裁権力との闘争を回避し国外に生活の基盤を築くことを選択していることも関係している。このことは個人の合理的選択としてはあながち批判できないが、グローバリゼーションが世界の民主化に対する抑制要因として働いている側面として捉えることもできる。

第三は、グローバリゼーションと結びついた新自由主義的言説によって「政治」の領域が狭められていることである。グローバル資本主義の世界ではすべての価値は市場での評価に一元化される傾向にある。そこでは固有の政治的価値が生まれる余地は少なく、さまざまな経済・社会問題も市場メカニズムを通して解決が図られるべきだとされる。たとえば、保育園が不足し待機児童が多数発生しているとしても、それは保育園の設置が進まないという「政治」問題ではなく、各種の育児サービスを利用するだけの所得を稼ぎえない親の問題であり、政治や行政の責任を追及するのは自己の責任を他に転嫁するものに他ならないという言説を生み出す。こうした言説が支配的になれば、デモクラシーが取り扱う政治課題はきわめて限定的なものになる。しかし、一方では、グローバリゼーションに伴う移民の増大から生じるさまざまな摩擦や犯罪の防止など市場メカニズムでは取り扱えない領域は政治固有の問題とされるが、その解決に貧困対策や社会的包摂に向けての改革を政治的課題として取り上げることは「政治」の範囲を逸脱するもので、あくまでも警察力の強化や刑罰の厳格化などによって対処すべきであるとされる。

このようにグローバリゼーションと結びついた新自由主義的言説の浸透は、政治的決定の一つの重要な要素であった、自立できない個人をいかに社会的に支えるかということを「政治」の領域から排除し、不可視化するという意味において、デモクラシーのあり方を大きく規制するものとなっている。

第四に、新自由主義の影響力の拡大のなかで、経済成長の持続のためにあらゆる政策手段を駆使して市場経済のパフォーマンスを維持するという観点からの諸制度への介入が顕著になっていることである。経済成長の鈍化と人口構成の高齢化、財政危機という多くの先進国が抱えている構造的背景のなかで、公共政策の策定にあたり「民営化」による競争原理の徹底こそが問題解決の鍵とする言説が広く流布している。各国における法人税の引き下げ競争に典型的に見られるように、企業の活動に対するさまざまな制約条件を撤廃し、市場経済を活性化することがもっとも合理的なことであり、それに掣肘《せいちゅう》を加えることは不当な「政治」的圧力であるとする言説が抵抗感なく人々に受け入れられていくとすれば、デモクラシーに基づく政策決定は事実上画餅に帰すことになる。資本主義の原理は本質的にデモクラシーと相いれない要素をもつが、先に述べた「黄金の時代」において両者は共存できるし、またそのことでともに発展すると考えられていた。しかし、今日ではこれまで見てきたように、グローバル資本主義はデモクラシーを阻害する最大の要因の一つになろうとしている。

先にグローバリゼーションとデモクラシーの結びつきの可能性をグローバル・デモクラシーについて考察したが、もしグローバリゼーションと主権国家がデモクラシーの原理なしに結びついた場合には、いくつかの大国が担い手となる新しい帝国主義的な競争的国際秩序が生まれる可能性も否定できない。そうなればかつての大英帝国に見られた、貧困などの社会問題を国内の改革によらず植民地からの収奪によって解決することをめざすような考え方が再び生まれてくる可能性もある。他者と生活空間を共有し親密なコミュニケーションを行う機会に乏しく、ヴァーチャルな空間での欲求充足に安住すれば、他者の生活実態への関心が失われ共感能力を培うことも難しくなるだろう。二一世紀の世界において実質的な植民地支配や奴隷制的秩序を復活させないためにも、現在のデモクラシーが担うべき責務は重要である。

二　共生のデモクラシー

出生率の低下や生涯未婚率の上昇など必ずしも結婚や自分の家族を形成することを求めない生き方が増えるともに、かつて個人のアイデンティティの大きな拠り所だった職業が曖昧になっている現代日本社会において、自分の人生の意味を確認する場をどこに見出すか、生きがいは何かということが改めて問われている。「生きがい」という欧米の辞書には見られない「日本語らしいあいまいさと、それゆえの余韻とふくらみがある」言葉が、とくに重い意味をもって広く使われるようになったのは、精神科医神谷美恵子の著書『生きがいについて』刊行以後だといわれている。

ローマの哲人皇帝マルクス・アウレリウス『自省録』（全編ラテン語ではなくギリシャ語で書かれている）の翻訳でも知られる神谷美恵子は、瀬戸内海に浮かぶ岡山県のハンセン病療養所長島愛生園で、長期にわたり医師と患者という関係を超えた交流を結んだ。「らい」という伝統的呼称が使われているハンセン病は、現在では特効薬によって完全に治癒し回復者から感染することもないが、かつては不治の病として恐れられ、感染者は隔離され社会との接触をほとんど絶たれたままの生活を余儀なくされていた。この著作は患者との交流や広範な文学・哲学書の読書経験をもとに、篤い信仰を支えに自らの存在を挙げて生きがいについて悩み思索したもので、長年にわたり多くの人に読み継がれている。

生きがいを心の問題だけに留めずに、肉体の生命力の面からも捉えていく著者の視点は、権力による抑圧や搾取、戦争がなくなり、老人、病人や障害者が安心して暮らせる支援体制の確立が重要だとしても、その先にある病気や障害を苦にする心、死への恐怖、他者への嫉み、愛する者との別離による悲嘆など心の問題を克服できなければ平安や幸福感は得られないことを見逃さない。しかし、一方で「純粋な精神化は、ときに非社会性や反社会性すら生み出すことさえある」と、精神面と物質面の双方にバランスよく対応することの重要性を指摘する。そして「現代文明の発達はオートメーションの普及、自然からの離反を促進することによって、人間が自然のなかで自然に生きるよろこび、自ら労して創造するよろこび、自己実現の可能性など、人間の生きがいの源泉であったものを奪い去る方向に向いている。どうしたらこの巨大な流れのなかで、人間らしい生きかたを保ち、発見していくことができるのであろうか」と現代文明の行く末に警鐘を鳴らす。

若くして世を去ったフランスの哲学者シモーヌ・ヴェーユも、神谷美恵子と同じように思弁ではなく経験から思想を紡ぎだそうとした。高等師範学校出身の知的エリートでありながら自ら志願して工場での肉体労働を経験するなど、頭でっかちになることを避け「根を持つこと」をめざした彼女の思索は、抽象的なイデオロギーではなく、職業や言語、郷土などとの本質的な結びつきが人間の生にとって決定的に重要であることを説く。ほとんどがカイエ（ノート）のような彼女の著作を真に理解するためには、自分が経験したことを基に余分な垢を払い落として、人間の魂が希求するものを純粋に追究していくことが必要なのかもしれない。

生きがいを見出すために非日常的な空間に旅立つことはよく見られるが、そのなかで魂の救済を求める多くの日本人がこれまで向かってきたのが八十八箇所の四国巡礼であった。作家田宮虎彦の短編『足摺岬』では、死を決意した大学生が死に場所を求めて行った四国の巡礼宿で「のう、おぬし、生きることは辛いものじゃが、生きておる方がなんぼよいことか」とつぶやく老巡礼に遭遇し、その無償の好意によって生きることを見出す。一六歳の少女が自由を求めて家出し四国を遍路する映画『旅の重さ』は、全編四国ロケで撮影したロード・ムービーで、遍路・

旅芸人一座・魚の行商人などとの触れ合いを通し、少女（新人女優高橋洋子）が心身ともに成長する姿を描いた瑞々しい作品である。時代が変わっても四国の巡礼地は多くの人々を引きつけてきた。白装束を身につけ歩き遍路に旅立つ現代人はいかなる発心を抱くのだろうか。

▼ケアの倫理とデモクラシーの課題

前節で述べてきた、とどまることのない金融投機を推し進めるグローバル資本主義のなかで、二〇世紀末から二一世紀初頭にかけて進行した新自由主義的価値観の横溢《おういつ》は、私たちの生きる政治空間をホッブスの著作に見られる「万人の万人に対する闘争」の空間に変えつつある。そこでは各人は自分のもつ能力・資源を活用して厳しい競争を勝ち抜くことが求められ、自分の利益と考えられるものを離れて他人の生に関心をもったり関与したりすることはありえないとされる。しかし、これまで繰り返し述べてきたように、本来デモクラシーとは、個人が自由な立場に立って議論を行い、自分たちを拘束する社会の基本的な枠組みを決定することであるとすれば、他者に対して関心をもたず自己利益の最大化を図ることは、デモクラシーが成立する基盤を失うことにつながる。グローバリゼーションの時代において自分だけに閉ざされずに他者とともに生きることを可能にするデモクラシーの諸条件とはいかなるものであろうか。

ここでまず問題となるのは、新自由主義的価値観が前提としている競争的社会における主体としての「自立した個人」の存在という仮説そのものの問題である。誕生から死までの人間の一生の間には、乳幼児期や高齢期をはじめ病気療養期など本来的に「自立」できず、誰かのケアを受けることを不可欠とする期間が長期にわたって存在する。また出産・保育期のように、次世代のケアを必ず行わなければならない期間も存在する。「自立した個人」という仮説は、こうしたケアのやり取りを必要とする状況を例外的な状態とみなし、その際には市場原理に基づくサービスの供給が行われることで問題は解決できると主張する。しかし現実には、ケア労働は市場原理に基づいて需給を調整することは困難であり、また真にケアを必要とする人々がこうしたサービスを享受することは容易ではない。すべてのものを商品化しようとするグローバル資本主義にとってこのケア労働の問題は最大のアキレス腱の一つになっている。

かつてこうしたケア労働は、その多くが女性の家内労働として行われ社会的に可視化されてこなかった。しかし、先進国における外国人労働者の多数が実は男性ではなく、主として保育・福祉などのケア労働に従事する女性労働者で占められることに示されているように、産業構造のサービス化により女性の労働参加率が高まるなかで、ケアの問題をどのように考えるかは社会の持続可能性の面からも決定的に重要な論点である。とくに日本のようにケア労働に対する社会的評価が十分に確立せず、その多くに低賃金で不安定な職場環境が見られる社会が抱える問題は大きい（日本では現在大学卒業生の一割以上がケア労働に就職しているが、一部の大学を除いては主要な進路とはみなされていない）。

弱さをもち依存状態にある人々に付き添い、緩和し、保護する行動をいかに政治の課題とするか、さらに世代を超えたケアの原理をいかに構築するか、こうした問題は成長や発展を目標としてきた二〇世紀の政治に質的転換を迫る重要な論点である。この点に関してフェミニズムの視点にたつ議論の政治理論における重要な貢献の一つは、これまで歴史上多くの場面においてケアの役割を担ってきた女性の視点を重視することで、防衛の担い手となりうる戦力・生産活動による納税能力などを重視する男性を主たる担い手とする領域と政治との結びつきを強調する価値観に立つ議論を相対化したことにある。古代ギリシャのアリストパネースの手になる古典的な戯曲（『女の平和』など）にも示された、ポリスの帝国主義的膨張政策に反対し戦争に明け暮れる男たちをしたたかにやり込める女性の視点は、古代世界の単なる風刺にとどまらず、現代においてもケアの倫理を政治の領域に取り込む豊かな可能性に道を開くものである。

ケアの倫理を政治の領域に取り込むうえでもう一つ重要な視点となるのは、「自立」の意味を再構築することである。「自立」とはすべてを一人で行いうることではなく、また誰か一人に依存することでもなく、依存できる相手を増やすことといえる。このことは「自己」というものが、周囲との関係性のなかで確立するものであることからも明らかである。個人が真に自立していくということは、周囲から孤立した自閉的な状況のなかでは不可能であり、自分の行動や感情を集団のなかにとけ込ませ、そのなかから影響を受けつつ意思を確かめていくという過程が必要不可欠である。つまり、自己という硬い殻をいったん打ち破り周囲に対して自分を開くこと、そしてその自分が周囲から受け入れられるという経験の積み重ねが、真の自立を生み出すきっかけになる。その意味では現在の障害者の自立支援政策に見られるような、独立した生計を営むことを主たる目的とした（しかもそれ自体かなり困難な）自立支援ではなく、社会のなかでさまざまな役割をもつ個人を、稼働能力に一元化するのではなく、多面的に評価し互いに認め合う価値観を確立することが必要であろう。

ケアの倫理は、新自由主義的価値観のなかで見失われがちな、肉体をもつ人間の命の有限性や金銭的価値には置き換えられない諸価値の存在を改めて問いかけるものでもある。現代社会における「生きがい」の追求は、表面的な個人の欲求充足にとどまらない心身両面にわたる周囲との交流によって「自立」をめざすことである。すでに述べたように、古代ギリシャ以来人間の自覚的な営みとして成立した「政治」において行われる政治的決定の重要な内容の一つは、そのままでは自立できない個人を経済的・社会的に支えることに関するものであった。二一世紀のデモクラシーはまずこの原点に立ち戻ることが必要であろう。

▼共生のルール作りとしてのデモクラシー

情報技術の飛躍的発展によるシンギュラリティを迎え、社会の運営すらも人間の知能ではなくＡＩ（人工知能）のアルゴリズムによって決定される時代が到来するとすら囁かれている現代社会において、人間が言語を用いる議論によって意思決定を行っていこうとするデモクラシーの原理ははたして維持可能なのであろうか。またデモクラシーという意思決定方式が道徳的に正しいことを論証することは可能であろうか。

デモクラシーを成り立たせる道徳秩序の問題を考えるために、もう一度社会契約説の考え方にたつルソーの古典的議論に立ち戻ってみたい。すでに第五章でふれたように『社会契約論』のなかでルソーは、人々が本来もつ自由を失うことなしに他者との間に結びつきをもつ政治社会を構成するためには「一般意志」というものを形成し、その「一般意志」の指導に従うという社会契約をなすことが必要であるとした。なぜなら、人間の自由とは自分の意志でルールを作りそれに従うことであって、欲望のままに従うことではないのであって、「一般意志」が私たちの自発的な意志である以上、その決定に拘束されることと私たちの自由とは背馳《はいち》しないとされる。もちろんここで問題となるのは「一般意志」の中身である。徹底した人民主権の立場にたつルソーも、私たちの集合的な意思形成だけでは「一般意志」は形成されえず、助言者ともいうべき立法者の存在の想定や、市民宗教とでも呼ぶべきものの存在、さらには政治教育の重要性を説いている。こうしたルソーの議論は、同じ社会契約説に立つホッブスが絶対的な主権者の創設を論理的必然性から説こうとしていることと対比したとき、必ずしも合理性に基づかない議論を含んでいると感じられる。

ただし、社会秩序を維持するうえで合理性だけに頼ることは危険である。第一章でも述べたように、個人の合理的選択だけでは社会の基盤は成立しえず、外部から集団に力を及ぼそうとすればそれはしばしば暴力的支配を生み出すからである。現代世界には絶対的な権威をもつ神の意志のような外部は存在しない。したがって集団が個人に及ぼす力は、外部からの強制力としてではなく、内面化された規範として自発的に服従を促す必要がある。ルソーが述べたような「一般意志」の形成には大きな困難が伴うが、二一世紀においてもＡＩ技術がそれにとって代わることは、ＳＦの作品世界に見られるように人間が生物として新たな段階を迎えたと想定しない限りありえないだろう。ＡＩ技術がさし示すものは、既存の価値観を前提とした合理性に基づく「正解」であり、今後多くの困難に直面するであろう世界を切り拓いていくためには、人間の共同意思によって新しい価値観を生み出していくことが不可欠である。また、なぜ独裁政治ではなくデモクラシーでなければならないかという問いに対しては、哲学者ラッセルの次の箴言を掲げることで十分であろう。

「デモクラシーが望ましいのは、普通の選挙民が政治的叡智を所有するからではなく、権限を有する特定の集団が必ず自分以外の人々はある特定の生活の便益を享受しないのが望ましいと証明する理論を発明するがゆえに、それを予防するためである。」

個人の恣意的な支配から離れた合理的な統治というモデルは、第二章で検討した人間と権力との複雑な関係から考察すると、容易に独裁政治と結びつく可能性をもっている。第五章でも述べたように、権力を監視しその暴走を抑える意味からも現代政治においてデモクラシーは大きな役割を期待されている。

現代世界において私たちが独裁政治や権威的体制を許容してしまう一つの要因は、グローバリゼーションのなかで安定した生活の基盤が失われるとともに、経済や情報など複雑なシステムの運営が生活の維持に不可避なものとなっていることがあげられる。安定した生活基盤の維持のためには国家権力の強権的な発動や個人への強制的介入も受忍される傾向がある。しかし、近年の世界的なパンデミックの流行時にも示されたように、国家機構も事態の行く末を予見し適切な対応をとることに成功しえず、実際に私たちの生活基盤を支えたものは相互の助け合いと信頼関係であった。新自由主義的価値観の広がりのなかで、中間集団のつながりが解体され、さまざまな「危機」に個人単位で対処することが求められる状況のなかで、一方では安心や安全を謳うシステムへ人々を囲い込む動きが出ている。しかし、想定外の事態に直面したときにこそ我欲を離れ、社会の存続のため何が必要かという私たちの政治的叡智が求められるのであって、複雑な事態の予見可能性を求めすぎることは権威主義の温床となることに気づく必要がある。

大国の対テロ戦争に代表される、既存の秩序に対抗する動きをノイズとして排除しようとする帝国主義的支配や、人間の身体そのものも商品化しようとするグローバル資本主義に対抗して、デモクラシーを基盤とする政治原理をこれからも維持・発展させていくためには、私たちがある程度リスクや不確実性を受容することが必要である。高度に情報化され巨大なシステムによって運営されている現代世界のなかでも、私たちの生命がきわめてもろい基盤の上に存在すること、そしてヒトが元来共同保育を行う生き物であったことに示されているように、その生命をつなぎ伝えていくのは私たち相互の協力関係のなかにしかありえないことを忘れてはならない。生命の本質が遺伝子に示された情報ではなく「からだ」そのものにあるように、グローバリゼーションの時代にあっても「根をもつこと」は社会の存続に関わる本質的な問題である。その意味においては、ケアの倫理に示された生命の脆弱性や共同性を基礎においた共生のルール作りこそが、二一世紀デモクラシーの中核的要素となるであろう。

こうした二一世紀におけるデモクラシーを構成する一つの基本的原理として提唱されているものにベーシック・インカム（basic income）論がある。この考え方は、就労の有無や社会的属性をとくに問わず、すべての市民に対して必要最低限の所得給付を行おうとする原理で、福祉給付の条件に就労を義務づけず、むしろ非有償労働などを積極的に評価していこうとするものである。このベーシック・インカムの考え方は、現状では政治的に実現可能なプログラムからはかなり距離があるといわれる。一日中働いた者にも一時間しか働かなかった者にも同じ賃銀を支払う「ぶどう園の労働者」のたとえ（「マタイによる福音書」）を現実の政策に適用することは容易ではないだろう。しかし、二〇世紀型の産業社会を支えてきた経済成長や完全雇用といった諸前提が大きく崩れているにもかかわらず、グローバル資本主義の構造と勤勉を旨とする近代産業社会の倫理が、実質的に無意味な膨大な仕事（人類学者デヴィッド・グレーバーが指摘する「ブルシット・ジョブ」）を作り出している状況のなかでは、ブルシット・ジョブの対極にあるケア労働の価値をいかに高めていくかなど、既存の枠組みを超えた新しい発想が求められているといえる。その意味では一九世紀までは実現が困難と考えられていた普通選挙制が二〇世紀に達成されたように、二一世紀はベーシック・インカム導入の是非が激しく議論される時代となるかもしれない。

三　政治的構想力の復権

これまで二一世紀のデモクラシーが成立するための諸条件について考察してきた。ここでは、二一世紀の政治が直面しているいくつかの課題について政治理論の観点から考察し、これまでの議論を締めくくることにしたい。

▼市民社会を問い直す

「市民社会論」の再構築を主張し、現代を代表する政治理論家の一人として活躍しているマイケル・ウォルツァーの整理（「市民社会論」『思想』第八六七号）によれば、一九・二〇世紀の政治理論がめざしてきた政治社会には、主に次の四つの方向性（かれはこれを「善き生活に関する四つの単一イデオロギー」と呼んでいる）が見られるという。第一は「民主的市民権」で、これは善き生活のための好ましい枠組みは政治的共同体、民主主義国家であり、「善く生きるとは、政治的に活動的であり、仲間の市民たちとともに働き、集合的にわれわれの共通の運命を決定することである」とするものである。第二は「社会主義的協同」で、ここでは善き生活の枠組みは協同経済であり、「そこで、われわれは皆生産者にもなれるが、同時に芸術家にも、発明家にも、職人にもなることができる」とされる。第三は「資本主義的市場」で、これは善き生活のための好ましい枠組みは市場であり、そこで「善く生きるというのは政治的決定をすることでもなく、美しい目的物を創造することでもない、それは個人的な選択をすること」であるとされる。第四は「ナショナリズム」で、ここで好ましい枠組みは国民国家であり、「善く生きるということは、他の人々とともに国民的伝統を記憶し、掘り起こし、伝えていく活動に参加することである」とされる。

ウォルツァーが「善き生活に関する四つの単一イデオロギー」と呼ぶ、これまで述べてきた政治社会の四つの方向性について、かれはそのいずれもが人間社会の複雑性を見過ごす、その単純な単一性ゆえに判断を誤っているとする。その議論をわかりやすく提示すれば、第一の活動的で参加的な市民像を説く民主的市民権の議論は、現代社会において人々は政治的共同体よりも経済に深く取り込まれていることを見過ごしがちであると批判される。つまり、現代の市民は投票権をもった観客であって、決して共和主義的神話の英雄のように民会に集まって決定に参加したりはしない。次に第二の能力に応じて働き、必要に応じて受け取ることをめざす社会主義的協同の議論は、階級的対立の存在は想定するが、それぞれの内部における闘争を想定していないがゆえに、すべての分裂を超越する原理を掲げることになるとして批判される。またこれまでのいわゆる社会主義国家の例に照らして考えると、ソヴィエト型社会主義は官僚制支配の別名に他ならず、またかつてユーゴスラビアが提唱したような自主管理型社会主義において労働者が統括する工場経営は効率的なのか、つまり生産性と民主主義の両立は可能なのかという問いかけとして現れてくる。第三の自律的消費者がもつ自由を原理とする資本主義的市場の議論は、市場における自由はそれを利用できる十分な資源をもつときのみ有効な選択となりえるもので、資本主義市場は明らかに不平等を作り出し、数多くの人々が市場社会から脱落していると批判される。しかも問題なのは、不平等が支配と根本的剥奪へと移行しやすい点である。つまり私たちには「失業する自由」はあるが、それはたんに所得を失うだけでなく、さまざまな社会的紐帯からも切り離されることを意味している。最後に第四の忠誠心をもつ構成員からなる統一体を強調するナショナリズムの議論は、国民的アイデンティティのもつ排他性が、自由な共同社会を不寛容に満ちたものにしてしまうとして批判される。つまりこのナショナリズムに基づく運動は、解決すべき課題に対する明確な政策をもたず、社会に対する高揚した感情だけを煽ることがあり、とくに困難な状況に陥ると、少数者への激情や扇動的暴力を生み出しやすい。

「市民社会論」におけるウォルツァーの議論を一つの導きとしながら、これまでの政治理論が、それぞれめざしてきた方向性が内包している諸問題について少し考えてきた。かれが批判しているように、これからの政治社会は単一のイデオロギーを原理とすることを求めず、さまざまな枠組みの複合体として構想されるべきものであろう。現代社会では私的領域と公的領域の二分法では処理しきれない問題領域が漸次拡大しており、「社会的存在」としての私たちは、市民であり、生産者であり、消費者であり、国民の一員であり、またそれ以外のある仕方でも定義しうる存在である。市民社会論が提起している問題はきわめて長い理論的射程をもっているが、第一〇章でも述べたように非強制的な自由な共同社会としての「市民社会」は、これまで取り上げた四つのイデオロギーの欠陥をすべてカバーするような存在ではもちろんない。現在構想されているような「市民社会」は、権力関係を内在させた国家機構とは原理的に異なる公共空間を指向するものではあるが、国家権力を媒介とする所得や資源の再分配と市場経済を活用した効率化の達成は、非強制的な市民の活動の場としての市民社会と同様に、現代世界においても必要不可欠なものである。重要なことは、これからの政治社会において、国家、市場、市民社会の相互関係をどのようなものとして構築していくかであろう。

こうした点に関してウォルツァーは、市民社会のプロジェクトにおいて必要な項目を以下のように示している。①市民が国家の行為に責任を負うためのより多くの機会がもてるように、国家の非中央集権化を推進すること。②

協働的であり同時に私的な市場の行為主体により大きな多様性をもたせるように、経済を社会化すること。③種々の歴史的アイデンティティを認識し、擁護するのにさまざまな方法を駆使して、宗教的モデルを基礎として、ナショナリズムを多元化して飼いならすこと、である。これらの提言に示されているのは、既存のモデルに留まらず新しい政治社会を構想する想像力の重要性である。新しい政治社会の構想にあたっては、ソクラテスがアルキビアデスに語った「理知の視力というものは、肉眼の視力の衰退期におよんで、はじめて鋭さを発揮するものだ」（プラトン『饗宴』）という言葉の意味を想起することが重要である。つまり、経済成長を背景とする「豊かな社会」のなかで利益配分をめぐって諸勢力が衝突と妥協を繰り返してきた時代が終焉し、利益ではなく負担をいかに配分するかという、デモクラシーに基づく議論の真価がもっとも問われる状況が生まれている。二一世紀の政治を取り巻くこうした状況は、私たちが真の政治的叡智を身につけることを要請するものであろう。

▼新しい政治文化の創造

二一世紀の政治と政治学は、これまで見てきた市民社会論で提示されたような問題を克服していくために、従来の議論とは異なるどのような選択肢を提示しえるであろうか。この問いかけに対してはいくつかの回答がありうるが、その一つとしてここで提示したいのは、現代における「公的なるもの」の再構築とそれを可能にする新しい政治文化の創造である。すでに述べたように、「公的なるもの」をすべて国家に回収しようとする動きは、現在日本をはじめさまざまな地域において顕著に見られる。問題はここで追求されるナショナリズムが、新しい個人主義を伴ったプチ・ナショナリズムとでも呼べる特徴をもつ点である。つまり、スポーツ大会の観客や、外国人排斥を主張するインターネットのサイトに書き込む一員として国民的意識の高揚を叫んでも、それらに「参加」した人々の間に何ら新しい関係性を生み出さず、国民的規模での連帯感を強めることにはならない。したがってこうしたナショナリズムは、「公的なるもの」に対する不信感を払拭することにはならず、きわめて個人主義的な行動を抑制するものにはなりえない。

現代社会において公共性を創出し、維持していくための積極的な政治参加をいかに作り出すかという問いかけに対して、一つの大きな導きとなりうると考えられるのは、プラグマティズムの代表的理論家とされ、戦後日本の教育改革にも大きな影響を与えたアメリカの哲学者デューイの政治参加論である。デューイは現代のデモクラシーにおける「行動」（doing）の契機を重視する。行動とは「問題的状況を解決する手段」で、典型的にはこれまでの習慣では処理不能な状況に遭遇したときに発揮されるものとされる。そこでは経験が善悪を判断し、私たちはそれを確保したり、回避したりする努力を促されることになる。デューイが反エリート主義的で民主的な教育体系を構想したことはよく知られるが、教育の場において求められた意思決定への参加が「経験」から学び、その経験を洗練することを要請するものであったように、政治の場における積極的な参加は、政治的に経験未熟な急進派の掲げる抽象的な議論に対抗する慎重さを生み出すものとされた。デューイは、すでに述べたように、さまざまな活動における実務経験の蓄積とその洗練を重要視し、「デモクラシーのための議論が含意しているのは、イニシアティブと制定的権力とを生みだす最良の方法はそれの行使である」と、デモクラシーにおける責任あるその担い手は、従来の習慣にとらわれない新しい状況への対応の経験から作り出されることを強調したのである（経験こそが公職に従事するものを養成するという考え方は、ジェファーソンら『ザ・フェデラリスト』でも強調されており、アメリカにおける一つの知的伝統でもある）。

デューイが提示したこのような政治参加論の議論からも、現代政治においてもっとも必要なものは、既成の観念にとらわれず時代をデザインする力であることが指摘できる。これを違う言葉で表現すれば、現代におけるユートピアの再生ということであろう。かつてユートピア志向的な社会改革の危険性を指摘した哲学者カール・ポパーは、

『開かれた社会とその敵』を著して、漸進的な社会工学に基づく社会改良を主張したが、現在求められるユートピア思想は、ポパーが批判した反証に耐えない歴史的決定論（歴史の発展法則による救済の到来といった考え方）ではなく、既存の固定観念にとらわれず、現存する矛盾への反実仮想としての構想力を指し示すものである。つまり、新しい秩序や問題解決の枠組みを私たちが作り出すことはできないというニヒリズムを超えて、さまざまな可能性があることを信ずることである。現代政治の最大の危機は、地球環境問題でも世界戦争の問題でもなく、人間の懸命な営みとしての政治の役割に対する深刻な無力感ではないだろうか。グローバリズムのなかで生活様式の多様化が失われ、自分たちの力で社会のあり方を決めることはできず、ひたすら「状況」に対応することに追われるという感覚を私たちは持ちがちである。そのなかでは政治に何か新しい役割を期待することはできず、誰が政治家になっても、またどのような政策がとられても、状況に大きな変化は生じないという諦念が私たちのなかに蔓延している。

しかし、「政治」に対する絶望だけからは何も生み出されてこない。「政治」は確かに人間の愚かな側面や不確実性に満ちた現実を対象とするものではあるが、人間の社会に新しい展望と可能性を作り出すものでもある。そのなかでは政治家の役割もまた決して軽視できない。専門的職業人が果たすべきことに関して、アメリカの建築家ルイス・カーンは次のように述べている。

「建築家のなし得る最大の貢献は、一人の専門家として、すべての建物が人間の制度のひとつに奉仕していることを感じ取ることでしょう。たとえばそれは政治の制度であり、あるいは家庭の、あるいは福祉の制度だったりします。」「専門家としてのあなたは、依頼主の企画プログラムを、空間のプログラムへ、すなわちその建物が奉仕すべき制度の空間へと解釈しなおさねばならない。」

（『建築家の講義』）

建築家の仕事が、現実に存在しているものではなく心の中にのみ存在している「建築」を具体化するものであるとすれば、政治家のなすべきことは人々の願いや思いに明確な輪郭を与え、歴史的背景や現在の諸条件を勘案しながら、それを実現していくための合理的な議論の枠組みを設定していくことである。

私たちが現代世界を覆っているニヒリズムを乗り越えていくためには、既存の価値観にとらわれることなく私たちの生活をもう一度根底から見直すことも必要であろう。ここでかつて中国の先哲が描き出した理想郷のイメージを思い出すこともあながち無意味ではないだろう。そこに描かれている世界は、たんなるユートピアではなく、生きることの意味を見失いがちな現代世界の私たちに、人間にとって基本的必要とは何かを改めて問い直すものである。

「小国寡民には、什伯の器（軍隊に要する道具）有りて而も用いざらしめ、民をして死を重んじて（生命を大切にして）而して遠くに徙らざらしむ（引越しをする必要が無いようにすれば）、舟輿有りと雖も、之に乗る所無く、甲兵有りと雖も、之を陳ぬる（並べて見せる）所無し。人をして復縄を結んで（文字ではなく縄の結び方を）而うして之を用いしめ（記憶や交換に利用し）、其の食を甘しとし（粗末な食事に満足し）、其の服を美とし、其の居に安んじ、其の俗（素朴な習慣の生活）を楽しましむ。隣国相望み、鶏犬の声相聞こえて、民は老死に至るまで、相往来せず。」

（『老子』下篇）

作家池澤夏樹は、オーストラリア原住民が描いた岩絵を眺めながら「モノに依らぬ幸福感」と題する次のような文章を綴っている。

「文明はどこでも大きな建造物だった。ピラミッドも、ペルセポリスも、アンコール・ワットも、石を切り出して運んで積み上げるという原理の実現だった。それを背後から支えているのが農業の生産性であり、統治機構だった。オーストラリアにはそういうものはなかった。にもかかわらず、この岩絵に見るように、精神の内部において彼らが生み出したものの豊かさは文明の産物に劣るものではない。移動生活は彼らにモノへの依存を許さなかった。言い換えれば彼らは移動生活のおかげでモノから解放されて、純粋に精神だけの暮らしを営むことができた。家族で背負えるだけの財産で生きてきた。」「岩に描かれた女たちは幸福に見える。愉快に踊っているように見える。幸福が生きることの目的だとしたら、文明とはいったい何だったのか。何のために我々は石を積んだのか。」

（『パレオマニア』）

経済格差を是正し、地球の隅々にまで市場経済の恩恵を及ぼすと喧伝されたグローバリゼーションが、必ずしも世界大の貧困の克服につながらないこと、そして地球温暖化、酸性雨、熱帯林の喪失、砂漠化の進行、水質汚濁など地球環境問題の深刻化は、現代世界が従来の政治経済体制の枠組みでの解決が困難なさまざまな課題を抱えていることを示すものである。これまで進められてきた経済成長と国民所得の増大を基本的指標とする「開発」の促進を今後も取り続けることの限界が露呈している状況下で、従来の発展や開発の概念に代わる新しい目標や政策理念を構想していくことが二一世紀の政治と政治における必須の課題であろう。

二〇世紀後半に進行した女性の社会的役割の劇的変化や国際的な人的交流の飛躍的拡大は、従来の政治を支えてきた社会構造に不可逆的変化が起こっていることを示している。現代における「公的なるもの」の再構築に必要な新しい政治文化は、既存の価値観に拘泥することや、安易な価値相対主義に陥り、物事の正邪を判断する基準を見極める努力を捨て去ることによっては決っして創造しえないであろう。いま私たちに求められているのは、自分たちの次の世代に平和で穏やかな社会を譲り渡していくために何がもっとも重要かを基準として、さまざまな政策を決定しうる共同社会を作り上げていこうとする政治的構想力の復権である。

あとがき

『政治学読本』の改訂新版を書き終えることができ安堵している。私にとって政治学そのものを主題としたおそらく最後の著作になると思われるので、いくつかのことを書き添えておくことにしたい。本文のなかでも繰り返し述べたようにデモクラシーはいま世界大で大きな危機を迎えている。表面的な便利さや豊かさと引き換えにグローバル企業にすべての情報が管理され、人間の価値を支払い能力で一元化するような秩序が生まれようとしている。しかも日本社会においては、こうした世界大の動きに対抗していく基盤となるデモクラシーの土台そのものが十分に形成されないまま社会の持続可能性が大きく動揺している。その事実と密接に関係すると思われるのが、戦後民主主義を支えていく市民の養成を目標として戦後の教育改革で導入された社会科教育の衰退である。

初等・中等教育を通じて社会科は暗記科目とみなされ、近年カリキュラムに占める比重は下がり続けている。積極的な社会参加を進めるシティズンシップ教育の重要性は叫ばれているものの、現状ではボランティア活動等への関心を高めるものとはなっても、社会科教育が本来めざしている、さまざまな生活体験や他者との関わりを基盤に社会の実相を学び、自分たちで社会を組織しそれらを合理的に運営していく技能を学んでいくことには程遠い。しかし、ヴァーチャル空間と消費生活だけで完結する暮らしからいかに他者に関心を向けていくかは、日本におけるデモクラシーの形成にとってきわめて重要な課題であり、社会科教育や地域における成人教育の果たすべき役割は大きい。

私が入学した小学校は、一時期師範学校の附属校だった経緯もあってか地域の公立校だが教育研究活動に熱心で、私が在学時も社会科教育に関する東京学芸大学の研究協力指定校になるなど、さまざまな教育活動を通して広く社会に関心をもつこと、そしてデモクラシーの考え方がいかに大切かを繰り返し教えられた記憶がある。北九州工業地帯の真ん中にあり、多くの人が集合住宅に住み、歩いて行ける範囲に市民会館・図書館・体育館・プールなどが整備され住民の活動を支えていた。労働組合や団地の自治会の活動も活発で、自分たちの声を集めて社会を動かし、新しい時代をつくっていくという機運にあふれていた。私が政治や公共政策に関心をもったことにはこうした生育環境も関係しているように思う。この本の中でさまざまな話題を取り上げているのも、読者が広く社会の問題に関心をもつきっかけになることを期待してのことである。

数年前に東京の俳優座劇場で『海の凹凸』（作・詩森ろば）という演劇を観た。水俣病問題をめぐる演劇だが、芝居終了後のトークイベントの時間にたまたま会場にいた水俣病弁護団の中心人物の息子さんから発言があり、そのことをきっかけにいくつかのことを考えさせられた。この水俣病をめぐっては、企業を訴えようとする患者たちの弁護を地元の弁護士はなかなか引き受けず、結局福岡の弁護士が住居を水俣に移して取り組んだこと、原因企業チッソの労働組合がこの公害問題と向き合う必要があるとする人たちと企業の発展を最優先すべきであるとする人たちとの間で組織が分裂したことなど、地域社会を事実上支配している企業に対して地域住民がいかに対峙するかという難しい問題を引き起こした。しかし、そこではやはり明らかな不正を見過ごすことはできないという声が人々を動かす大きなうねりを作り出していったように思う。

アメリカの公民権運動など社会の「正義」を求めていく活動はデモクラシーにとって重要な意味をもっている。本文のなかでもふれたように何が「正義」であるかは多くの論争を含む容易には合意が成立しない問題ではあるが、その点を見失っては「今だけ金だけ自分だけ」の原理が跳梁する社会になってしまうだろう。不正と闘う勇気、問題解決に取り組む技能、そしてイデオロギーや価値観の対立を乗り超えて合意を形成していくだけの柔軟性を身につけることはデモクラシーの維持・発展に不可欠な要素である。こうした要素を私たちのなかに培っていくためにはさまざまな課題が存在するが、デモクラシーを共生の原理とするためにこれからも地道に考え続けていくことにしたい。

最後に、これまで私の拙い授業を受講してくださった、筑紫女学園大学、松山大学、愛媛大学、福岡大学、九州大学のかつての学生の皆さんと、改訂新版の編集の労を自ら取ってくださった法律文化社の田靡純子さんに心から感謝申し上げる。

二〇二二年七月

廣澤　孝之

事 項 索 引

あ 行

か 行

さ 行

た　行

な　行

は　行

ま 行

や 行

ら 行

人名索引

ま　行

や　行

ら　行

わ　行

〈著者紹介〉

廣澤 孝之（ひろさわ たかゆき）

1964年生まれ　現在，福岡大学法学部教授

著　書

『日本政治の政策課題』（晃洋書房，2012年）
『フランス「福祉国家」体制の形成』（法律文化社，2005年）
『現代日本政治史』（晃洋書房，2005年）
『かかわりの政治学』（共著，法律文化社，2005年）
『マツヤマの記憶　日露戦争100年とロシア兵捕虜』（共著，成文社，2004年）

Horitsu Bunka Sha

政治学読本〔新版〕

2010年3月5日　初版第1刷発行
2022年9月20日　新版第1刷発行

著　者　廣澤孝之

発行者　畑　　光

発行所　株式会社 法律文化社

〒603-8053
京都市北区上賀茂岩ヶ垣内町71
電話 075(791)7131　FAX 075(721)8400
https://www.hou-bun.com/

印刷：㈱冨山房インターナショナル／製本：㈱藤沢製本
装幀：奥野　章

ISBN978-4-589-04228-6